新訂第3版　火　災　予　防

違反処理の基礎

改定危険物施設違反処理基準対応・違反是正に関する事例登載版

日本公法学会（行政法部会）会員
元消防大学校客員教授　関　東一　著

近代消防社　刊

新訂第３版に寄せて

筆者は、昭和34年から同64年（平成元年）までの30年間、東京消防庁予防部査察課において、査察・違反処理等の業務に携わり、多くの措置命令や60件有余の告発事案にかかわってきたが、違反処理の仕事を特にむずかしいものと思ったことはなかった。

本書は、筆者の経験を踏まえ、特に違反の調査や違反処理要領などについて、できるだけやさしく解説したものであるが、幸いにして平成12年の初版以来現在まで20年有余にわたり版を重ねるとともに、多くの消防職員諸賢のご愛顧を賜わったことは、著者にとってこの上ない喜びである。

今般、危険物施設違反処理標準マニュアル（令和３年３月26日消防危第44号）が改定されたことを機会に、「危険物施設違反処理基準」および「違反是正に関する事例」を加えるとともに、併せて消防法令および行政不服審査法・行政事件訴訟法等の関係条文について所要の補正等を行い、より充実を図ることとした。

本新訂第３版が、違反処理業務の適正執行に少しでもお役に立てるところがあれば幸いである。

なお、資料の収集等については、近代消防社三井栄志社長に大変お世話をいただいた。

ここに記して、厚くお礼を申し上げたい。

令和３年初冬

太平洋を遥かに望む中成沢の小庵にて

関　東一

新訂第２版に寄せて

本書出版のきっかけは、初版のはしがきでも触れたように、長年にわたって違反処理の業務に携わってきた私共の立場から、消防法令違反に係る違反処理の方法について、必要以上にむずかしいものとし、徒らに無用、かつ、複雑な事務処理を強いている現状を憂慮したことにほかならない。

例えば、消防法第17条の４第１項に基づく消防用設備等の設置命令を発動する場合、その要件（法第17条第１項違反の存在）の認定に、逐一実況見分を必要としていることなどその最たるものであろう。

そもそも犯罪捜査規範（国家公安委員会規則）第104条に基づく実況見分は、犯罪の任意捜査の手段として位置づけられており、これを借用して違反処理上使用している実況見分（法的には、法第４条第１項および第16条の５第１項の立入検査）は、これによらなければ犯罪事実の認定が行い得ない場合になされるべきものであり、行政処分である措置命令の要件の認定には基本的に必要がない（防火対象物使用開始届、建築確認関係書類等消防機関において保有する既存の資料のみによって認定が可能）。

因みに、昭和53年２月14日、東京都渋谷区内に所在する「渋谷Ｓ会館」（雑居ビル）のうち、特定用途部分を所有するＫ商事（株）代表取締役Ｋあてに発動したスプリンクラー設備の設置命令や同56年９月11日、東京都千代田区に所在するホテル・ニュージャパンの代表取締役Ｙあてに発動したスプリンクラー設備の設置命令は、いずれも消防機関において保有する既存の資料に基づき、現場の変動の有無を確認するという平易・簡便な方法によって命令の要件を適正に認定している。この認定方法による前者「渋谷Ｓ会館」に対する命令違反については、東京地方検察庁に告発し、同検察庁から東京地方裁判所に公判請求される予定であったが、関係者が急きょスプリンクラー設備に係る具体的な設置計画を所轄署に提出し、具体的な是正意思を示したため起訴猶予処分となっている（結局、スプリンクラー設備完備）。

ところで、犯罪事実である本件命令違反の立証は、まず、受命者の質問調書により、①命令を受けた事実、そして、②命令を履行期限までに履行しなかったという事実の供述を得ることをもって足り、命令を履行しなかった理由（事情）の供述については、命令違反の情状要素としての意味を持つ。受命者が命じられた設備を現に設置していない以上、質問調書による立証手段に対して反証できる余地はないが、さらに、命令違反（犯罪）の立証を補強する手段としては、命令の履行期限経過後において、所属職員を違反対象物の現場に出向させ、「命令によって設置を命じられた設備が設置されているか否かを確認したところ、設置されていなかった」旨の違反事実現認書を作成させる方法がある。

命令違反の立証は、通常、この両者の併用の形で平易・簡便に行うことができる。違反処理の方法を徒らにむずかしく、かつ、複雑なものとしていることは、消防職員に嫌悪感を抱せる要因となっているように思われる。

新訂第２版は、新訂版発刊以降の消防法令の改正に伴う所要の補正を行い、参考までに、消防庁からの助言として示された「改正違反処理基準」を掲げるとともに、①違反処理の観点から考えられる予防行政の危機管理、②違反処理における措置命令の役割とその理論的根拠および③命令違反に対する告発の不作為と消防機関の法的責任の問題を付加し、さらに、違反処理に関連する裁判例を登載し、執務上の参考に供することとした。

なお、裁判例は、筆者が現職中に取り扱った告発事案に関するものであるから、昭和後期の事例であるが、裁判例の価値は年代の新旧にかかわりがないことを申し添えておきたい。

新訂第２版が違反処理業務の執行上少しでも参考になるところがあれば幸いである。

平成26年初夏

太平洋を遠望する中成沢の小庵にて

関　東一

新訂版に寄せて

平成13年９月、東京・新宿区の歌舞伎町に発生した雑居ビル火災を契機として、消防界では、予防行政における違反処理の重要性と推進の必要性が再認識されている。

本書は、違反処理の重要性等について、つとに先見性をもち、平成12年９月、消防職員のための基礎的な入門書として刊行され、違反処理の基礎理論を踏まえた実務書として、できるだけ簡潔に、やさしく解説したものであるが、予想以上に多くの読者のご愛顧を受け、このたび「新訂版」として再版されることになった。

「新訂版」では、防火対象物の火災予防措置命令の要件と措置内容の変容（法第５条第１項)、防火対象物の使用禁止・停止命令等の要件の変容（法第５条の２第１項)、火災予防危険・消防活動上支障となる物件等に対する措置命令の創設（法第５条の３第１項)、命令の公示（法第５条第３項、第17条の４第２項等)、消防法上の行政代執行の要件の創設（法第３条第４項、第５条第２項、第16条の６第２項等)、特例認定の取消し（法第８条の２の３第６項)、両罰規定の付加と罰則規定の強化等平成14年以降の消防法の一部改正に対応して必要な補正等を行い、あわせて、平成16年６月の行政事件訴訟法の一部改正に関連して、命令を発する場合の取消訴訟の教示についても言及し、内容の充実を図るとともに、より一層アップ・ツー・デートなものとした。

違反処理の重要性等にかんがみ、本書（新訂版）が従来にも増して多くの消防職員諸賢に活用され、違反処理の適正執行の糧となり得るところがあれば幸いである。

平成17年新春

関　東一

はしがき

消防機関は、公共の安全を図るために火災の予防、鎮圧、救急・救助等の性格を異にする任務をもっているが、消防法は、火災予防の任務をより効果的に遂行し得るために消防機関に各般の権限を付与している。このことから、消防機関は、取締機関としての重要な一面をもっている。

したがって、消防機関は、行政指導等の任意手段によっても火災予防に関する消防法令が履行されず、しかも放置し得ないような危険を内包している事案に対しては適時・適切に与えられた権限を行使し、法令の履行と火災危険の排除を図ることにより、公共の安全を確保すべき責務を有していることになる。

殊に、近時、安全に対する国民の権利意識の高揚と相俟って、消防行政に対する国民の期待感は一層の高まりをみせ、このことは、消防行政、特に予防行政のありように対する監視と批判等に結びつく。

このようなことから、安全に対する国民の信託に応え、その批判等に耐え得るためにも、適正な権限の行使こそが望まれる。

筆者は、東京消防庁に在職中、その大半を査察・違反処理および消防法令・関連法令の研究・指導等の業務に従事し、その間、違反処理規程等の制定、火災予防査察便覧（査察の一般的事項・違反処理全般）、違反処理関係行政実例集、予防査察の要点、査察執行要領（理論編）、消防判例の要点等の執筆、行政措置命令の運用要領の策定等に携わるほか、数多くの告発事件や措置命令、行政争訟事件等にかかわってきたが、現在、消防大学校において、消防作用法のほか、査察・違反処理の授業も担当していることから、過去の実務経験を活かし、大学校および各消防学校の予防専科等の教材として、さらには、各消防本部・消防署の実務担当者の執務資料としても活用いただけるよう基礎的、かつ、コンパクトな実務書の作成を思い立った次第である。

違反処理は、本来それほどむずかしいものではないが、従来から大変むずかしいものとの先入観念あるいは誤解ともいえる固定観念があったことは確かであろう。加えて、捜査機関による刑法犯の捜査実務書の内容をそのまま消防の違反処理の分野に持ち込み、必要以上にむずかしいものとしたり、徒らに無用、かつ、複雑な事務処理を求めるなど違反処理に関する誤解を一層増巾させている出版物もみられる。このため、違反処理に関する誤った認識とそのしがらみから少しでも解きほぐすことができればという切なる願いも、本書作成の大きな動機でもある。

しかし、一か月有余の短かい期間での執筆ゆえに、本書の構成、記述内容などについて十分に整理し、吟味する時間的余裕がなかった。このことについては、漸次補正、充実を図っていきたいと思う。

また、本書の内容については、違反処理の主要な措置である警告、命令、許可の取消し、告発および代執行を中心とし、残余の措置については他日を期したい。

本書が違反処理に対する正しい認識とその適正な執行に役立ち得るところがあれば幸いである。

平成12年盛夏

中成沢の自宅にて

関　東一

新訂第３版　火災予防
違反処理の基礎
改定危険物施設違反処理基準対応・
違反是正に関する事例登載版

目　　次

第２章　違反処理の調査

参考文献等（順不同）

消防行政法要論	関 東一著	東京法令出版
消防法の研究	〃	近代消防社
消防措置命令の解説	〃	東京法令出版
消防法令解釈の基礎	〃	〃
消防刑法入門	〃	近代消防社
立入検査の法律知識	〃	〃
告訴・告発	増井清彦著	立花書房
火災予防査察便覧		東京消防庁予防部

改正違反処理標準マニュアル（平成26年3月4日消防予第55号）

改定危険物施設違反処理標準マニュアル（令和3年3月26日消防危第44号）

凡　例

法令名等の略語

（文中の（　）内に使用される場合）

法	消防法
消組法	消防組織法
政令	消防法施行令
規則	消防法施行規則
危政令	危険物の規制に関する政令
危則	危険物の規制に関する規則
条例	火災予防条例（例）
手続法	行政手続法
行審法	行政不服審査法
行訴法	行政事件訴訟法
国賠法	国家賠償法
刑訴法	刑事訴訟法
刑訴規則	刑事訴訟規則
代執行法	行政代執行法
建基法	建築基準法
建基令	建築基準法施行令
コンビナート法	石油コンビナート等災害防止法

第1章
違反処理に関する基本的事項

第1章　違反処理に関する基本的事項

第1　　総　　説

1　違反処理の意義

違反処理というのは、火災予防のための違反処理のことで、火災予防に関する消防法令違反の是正または火災危険（火災の発生危険、延焼拡大危険または火災による人命危険をいう。以下同じ。）の排除（防止）を図るための法的措置またはこれに準ずる行政上の措置をいう。法的措置には、措置命令および許可の取消し、告発および行政代執行（以下「代執行」という。）が含まれ、法的措置に準ずる行政上の措置には、命令や告発などの前段的行政指導としての警告（指示または勧告）が含まれる。

法的措置のうち、措置命令および許可の取消しについては行政処分に属し、代執行は行政上の強制執行にあたる。そして、これらの権限を総称して行政措置権という。

2　違反処理の目的

違反処理は、火災予防のため、すなわち火災予防に関する消防法令違反の是正と火災危険を防止することによって公共の安全を図るために行われる。この点において、査察の目的と異なるところはなく、両者は目的を達成するための手段において差異があるにすぎない。

3　違反処理の必要性

違反処理の必要性については、消防法のしくみからの本来的必要性と行政面からの副次的必要性に分けられる。

⑴　本来的必要性

行政指導等の任意手段によっても消防法令違反の是正等が図れない場合に、消防法上付与された実効性のある権限を適正に行使することにより、効果的に消防目的の実現（公共の安全）を図ることができる。

⑵　副次的必要性（違反処理の効果的側面）

違反処理を適正に行うことにより、無用の法的責任（権限の不行使による国家賠償責任）または行政責任（行政のありように対する住民等からの批判・非難等）を回避することができる。

４　予防行政における違反処理の位置づけ

予防行政は、火災予防に関する消防法令の履行と火災危険からの安全を確保することを最終目的としているが、違反処理は、行政指導という任意手段によっても、その目的が果せない場合に、これを補完するために行われる法的措置等である。したがって、違反処理は、予防行政の過程の中では、締めくくり的な位置づけあるいは役割をもっているといえよう。

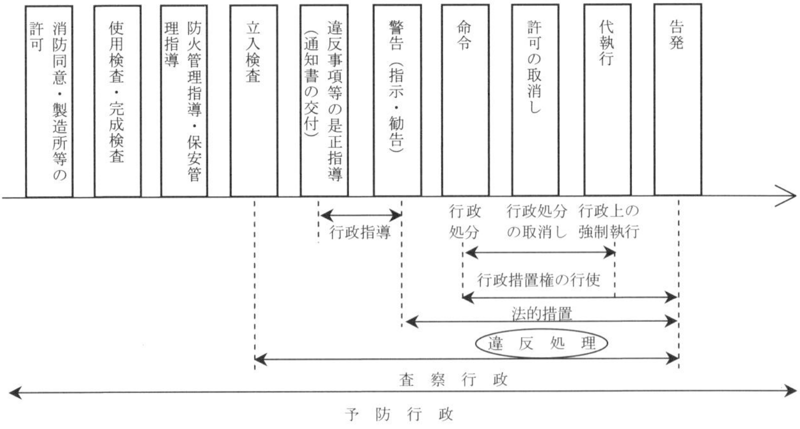

5　違反処理のあり方（行政姿勢）

⑴　違反処理の対象

違反処理は、違反対象物の用途（種別）に内在する危険性、違反内容の重大性（危険性）、関係者等の是正意思の有無、指導経過等の諸事情を考慮し、公共の安全上放置し得ない違反事案を主たる対象とする。

⑵　違反処理の結果的措置性

違反処理は、予防行政の目的ではなく、やむを得ない場合の結果的措置として行うべきものである。すなわち、行政指導という任意手段のみによっては、公共の安全が期待できないと認められる場合にとられる措置である。

⑶　行政指導前提の原則

違反処理は、緊急の場合（違反の内容や火災危険の切迫性などにより、行政指導によって是正を図る余地のない場合）を除き、原則として、十分、かつ、適切な是正指導を経たうえで行うべきものである。このことは、時代の変遷によっても変ることのない普遍的な行政のあり方である。「十分かつ、適切な是正指導」とは、単に指導回数の多いことを意味せず、法令の趣旨、違反内容の重大性（危険性）、違反に起因する災害事例と裁判例、違反是正の必要性、違反内容に応じた具体的な是正方法等について指導することを意味する。

⑷　行政公平の原則

違反対象の用途（種別）、規模、違反内容、危険性、指導経過、関係者の是正意思等からの同種の違反事案と目されるものが存在する場合には、これらの違反事案に対しては公平に対処するものとし、特定の事案のみを処理するようなことがあってはならない。しかし、同種の違反事案が存在することは稀有のことと思われる。

⑸　関係者等に対する適切な接遇

違反処理の執行にあたって関係者等に接する場合は、厳正な態度を持しながらも、常に誠実、かつ真摯な態度で対応し、いやしくも高圧的な言動や態度をとることのないよう厳に注意すること。関係者等に対する高圧的対応は、相手方の履行（遵法）意欲を減殺させるだけでなく、トラブルの原因ともなりかねず、行政上のマイナス要因である。

また、関係者等に対する是正指導には情熱をもって、ねばり強く行うよう努めること。誠実性、真摯性、情熱性は、是正効果を高めるための接遇上の必須的要件である。

なお、関係者等の感情的な言動に対しては、これに惑わされることなく冷静・沈着に対応すること。

６　違反処理の基本的留意事項

⑴　違反事項等の正確な把握と適正な法令の適用

違反処理は、関係者の権利、自由の制限等にかかわる措置であるから、違反処理にあたっては、その前提となる違反事実や違反行為者等について正確に把握し、これに対する消防法令の適用に誤りのないよう留意すること。

なお、法令の適用にあたっては、違反事案により、経過措置、適用除外または緩和規定等に配意すること。

⑵　規制範囲（限界）の適正な把握

違反処理にあたっては、消防法令の規定や権限の規制範囲を適正に理解し、警告や命令の内容が規制の範囲を逸脱することのないよう留意すること。例えば、製造所等の無許可変更事案（法第11条１項違反）に対して、消防法第12条の２第１項の規定を根拠に製造所等の使用停止命令を発し、受命者がこれに従わない場合に、さらに許可の取消し処分を行うことは、同法第12条の２第１項の規制範囲を逸脱した違法な措置となる。なお、このことについては後述する（51頁参照。）。

⑶　警察比例の原則

一つの命令規定に二以上の措置が定められている場合（例えば、法第３条、第５条第１項、第12条の２第１項、第12条の３第１項など）あるいは一つの違反事案に二以上の措置命令が可能である場合（例えば、製造所等の無許可変更による構造・設備の基準不適合事案については、消防法第11条第１項違反と同法第12条第１項違反が成立し、前者に対しては消防法第12条の２第１項の使用停止命令、後者に対しては同法第12条第２項の基準適合命令が可能となる。）は、当該違反にかかる火災危険を防止するために必要最小限度どの措置をとればよいかを吟味して発動しなければならない。

⑷　警告事項等の追跡指導

違反処理として警告や命令の措置をとった場合は、履行期限の到来までこれを放置することなく、適時、確認査察の形でその履行状況をチェックし、是正の促進を図ること。

7　違反処理における警察行政（作用）と規制行政（作用）

違反処理の代表的な手段としての命令には、警察行政（作用）の性質をもつものと規制行政（作用）の性質をもつものとがある。

警察行政は、公共の安全・秩序を維持するために、一般統治権に基づき、国民に命令し、強制し、その自然の自由を制限する作用であるから、公共の安全・秩序の維持のためにやむを得ない場合において、しかも必要最小限度の範囲内において行われる消極的な権力作用であるとされる。消防法上、警察行政に属するものとして防火対象物の改修・除去等の命令（法第５条第１項）、製造所等の緊急使用停止命令等（法第12条の３第１項）などがある。

一方、規制行政は、公共の福祉を維持・増進するという積極的な目的のために、国民の活動を権力的に規制し、これに応ずべき義務を課す作用であるが、別名基準行政ともいわれ、公共の福祉の維持・増進のために、法令上明示された基準や義務の遵守・履行を求める行政であるから、その性質上、積極的に行われるべき権力的行政であるとされる。消防法上、規制行政に属するものとして、防火管理者の選任命令（法第８条第３項）、危険物の貯蔵・取扱基準遵守命令（法第11条の５）、製造所等の基準適合命令（法第12条第２項）、無許可危険物の除去命令（法第16条の６第１項）、消防用設備等の設置命令（法第17条の４第１項）など多くの命令がある。

ところで、これらの命令の要件（基準違反や義務違反）は、消防法令上明示されており、その認定は、客観的に容易である。

したがって、命令の発動要件自体については、通常、受命者にとって反論の余地がない。行政手続法が、聴聞や弁明の手続を経ることなく命令を発動し得るとしている（手続法第13条第２項第３号）のはこのような理由による。

以上のことから、消防法令上遵守すべきものとして明示された基準等が任意手段によっても履行されず、しかも放置し得ない違反事案に対しては、規制行政として積極的に対処すべきことが要請される。

８　権限の不行使と消防の責任

⑴　責任の態様

責任の態様は、一般に行政責任と法的責任の二つに大別される。

ア　行政責任

本来の意味での行政責任というのは、行政のあり方に妥当性がないとする住民、マスコミ等からの非難、批判等に対してこれを甘受しなければならない精神的（心理的）な不利益のことである。

イ　法的責任

法的責任というのは、違法な行為を行ったことによって、法律上負担しなければならない不利益あるいは制裁のことで、刑事責任、民事責任および国家賠償責任に大別されるが、このうち、違反処理上最も重要な法的責任は、国家賠償責任である。

(ア)　刑事責任

刑事責任というのは、刑法や特別刑法（行政法規上の罰則規定など）に該当する行為を行ったことにより、刑罰を受けなければならない不利益のことである。例えば、消防法第17条第1項の規定に違反してスプリンクラー設備を設置していないホテルに火災が発生し、前記違反に起因して宿泊客に死傷者が出た場合、関係者が業務上過失致死傷罪（刑法第211条）で処罰されたり、消防法第10条第1項の規定に違反して指定数量以上の危険物を無許可で貯蔵した者が消防法上の罰則（法第41条第1項第3号）を受ける場合がこれにあたる。

(イ)　民事責任

民事責任というのは、債務不履行（民法第415条）、不法行為（民法第709条）、土地工作物の設置・保存の欠陥（民法第717条）などによって他人に損害を与えた場合に負わされる損害賠償責任のことである。例えば、ホテル火災において従業員の避難誘導の不手際により宿泊客を負傷させた場合は不法行為による賠償責任が問われ、また、所要の消防用設備等の未設置に起因して宿泊客が死傷した場合、関係者は、刑事責任（業務上過失致死傷責任）とあわせ、宿泊客の安全を確保すべき債務を怠ったとして、債務不履行による損害賠償責任が問われることになる。

(ウ)　国家賠償責任

国家賠償責任には、公権力の行使による損害賠償責任（国賠法第1

条）と公の営造物の設置・管理の瑕疵による損害賠償責任（同法第２条）があるが、ここでは、違反処理に関係の深い前者についてのみをとりあげることにする。

公権力の行使による損害賠償責任というのは、「公権力の行使にあたる公務員が、その職務を行うについて、故意または過失によって違法に他人に損害を加えたことによって負担しなければならない賠償責任のことである。

公権力の行使による損害賠償制度は、公務員の違法行為によって他人に損害を加えた場合にその損害そのものを金銭的に補てん（救済）しようとする趣旨であるからその行為については、権力的な行為であると非権力的な行為であるとを区別する合理的な理由がない。したがって、ここにいう「公権力の行使」には、行政処分（命令）などの権力的行為のほか、行政指導や事実行為も含まれる。

「故意」とは、結果の発生を認識することであり、「過失」とは不注意により結果の発生を認識しないこと（結果回避義務違反）である。故意も過失もない場合、つまり無過失の場合は、賠償責任が生じない。

「違法に」とは、違法な行為によっての意で、違法な行為を行った場合（作為）と違法に一定の行為を行わなかった場合（不作為）の両者を含む。

「違法」とは、法令に違反した場合のみならず、客観的に正当性を欠いている場合も含まれる。

「損害」には、生命、身体または財産にかかわる損害のほか、精神的な損害（名誉毀損など）も含まれるが、違法な行為（作為・不作為）と損害の発生との間には、このような行為があれば、通常このような結果が発生するという相当因果関係が存在することが必要である。

なお、行政責任と法的責任との関係を図示すると次のとおりである。

責　任

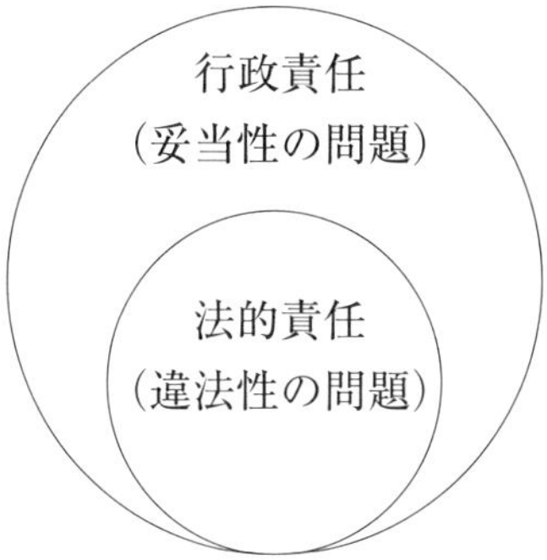

⑵　権限の不行使と行政責任

命令等の行政措置権の行使は、行政庁（権限者）の裁量行為（効果裁量）に属し、行政庁の行政判断によってなされることが認められている以上、権限の不行使が直ちに法的責任と結びつくことはない。しかし、行政庁の判断に対して第三者が批判等を行うことは自由な領域に属する。したがって、権限の不行使が、事案により行政責任追及の対象とされることはあり得るとしても、通常、それに止まる。

⑶　権限の不行使と法的責任

命令等の行政措置権の行使が行政庁（権限者）の裁量行為であるにしても、行政庁が重大な違反事案（例えば、有事の際に人命危険が予想される特定防火対象物に人命安全上重要不可欠なスプリンクラー設備が設置されていない場合）に対し、人命危険を排除するための権限を行使せず、行政指導にとどめていたところ、火災が発生し、当該消防法令違反に起因して死傷者が出たような場合には、権限を行使しなかったことについて著しく合理性を欠くもの（裁量権の濫用）として違法な不作為とされ、また、結果を回避する義務を怠ったとして過失が認められることにより、国家賠償責任（国賠法第１条）を問われることが考えられる。

なお、この場合、行政側の国家賠償責任に先行する関係者の法的責任として、刑事責任（刑法第211条の業務上過失致死傷罪など）のほか民事責任（民法第717条の工作物責任「工作物の設置・保存の瑕疵による損害賠償責任など）が問われることはいうまでもない。

９　違反処理と行政争訟

⑴　警告と行政争訟

不服申立てや取消訴訟は、行政処分に違法性や不当性が認められる場合に、その法的効果（行政処分によって受命者に課せられた義務、例えば、法第17条の４の消防用設備等の設置命令の場合、その法的効果は、受命者に対し所定の期限までに一定の消防用設備等の設置を義務づけることである。）を事前に（履行前に）否定しようとするものであるが、警告は、行政指導であると同時に事実行為であるから、直接関係者に対し警告事項の履行を義務づける法的効果を有しない。

したがって、関係者は、警告の内容に不服があるとしても不服申立てや取消訴訟によって警告の取消しを求めることはできない。

⑵　命令と行政争訟

命令は、行政処分であるから、受命者が命令に不服がある場合には、不服申立てや取消訴訟によって事前に（履行前に）その法的効果（命令によって受命者に課せられた義務）を否定することができる。

一般に行政争訟の対象となるような欠陥のある命令としては、次のようなものがあげられる。

ア　名あて人（受命者）の特定を誤った場合

履行義務のない者を名あて人とした場合。例えば、自動火災報知設備の設置命令の名あて人を所有者との特約がないのに占有者（賃借人）とした場合など。

イ　命令要件の認定を誤った場合

例えば、消防法第17条第１項違反がないのに、同法第17条の４第１項に基づき、消防用設備等の設置命令を発動した場合など。

ウ　命令事項に誤りが認められる場合

例えば、次のような場合はこれにあたる。

① 設置義務のない消防用設備等の設置を命じた場合

② 警察比例の原則に反し、改修を命ずべきところ、使用の停止を命じた場合

エ　命令事項が明確でない場合

例えば、火災予防上安全と認められるまでを条件として使用の停止を命じた場合

エ　履行期限が極端に短かく、社会通念上履行が物理的に不可能または困難と認められる場合

(3) 許可の取消しと行政争訟

許可の取消しの場合も、行政処分の撤回として、許可の効力を消滅させる法的効果をもつ。したがって、取消処分を受けた者がその処分に不服がある場合には、不服申立てや取消訴訟によって取消処分の効果を否定することができる。

違法な許可の取消しの典型的な例としては、製造所等の無許可変更に対し使用停止命令を発したのちに、当該命令違反を理由として許可の取消しを行った場合があげられる。消防法第12条の２第１項柱書に定める「許可の取消し」と「使用の停止」は選択的措置であって、使用の停止を選択した以上さらに許可の取消しを行うことは、法的に行い得ないからである。

10　予防行政における危機管理

違反処理の観点から、予防行政における危機管理の問題は、①命令を発動した場合のリスクと②命令を発動しなかった場合のリスクの両面から考えることできよう。

(1)　命令を発動した場合のリスク

命令を発動した場合のリスクとしては、受命者側から命令の違法を理由に、不服申立てや取消訴訟を提起される可能性が考えられる。しかし、これらの争訟に対しては、命令自体に名あて人特定の誤り、命令要件の認定の誤り、命令内容の妥当性の欠如（警察比例の原則に反する措置の選択）、物理的に不可能な履行期限の設定などいわゆる致命的なミスがない限り（消防機関がこのようなミスを犯すことは、通常考えにくい。）、基本的に十分に対応することが可能である。殊に、規制行政に属し、明確な基準のもとに行われる命令の場合、その性質上、これらの争訟に対し優位性をもつ。

(2)　命令を発動しなかった場合のリスク

命令を発動しなかった場合のリスクとしては、例えば、命令を発動しなかった違反対象物が火災となり、第三者に損害が生じた場合、被害者側から権限不行使の違法性等を理由として、国家賠償法第１条に基づく損害賠償請求訴訟が提起される可能性が考えられる。ところが、これに対して、消防機関が権限不行使の違法性、過失性および損害発生との相当因果関係性を否定することは、通常、殆んど不可能である。

(3)　危機管理のあり方

違反処理における危機管理のあり方としては、行政指導によっても是正が図られない重大な違反事案に対しては、せめて命令を発動することによって違反是正の実効を図るとともに、消防機関の法的責任を阻止し得るよう対処することが望まれる。

第2　違反処理の種別（態様）

1　警告

(1)　警告の意義

警告とは、違反処理の一般的な手段であって、防火対象物等の関係者に対し、消防法令違反の是正や火災危険の排除を促すとともに、法的措置（命令、許可の取消しまたは告発）の可能性を予告することにより、心理的是正効果を意図した意思表示である。

したがって、警告は、一般に、法的措置の裏づけのある消防法令違反事案（例えば、法第8条第1項違反、法第10条第1項違反、第17条第1項違反等）や法的措置の可能性のある火災危険事案（条例第3条違反、第40条違反等）に対してのみ行うことができる。

(2)　警告の法的性質

警告は、関係者に対して警告事項の履行を強制し得ない点において行政指導の性質を有し、また、警告自体、直接関係者に対し警告事項を履行すべき義務を課し得ない点において事実行為の性質を有する。

この点において、警告は、立入検査結果通知書（以下「通知書」という。）とその法的性質を同じくするが、警告が法的措置の前段的措置として、法的措置の可能性を予告し、行政上の心理的是正効果を意図している点および警告事項について法的措置の裏づけや可能性のある消防法令違反等に限定している点において通知書の交付と行政上の性格を異にする。

(3)　警告の主体（警告を行う者）

警告は、行政指導であり、また事実行為であるから、その主体については、命令の主体のような法的な限定はない。したがって、本来誰でも行い得るわけであるが、行政上の実効を図る見地から、一般に消防署長名で行うのが通例である。

(4)　警告の客体（名あて人）

警告の名あて人は、警告事項について履行義務のある者であるが、一般に警告は、命令や告発などの法的措置の前段として行われる。したがって、命令の前段として警告する場合は、当該命令の履行義務者、すなわち命令の名あて人となり得る者が警告の名あて人となり、また、罰則の裏づけのある規定（直罰規定）違反に対する告発の前段として警告する場合は、当該規定違反者、すなわち被告発人となり得る者が警告の名あて人となる。

(5)　警告の要件

警告は、消防法令違反や関係法令の防火に関する規定違反のうち、消防法令上法的措置の裏づけのあるもの（例えば、法第８条第１項、第10条第１項、第17条第１項違反等）、または法的措置の可能性のあるもの（例えば、条例第３条、第40条、建基令第112条第14号違反等）で、次のいずれかに該当する場合に行うことができる。

①　関係者に是正意思が認められない場合。

②　違反行為の性質上、関係者の是正意見を確かめるまでもなく、直ちに警告の措置をとる必要がある場合。例えば、無資格者による危険物の取扱い（法第13条第３項違反）や危険物の運搬基準違反（法第16条違反）などに対処する場合。

(6)　警告の内容

ア　警告の内容は、根拠法条の規制範囲を逸脱しないこと。

イ　警告の内容は、少なくとも相手方が理解し、履行し得る程度に明確であること。

ウ　ある事案について二以上の措置が可能である場合は、行政目的を達成するために必要な最小限度の措置を選択すること。

(7) 警告の履行期限

警告の履行期限は、社会通念上、客観的に履行可能と認められる妥当な所要日数を算定して決定すること。一般に、ある程度余裕をもった履行期限とすることが望ましい。

なお、履行期限の決定にあたっては、破産、倒産などの特段の事由がない限り、相手方の経済事情については、特に考慮する必要はない。

(8) 警告の形式

警告の形式については、文書形式であると口頭形式であるとを問わないが、警告の内容を正確に相手方に伝える必要性のほか、違反是正のために警告の措置をとったという行政事実の挙証のために、原則として、文書形式の警告を行うのが通例である。

２　命令

(1) 命令の意義

命令とは、違反処理の代表的な手段で、命令権者が消防法の根拠に基づき、特定の者（関係者等）に一定の作為または不作為の具体的な義務を課し、当該義務の履行を強制する意思表示をいい、命令の強制力は、罰則を裏うちされた間接的強制である。

命令のうち、作為義務を命ずるものの例として、防火管理者の選任命令（法第８条第３項）、消防用設備等の設置命令（法第17条の４第１項）などがあり、また、不作為義務を命ずるものとして、防火対象物の使用停止命令（法第５条第１項の２）、製造所等の使用停止命令（法第12条の２第１項・第２項）などがある。

なお、命令の中には、罰則の裏づけのないものもあるが、消防法第11条の５第１項・第２項の危険物の貯蔵・取扱基準遵守命令や同法第16条の６第１項の危険物の災害防止措置命令については、発動要件となっている規定違反（法第10条第３項違反や第10条第１項違反）自体に罰則の裏づけがあり、また同法第12条第２項の製造所等の基準適合命令や同法第13条の24第１項の危険物保安統括管理者等の解任命令については、罰則の裏づけのある製造所等の使用停止命令（法第12条の２第１項）や許可の取消しによる制裁措置（法第12条の２第１項）によって補完されている。したがって、実質上の強制力をもっている。

⑵　命令の主体（命令権者）

命令の主体は、消防法の命令規定により命令を発することができる行政庁であるが、火災予防に関連する命令の主体は、次のとおりである。

ア　都道府県知事が主体となるもの

①　危険物取扱者免状の返納命令（法第13条の２第５項）

②　消防設備士免状の返納命令（法第17条の７第２項において準用する第13条の２第５項）

イ　市町村長が主体となるもの

①　危険物の貯蔵・取扱基準遵守命令（法第11条の５第１項・第２項）

②　製造所等の基準適合命令（法第12条第２項）

③　製造所等の使用停止命令（法第12条の２第１項・第２項）

④　製造所等の緊急使用停止命令等（法第12条の３第１項）

⑤　危険物保安統括管理者等の解任命令（法第13条の24第１項）

⑥　予防規程の変更命令（法第14条の２第３項）

⑦　資料提出命令・報告徴収（法第16条の５第１項）

⑧　製造所等に対する応急措置命令（法第16条の３第３項・第４項）

⑨　危険物の災害防止措置命令（法第16条の６第１項）

⑩　特定事業所に対する措置命令（コンビナート法第21条第１項）

⑪　特定事業所の使用停止命令（コンビナート法第21条第２項）

ウ　消防長・消防署長が主体となるもの（主なもの）

①　屋外における火災予防措置命令（法第３条第１項）

※　本命令については、消防長・消防署長以外の消防吏員も主体となる。

②　資料提出命令・報告徴収（法第４条第１項、第16条の５第１項、第32条第１項、第34条第１項）

③　防火対象物に対する火災予防措置命令等（法第５条第１項、第５条の２第１項、第５条の３第１項）

※　本命令のうち、法第５条の３第１項に基づく命令については、消防長・消防署長以外の消防吏員も主体となる。

④　防火管理者・統括防火管理者選任命令（法第８条第３項、第８条の２第５項）

⑤　防火管理業務・統括防火管理業務適正執行命令（法第８条第４項、第８条の２第６項）

⑥　消防用設備等の設置・維持命令（法第17条の４第１項・第２項）

なお、命令については、運用上、命令の種別により、消防長が行うものと消防署長が行うものとを仕分けすることができる。

⑶　命令の客体（名あて人・受命者）

命令の名あて人は、命令を受けるべき地位にある者あるいは資格を有する者として命令規定に定められた者、すなわち、命令の履行義務者のことである。

ア　防火対象物に対する火災予防措置命令および製造所等の基準適合令等の名あて人

㋐　作為命令の場合

消防法上、命令の名あて人が選択的に定められているもののうち、防火対象物に対する改修・移転・除去等の命令（法第５条第１項）および製造所等の基準適合命令（法第12条第２項）の名あて人については、措置内容と対比して決定される。すなわち、工作物の除去・移転や製造所等の改造・移転のような処分行為（財産や物の現状または性質を変更させる行為をいう。）を命ずる場合には処分権を有する所有者（法人が所有者の場合は、代表取締役や理事長など法人に代わって所有者としての業務を行う者「自然人」。以下同じ。）が名あて人となり、（東京高裁平成２年８月15日判決）建物の改修や製造所等の修理などの管理行為（財産や物そのものの価値を維持したり（保存行為）、あるいは財産や物の性質を変更しない範囲内で、その利用価値を高める行為（改良行為）をいう。）を命ずる場合には、管理権をもつ所有者または管理者が、占有部分については、占有者が通常名あて人となる。

(イ)　不作為命令の場合

建物や製造所等の使用停止を命ずる場合には、所有者が所有権に基づき自己の所有物を使用しているときは、当該所有者が名あて人となり、占有者（賃借人）が建物等の賃貸借契約により占有物（賃借物）を使用しているときは、通常当該占有者が名あて人となる。

イ　消防用設備等の設置・維持命令の名あて人

消防用設備等の設置・維持命令（法第17条の４第１項）の名あて人は、設置・維持を命ずる消防用設備等の種類によって決定される。

(ア)　設置命令の場合

スプリンクラー設備や自動火災報知設備などの固定的（式）設備の設置のような処分行為を命ずる場合は、処分権を有する所有者が原則として名あて人となり、消火器・避難器具などの可搬式設備の設置を命ずる場合において、設置場所が建物の所有部分であるときは、建物の所有者または管理者が、建物の占有（賃借）部分であるときは、占有者が名あて人となる。

(イ)　維持命令の場合

建物の所有部分に設置された固定的（式）設備の維持を命ずる場合は、原則として、当該設備の所有者が名あて人となり、消火器・避難器具などの可搬式設備の維持を命ずる場合は、これらの設備について建物の所有者が所有しているときは原則として、当該建物の所有者または管理者が、また、占有者（賃借人）が所有しているときは、当該占有者が名あて人となる。

(4)　命令の要件

命令の要件とは、どのような場合に命令を発動できるかということ、つまり命令を発動できる事由あるいは原因のことで、命令規定に定められている。

その内容については、一義的（明確）なもの（例えば、法第８条第１項の防火管理者が定められていないと認められる場合（法第８条第３項）など）と多義的（不明確）または抽象的なもの（例えば、……火災の予防に危険であると認める場合、消火、避難その他の消防の活動に支障になると認める場合、火災が発生したならば人命に危険であると認める場合その他火災の予防上必要があると認める場合（法第５条第１項）など）があるが、後者については、命令要件に対応する措置内容が、受命者の権利・自由の制限を伴うことから、それとの対比上、抽象的な火災危険（火災危険の可能性があること）が存在するだけでは足りず、具体的な火災危険（火災危険の可能性が高いこと）の存在が必要であると解されている。具体的な火災危険とは、違反の内容や欠陥の状態について、過去の火災事例等から導き出された経験則等から総合的に判断し、火災危険の高いことを合理的あるいは客観的に説明できる場合をいう。

⑸　命令の内容（措置の内容）

ア　意義

命令の内容とは、受命者に対し一定の義務（作為・不作為）を課し得る範囲あるいは一定の規制をなし得る範囲のことで、各命令規定に明示されている。

イ　命令内容と警察比例の原則

受命者に規制し得る措置が複数にわたっているときは、消防目的を達成するために必要最小限度どの措置を選択すべきかを吟味して決定しなければならない。例えば、防火対象物の改修命令によって火災危険の排除が可能である場合に当該対象物の使用の停止措置を選択して発動することは、警察比例の原則に抵触する違法な措置となる。

ウ　命令内容の明確性

命令の内容は、少なくとも、受命者に理解し得る程度に明確に記載されなければならない。

例えば、設置場所を示さない消防用設備等の設置命令（法第17条の４第１項）あるいは欠陥箇所や改修方法を示さない改修命令（法第５条第１項、第12条第２項）などは明確性を欠く命令内容となる。

殊に「火災予防上安全と認められるまで使用を停止すること」というような抽象的な命令内容（法第12条の３第１項）は、受命者にとって命令事項をどのように履行すべきかについて理解できない不明確な命令の典型的な例である。火災予防上安全と認められるためには、どのような措置をとればよいかを受命者に示すことこそが明確な命令の内容として重要なことである。

エ　命令内容の限界

命令内容は、各命令規定に示された措置の範囲に限定され、この範囲を逸脱した措置は違法とされる。

⑹　命令の履行期限

命令の履行期限は、命令事項の履行が客観的に可能であると認められる限界（命令事項を○月○日までに履行することは可能なはずであるから、それまでに命令事項を履行しなければならない。）を示すもので、これによって命令の内容が明確となり、命令違反の成立する時点をも示す役割をもっている。

命令の前段的措置としての警告と命令とは、行政の過程の中では一連の行政手続であるとしても、両者は、その法的性格を異にする別個の行為である。したがって、両者の履行期限は、個別に算定すべきものであり、警告の履行期限の経過を考慮に入れて命令の履行期限を短縮する理由はない。

同一事案に対する両者の履行期限は、特別の事情の変更のない限り同一であるべきである。

⑺　命令の形式

消防法上の命令は、要式行為(注)ではないから、法的には口頭の形式（口頭命令）であると文書の形式（文書命令）であるとを問わない。しかし、実務上は、命令内容を受命者に明確に示すことによって、後日、命令の存否や内容等について無用の紛争を避けるためにも、また、命令違反を告発する場合の挙証資料となり得るためにも、緊急やむを得ない場合以外は、原則として文書命令の形式をとるべきである。

> **(注)　要式行為**　行政行為（処分）を行う場合に、法定の様式によることを必要とし、これによらない場合は無効とされるものをいい、これに対し、法律上一定の様式によることを必要としないものを不要式行為という。消防法上の命令は、すべてこれに属する。

ア　文書命令（命令書）の形式

消防法上の命令は、要式行為ではないから、命令書にどのような事項を記載すべきかについては、別段法定されているわけではない。しかし、少なくとも次のような事項が記載されることが必要である。

①　命令権者

②　命令の発動（令）年月日

③　受命者

④　命令の要件と根拠法条

⑤　命令の理由

⑥　命令事項

なお、このほか、便宜上命令書の下部余白部分に、命令に対して不服申立てができる旨の教示事項を記載するのが通例である。

イ　口頭命令の形式

口頭命令は、一般に、緊急やむを得ない場合において、違反状態や危険の実態等について消防職員からの報告を受けた命令権者が、命令の発動について意思決定したのち、命令権者自らまたは命令権者から命令事項の伝達を命じられた当該消防職員が命令権者の名において、相手方に対し口頭（対面または電話による意思表示）で次のような事項を告げる方法によって行われる。

①　命令権者

②　命令の要件と根拠法条

③　命令の理由

④　命令事項

⑤　命令の発動（令）年月日

このような手続をとらずに、消防職員の意思のみで相手方に対し規制的な行為を行うことは、法的には単なる行政指導にすぎない。

なお、口頭命令を行った場合は、後日、同命令と同一日付および同一内容の命令書を交付しておくのが通例である。口頭命令が有効に成立している以上、あらためて命令書を交付することは、法律上必要とされているわけではないが、命令発動の事実や命令違反の事実などの挙証手段として実務上要請されるものである。

※　命令告知書による運用の是非

口頭命令は、火災危険を排除するため急を要する場合に、簡便、かつ、迅速に対処するための合理的な手法であるが、違反の事実が明白であり、かつ、火災予防上猶予できない場合で、命令書を発行するいとまのないときに、調査を命じられた職員が、「命令告知書」により命令事項を関係者に告知し、事後に命令書を発行するという運用もみられる。

しかし、このような運用は、急を要する場合における簡便・迅速性の要請に反し、却って徒らに無用、かつ、煩雑な手続を強いるものであり、実益のない不可解な運用の典型というべきであろう。

(8)　命令と教示

ア　不服申立てについての教示

(ア)　不服申立ての教示義務

命令書によって命令を発動する場合または利害関係人から教示を求められた場合は、受命者に対し、不服申立てができる旨、不服申立てをすべき行政庁名および不服申立てができる期間を教示しなければならない（行審法第82条第１項本文）。利害関係人から教示を求められた場合も同様である。なお、利害関係人から書面による教示を求められた場合には、書面で教示しなければならない（同条第２項・第３項）。

(イ)　不服申立てをすべき行政庁

a　処分庁（命令を行った行政庁）に上級行政庁がある場合には最上級行政庁に対し審査請求を行うことができる。

例えば、消防吏員の行った命令（法第５条の３第１項の命令）消防署長の行った命令（例えば法第５条第１項、第17条の４第１項の命令等）消防長の行った命令（例えば法第５条の２の命令等）に対しては市町村長に対して審査請求をすることができる（行審法第４条第４号）。

b　処分庁に上級行政庁がない場合は当該処分庁に対して審査請求をすることができる（同法第４条第１号）。

例えば、消防本部を設置していない市町村において市町村長が行った防火対象物に対する改修・移転・除去等の命令（法第５条第１項）や消防用設備等の設置命令（法第17条の４第１項）については当該市町村長に対し審査請求をすることができる。

(ウ)　不服申立期間

命令に対する審査請求期間は、消防法第５条（第１項、第５条の２第１項または第５条の３第１項の命令については、命令を受けた日の翌日から起算して30日以内（法第５条の４)、その他の命令については、すべて命令があったことを知った日の翌日から起算して３月以内である。ただし、正当な理由があるときは、この限りでない（行審法第18条第１項)。

「命令を受けた日」とは、命令の効力が生じた日、つまり命令が相手方に到達した日である。「到達」とは、社会通念上命令を知ることができる状態に置かれたときをいい、必ずしも相手方が命令があったことを知っている必要はない。

命令書を手交する（直接交付する）場合は、「命令を受けた日」と同時に「命令があったことを知った日」となる。また、命令書を郵送した場合は、命令書が到達した日（配達された日）あるいは通常到達した（配達された）と推定される日である。

「命令があったことを知った日」とは、相手方が命令があったことを現実に知った日を意味するが(最高裁昭和27年11月20日判決)、社会通念上命令の内容が相手方の知ることができる状態に置かれたときは、特段の事情がない限り（反証はない限り)、命令があったことを知ったものと解されている。例えば、命令書が郵送されたときは、特段の事情がない限り、命令書が相手方に到達したとき（配達されたとき）に相手方が命令があったことを知ったものと推定される（最高裁昭和27年４月５日)。

イ　取消訴訟についての教示

(ア)　取消訴訟の教示義務

命令書によって命令を発動する場合は、受命者に対し、当該命令に係る取消訴訟の被告となるべき者および取消訴訟の出訴期間を書面で教示しなければならない（行訴法第46条第１項本文)。

(イ)　取消訴訟の被告適格

取消訴訟の被告となり得る者は、処分庁の所属する国または公共団体である。例えば、Ａ市消防本部の消防長または消防署長の命令に係る取消訴訟の被告は、Ａ市である。

(ウ)　取消訴訟の出訴期間

取消訴訟の出訴期間は、消防法第５条第１項、第５条の２第１項または第５条の３第１項の命令については、命令を受けた日から30日以内（法第６条第１項本文)、その他の命令については、すべて命令があったことを知った日の翌日から起算して６か月以内である（行訴法第14条第１項本文)。「命令を受けた日」および「命令があったことを知った日」の意義については、前ア、(ウ)「不服申立期間」の項を参照。

(9)　命令の瑕疵（欠陥)

命令が消防法の定める要件に適合しない場合（違法の命令）または公益

に反する場合（不当の命令）には、命令としての効力が完全には生じない。このように、命令の効力の発生を妨げる原因を命令の瑕疵といい、このような瑕疵をもった命令を瑕疵ある命令という。

瑕疵ある命令は、欠陥の種類や程度により無効の命令と取り消すことができる命令とに区別され、無効の命令以外の瑕疵のある命令が取り消すことができる命令ということになる。

通説・判例は、命令に重大、かつ、明白な瑕疵がある場合を無効と解し（最判昭和31年７月18日民集10巻７号89頁）、明白な瑕疵については、外見上（客観的に）、一見してその瑕疵を看取できる場合を指すとする考え方「外見一見明白説」が主導的な立場に立っている（最判昭和36年３月７日民集15巻３号381頁）。

一般に、命令が無効または取消しとなる原因としては、次のような事項があげられる。

ア　主体に関する瑕疵

命令権者の権限外の行為、例えば、市町村長の権限に属する無許可危険物の除去命令（法第16条の６）や製造所等の基準適合命令（法第12条第２項）などを消防長の名で行った場合（事項的無権限行為）あるいはＡ消防署管内の防火対象物に対し、Ｂ消防署長が消防法第５条等の措置命令を行った場合（地域的無権限行為）などがこれにあたる。

イ　客体に関する瑕疵

履行義務のない者を名あて人とした命令、例えば、自動火災報知設備などの固定式（的）消防用設備等について、権原を有しない占有者（賃借人）に対して行った設置命令（法第17条の４第１項）などがこれにあたる。

ウ　内容に関する瑕疵

㈠　命令の内容が法律上または事実上実現不可能の場合、例えばすでに死亡している者に対し危険物取扱者免状、消防設備士免状の返納命令を行った場合、あるいは極端に短い期限を定めたスプリンクラー設備の設置命令（法第17条の４第１項）を行った場合などがこれにあたる。

(ｲ)　命令の内容が不明確であるため、受命者が当該命令を履行し得ない場合、例えば、改修箇所を明示しない改修命令（法第５条第１項、第12条第２項）、設置場所を明示しない消防用設備等の設置命令（法第17条の４第１項）、危険物を特定しない無許可危険物の除去命令（法第16条の６第１項）、あるいは、火災予防上安全と認められるまでを停止期間とする使用停止命令（法第12条の３第１項）などがこれにあたる。

エ　形式に関する瑕疵

命令に必要な一定の形式を欠く場合、例えば、命令の要件や根拠法条が記載されていない場合または命令権者の署名・押印がない場合などがこれにあたる。

オ　手続に関する瑕疵

命令を行う場合、その前提として、一定の手続をとることを必要としている場合に、その手続を怠ったとき、例えば、防火対象物の改修命令（法第５条第１項）や危険物取扱者免状の返納命令を行う場合に事前に弁明手続や聴聞手続をとることを怠ったとき、あるいは製造所等の構造・設備等の基準違反（法第12条第１項違反）に対し、基準適合命令（法第12条第２項）を経ずに使用停止命令（法第12条の２第１項）を行った場合などがこれにあたる。

(10)　命令の成立と効力

ア　命令の成立

命令の成立とは、命令権者が命令の内容たる意思を外部（受命者）に表示することである。したがって、命令権者が命令の内容について内部的に意思決定をしたとしても、いまだこれを外部に表示しないうちは、命令が成立したとはいえない。この場合は、命令としては不存在である。

イ　命令の効力の意義

ここにいう命令の効力とは、命令の拘束力のを意味する。すなわち、命令によって受命者に課された具体的な義務（命令事項）を履行期限までに履行するよう強要し得ることである。

したがって、その効力は、命令権者または裁判所等による命令の取消し、命令権者による命令の撤回または命令の対象（目的物）の消滅により自動的に失効する場合以外は、命令の履行期限の終期まで受命者を拘束する。

ウ　命令の効力の発生

命令の効力は、受命者に到達することによって発生する。すなわち、命令の効力の発生時期は、命令が受命者に到達したときである。

命令の到達とは、命令を受命者が知り得べき状態におくことをいう。到達の時期については、ケースにより次のようなものとなる。

(ア)　特定の者に対する命令の場合

a　口頭命令を行ったときまたは文書命令を受命者に手交（直接手渡すこと）したときは、その時点が到達時期、すなわち、効力発生時期となる。

b　文書命令を郵送したときは、当該命令が受命者の勢力範囲に入ったときである。勢力範囲には、住所のみならず居所等も含まれる。勢力範囲に入れば、たとえ受命者が知らなくとも到達があったことになる（最判昭和27年４月25日民集６巻４号462頁）。

(イ)　公示送達による命令の場合

受命者を知ることができず、またはその所在が明らかでないときは、公示送達の方法がとられるが、この場合は、一定の掲示場に掲示を始めた日から起算して２週間を経過したときに到達があったものとみなされる（民法第97条の２第２項）。

(ウ)　受命者が不特定多数である場合

消防法第23条に基づく「たき火・喫煙制限命令」のように、不特定多数人を相手とする命令の送達は、市町村の公報に告示する方法によって行われるが、その到達の時期は、公報に登載された日である。

エ　命令の効力の消滅

命令は、その取消し、撤回または命令対象の消滅による失効などの事由がない限り、命令事項の履行または履行期限の経過によって効力が消滅するが、命令事項が履行期限内に履行されていない場合は、国家刑罰権が発生し、命令違反として処罰の対象となる。

オ　命令の効力の承継性（対物的効力）

防火対象物の改修命令（法第５条第１項）や消防用設備等の設置・維持命令（法第17条の４第１項）などは、防火対象物に付着する危険性、用途、規模等の物的な要素（事情）に着目して発動されるいわゆる対物的命令（処分）であるから、その性質上、命令が発動されたのち、受命者の所有にかかる当該防火対象物が相続され、あるいは他の者（第三者）に譲渡されるようなことがあっても、命令の効力は、法的に一般承継人(注１)あるいは特定承継人(注２)にもおよぶものとされている（東高判昭和42年12月23日行集18巻12号1810頁）。

しかし、このことは、承継人に対し改めて命令を発動することを法的に否定（排除）するものではない。

実務上の運用としては、承継人に対し改めて命令を発動することにより、命令の存在と内容をより明確に示しておくべきである。なお、その前提として承継人に対し行政指導がなされることは当然である。

（注１）　**一般承継人**　一般承継人とは、被相続人からその権利義務を受け継いだ相続人をいう。

（注２）　**特定承継人**　特定承継人とは、売買契約等により売主等から権利義務を受け継いだ者をいう。

カ　命令の効力と履行期限との関係

命令が有効であるための要件の一つとして、命令内容が明確であることが要求される。命令に履行期限が明示されるのは、これだけの期間があれば命令内容の履行が事実上可能であることを示すとともに、いつまでに履行すればよいのかを示す意味で命令内容の明確性をも示していることになる。

また、命令は、罰則の担保（例えば、法第41条第１項第４号、第44条第８号等）によって受命者を強制するものであるから、命令に違反するときは、罰則の適用を受けることになるが、命令に履行期限を示すことは、命令の効力の有効期間を示すとともに、いつの時点で命令違反が成立し終了するかを明らかにする機能をもつ。

したがって、履行期限が経過すれば命令の効力は消滅するが、履行期限内に命令事項が履行されない場合には、別途、国家の刑罰権が生じ、受命者を処罰し得る効果が生ずる。

なお、履行期限の経過によって命令違反が成立した後、告発措置をとらずに３年を経過した場合は、公訴の時効（刑訴法第250条、第253条）により受命者の処罰を求めることはできない。しかし、この場合、処罰を可能ならしめるための技法としては、再命令の手法が考えられる（この問題については「⒂　**再命令**」の項参照）。

⑾　命令の補正

ア　命令の補正の意義

命令の補正とは、すでに発動した命令の内容をより明確にするため、あるいは命令事項のうち、疑義のある点を補正するために文字の補充や訂正を行うことで、命令の内容や効力に根本的な変更を加えるものではない。

イ　命令の補正方法

命令の補正は、いわば運用上の措置であるから、その方法・様式については、特段の定めがない。したがって、任意の方法・様式をもって行うことができる。

参考までに、その様式例および記載例を掲げると次のとおりである。

> ○○第○○号
>
> 住　所　○○県○○市○○町○丁目○番○号
> 氏　名　○○株式会社
> 代表取締役　○　○　○　○　殿
>
> **命　　令　　補　　正　　書**
>
> 令和○年○月○日付○○第○号により発した命令書の命令事項欄の記載中「(○○銀行部分除く)」とあるを「(○○株式会社の所有に属さない部分を除く)」と補正する。
>
> 令和○年○月○日
>
> ○○市消防本部
> ○○消防署長　○　○　○　○　印

⑿　命令の発動と標識等による公示

ア　標識等の公示

消防長または消防署長は、一定の命令を発した場合は、標識の設置のほか、市町村公報への掲載その他市町村長の定める方法により、その旨を公示しなければならない（法第5条第3項、規則第1条)。

なお、命令が即時に履行された場合には公示の必要はない。

イ　標識等の公示制度の趣旨

直接的には、当該防火対象物の利用者や近隣の防火対象物の関係者等の第三者が不測の損害を受けることのないよう必要な措置を講ずることを可能にすることにあるが、間接的には、当該命令の履行の確保（実効）を図ることにある。

ウ　公示を必要とする命令（主なもの）

次の命令を発した場合は、標識等による公示を必要とする（法第５条第３項、第11条の５第４項等）。

（防火対象物関係）

①　消防法第５条第１項

②　同法第５条の２第１項

③　同法第５条の３第１項

④　同法第８条第３項、第８条の２第５項

⑤　同法第８条第４項、第８条の２第６項

⑥　同法17条の４第１項・第２項

（危険物施設関係）

①　消防法第11条の５第１項・第２項

②　同法第12条第２項

③　同法第12条の２第１項・第２項

④　同法第12条の３第１項

⑤　同法第14条の３第３項

⑥　同法第16条の３第３項・第４項

⑦　同法第16条の６第１項

エ　標識等の公示の期間

標識等の公示期間は、原則として、命令事項が履行されるまでの間である。ただし、当該命令の取消し、撤回または命令の対象の消失などにより命令の効力が消滅した場合は、その時点で公示期間が満了する。

オ　公示の方法

公示は、標識の設置、市町村公報への掲載その他総務省令第１条に基づき市町村長の定める方法によって行い、標識は当該防火対象物に出入りする者の見やすい場所に設置する。

(ア)　標識の設置

a　標識への記載事項

①　措置命令の内容

②　命令の発動年月日

③　標識の設置年月日

④　防火対象物の所在地

⑤　受命者の職氏名

⑥　所轄消防長（消防署長）名

⑦　標識の損壊に対する罰則規定

b　標識の大きさ

Ａ３（たて42㎝×よこ29㎝）からＢ３（たて72㎝×よこ51㎝）程度

(イ)　市町村長の定める方法

市町村長の定める方法の例として、次のようなものがあげられる。

①　当該消防機関が属する市町村の事務所での掲示

②　当該消防本部または消防署での掲示

③　当該消防本部または当該消防本部が属する市町村のホームページへの掲載。ただし、ホームページへの掲載は、他の方法と併せて行う。

カ　関係者の拒否等があった場合の標識設置の可否

消防法第５条第４項後段の規定は、関係者に対し、標識の設置を拒んだり、妨げてはならない旨の不作為義務（禁止）を課しているが、当該規定は、罰則の担保による強制力がなく、いわゆる訓示規定にすぎない。

したがって、標識の設置について関係者の拒否等があった場合、その設置を強制することはできない。

罰則によってその履行の強制性が担保されている命令に対し、標識の設置は、あくまでも、当該命令の事実を第三者に知らしめる手続的措置にすぎず、その行為の性質上、また、命令本体との対比上、罰則をもって対処するになじまないものだからである。

なお、関係者が設置された標識を損壊した場合には、公用文書等毀棄罪（刑法第258条）、の対象となり（軽犯罪法第１条第８号には該当しない）、また、暴行または脅迫によって標識の設置を拒んだり妨害した場合には公務執行妨害罪（刑法第95条）の対象となる。

キ　標識等の撤去

命令事項が履行された場合、または命令事項の一部が是正され、もしくは代替措置が講じられたことにより、火災危険が減殺され、当該命令の効力を継続させることが行政上適当でないとして命令の撤回を行った場合には、すみやかに標識等の撤去を行う。

ク　公示の記載例

（標識の場合）

消防法による命令の公告

防火対象物の所在地　　　○○市○○町○丁目○番○号

防火対象物の名称　　　　○○ビル

命令を受けた者の職・氏名　株式会社○○○○

代表取締役○○○○

上記対象物は、消防法第17条第１項の規定に違反しているので、令和○○年○月○日、消防法第17条の４第１項の規定に基づき次の事項を命じたものです。

命令事項

令和○○年○月○日までに、○階及び○階に自動火災報知設備を設置すること。

令和○○年○月○日

○○市消防本部

○○○消防署長

注　意

１　この標識は、消防法第17条の４第２項の規定に基づき設置したものです。

２　この標識を損壊した者は、法律により罰せられることがあります。

（掲示場への公示の場合）

消防法による命令の公告

防火対象物の所在地	○○市○○町○丁目○番○号
防火対象物の名称	○○ビル
命令を受けた者の職・氏名	株式会社○○○○
	代表取締役○○○○

上記対象物は、消防法第17条第１項の規定に違反しているので、令和○○年○月○日、消防法第17条の４第１項の規定に基づき次の事項を命じたものです。

命令事項

令和○○年○月○日までに、○階及び○階に自動火災報知設備を設置すること。

令和○○年○月○日

○○市消防本部

○○消防署長

⒀　命令事項の履行催告

命令の履行期限が経過してもなお受命者が当該命令事項を履行していない場合には、次に掲げるような催告書（参考様式）により、適時（おおむね履行期限経過後１か月以内)、受命者に対し早期の履行を求めておくのが一般的な運用であろう。催告書の交付は、受命者に対し命令事項の履行の督促を図ることはもとより、受命者の履行意思の有無を打診する一面をもち、命令違反として告発する場合には、事前手続の妥当性と受命者の悪しき情状の証明にも役立つ。

第　　　号
令和　　年　　月　　日

住　所
氏　名　　　　　　　殿

○　○　消　防　本　部
消　　防　　長　○　○　○　○　印
(○　○　消防署長)

命令の早期履行について（催告）

あなたは、本職が令和○○年○月○日付、○○第○○号をもって命令した事項（別添命令書の写）について履行していないので、すみやかに履行するよう催告する。

⒁　命令の解除

ア　命令解除の意義

命令の解除とは、有効に成立した使用停止命令などの不作為命令について、公益上その効力を存続させることができない新たな事由が発生した場合、将来にわたってその効力を失わせる行為をいう。したがって、防火対象物の改修命令（法第５条第１項）や消防用設備等の設置命令（法第17条の４第１項）などの作為命令について、将来にわたってその効力を失わせる場合には解除とはいわない。この場合には、法令上あるいは実務上、通常、取消しの語が用いられる。

命令の解除は、命令の取消しとともに、学問上の行政行為（行政処分）の撤回にあたる。

イ　命令解除の主体（命令の解除権者）

消防法上の命令の解除は、当該命令を発動した行政庁（市町村長、消防長または消防署長）のみが行うことができる。

ウ　命令の解除を必要とする場合

使用停止命令は、通常、使用停止の条件となっている一定の行為（事実）が履行（是正）されることによって自動的に解除され、その使用が可能となる。したがって、通常、殊更に解除の措置をとる必要はない。

例えば、「……ガスが漏洩している燃料配管の亀裂部分を改修するまでの間」を停止期間とした使用停止命令については、当該亀裂部分の改修が確認されることによって自動的に使用が可能となる。

ただし、次のような場合には、例外として命令の解除措置をとることが必要である。

(ア)　消防法第５条の２第１項の場合

二以上の複数の違反事実や欠陥事実（危険状態）が併存していることによって使用停止命令の要件を充足するものと認定し、命令を発動した場合で、その後、一部の要件事実（要件を構成する事実）が是正されたことにより使用停止命令に見合う命令要件がくずれ、当該命令の効力を継続させる行政上の理由が失われた場合である。

例えば、あるホテルに、①防火施設や避難施設の欠陥、②スプリンクラー設備の未設置および③防火管理体制の不備などの事実が併存していることにより火災が発生した場合に、人命危険があるとして、これらの事実が是正されるまで使用停止命令を発動したが、その後命令事項の一部である②が是正されたことにより、人命危険が減殺され、使用停止命令を継続する理由がなくなった場合などがこれに当たる。

(イ)　消防法第12条の３第１項の場合

製造所等の緊急使用停止命令等による停止期間が命令権者の判断に留保され、受命者のみでは判断できない場合。

例えば、隣家の火災が鎮火するまでの間、給油取扱所の使用停止を命じた命令の場合には、その性質上、受命者自らが鎮火の有無について判断し、使用開始の時点を決定するわけにはいかない。したがって、この場合には、命令権者において、鎮火と安全性を確認した上で命令を解除し、受命者に対し、使用開始時期を示さざるを得ないことになる。

エ　命令解除の方式

使用停止命令の解除は、消防法上の命令の場合と同様、要式行為（24頁(注)参照。）ではない。したがって、法的には、文書であろうと口頭であろうと差し支えないわけであるが、実務上は文書をもって処理の経緯を明確にしておくのが妥当な方法と思われる。

ところで、命令の解除を文書で行う場合には、①命令解除の名あて人（受命者の住所および職名・氏名）、②解除権者（使用停止命令の解除権者は、処分庁、つまり、使用停止命令を発動した行政庁である。）の職名・氏名（公印の押印が必要）、③解除の理由、④解除の日時（別段の表示がなければ、文書の日付＝交付日時が解除の時点となる。）、⑤文書の日付を明示すればどのような様式をとろうと、法的に有効である。なお、解除の文書は、相手方の利益を考慮し、文書の日付日に受命者に手交すべきものである。ただし、受命者が遠隔の地にある場合は、管内に所在する当該防火対象物の管理者（例えば、支店長、工場長などの代理者）に手交するか、とりあえず電話で受命者に解除の意思を伝え、爾《じ》後に文書を郵送するかのいずれかの方法をとればよい。

参考までに、命令解除の様式等の一例を掲げると次のようなものがある。

<table>
<tr><td>
○消予発第　○○　号
住　所　　○○県○○市○○町○丁目○番○号
○○株式会社代表取締役
氏　名　　甲　野　太　郎 印
使用停止命令の解除について
令和○年○月○日○消予発第○○号による使用停止命令については、下記の理由によりこれを解除する。
令和○年○月○日
○○消防本部
消防長　○　○　○　○　印
（○○消防署長）
記
解除の理由
スプリンクラー設備の設置が完了したため
</td></tr>
</table>

⒂　再命令

ア　再命令の意義

再命令の用語は、法令上の用語ではなく、いわゆる行政実務上の用語である。再命令とは、受命者が命令違反として処罰されたのち、依然として命令事項を履行していない場合、または命令違反が公訴の時効により処罰不能となった場合に改めて違反者に対し同一内容の命令を発動することをいう。

再命令による措置は、主として消防法第５条第１項命令違反、同法第17条の４第１項の命令違反に対して行われる余地がある。

イ　再命令の可能性

例えば、消防用設備等の設置命令を受けた関係者が、命令違反として処罰された後においてもなお、設備を設置していない場合、命令違反罪は、履行期限内に所定の設備が設置されないことによって成立し、終了する状態犯(注)であるから、履行期限経過後の未設置状態については、犯罪事実としてとらえることはできない。

このように、命令違反として処罰の対象となるのは、一定の履行期限内に設備を設置しなかったという犯罪事実であり、履行期限後の未設置違反の状態は処罰の対象とはならないのである。

そこで、いったん命令違反として処罰されたのち、履行期限経過後の違法状態（未設置状態）を放置している関係者に対し、再び、罰則を背景として設備の設置を強制するためには、当該関係者に対し再度命令を発し、所定の履行期限内に命令事項が履行されていない場合、再び告発措置をもって対処するほかないことになる。そして、この限りにおいて、再命令による措置が肯定される。

なお、再命令による措置は、命令違反成立後３年間告発措置をとらなかったため、公訴の時効により処罰できなくなった場合にも、そのまま妥当する。

(注)　状態犯　状態犯とは、一定の法益侵害の発生または法益侵害の危険の発生によって犯罪が成立、終了し、それ以降において、法益の侵害または法益侵害の危険状態が継続しても、それはもはや犯罪事実とは認められないものをいう。状態犯においては、事後の違法状態も当然にその構成要件によって評価されているから、その範囲においては、別罪を構成しない。これを不可罰的事後行為という。

⒃　命令と行政手続法との関係（不利益処分に該当する命令を行う場合の事前手続）

不利益処分に該当する命令をしようとする場合には、当該命令の名あて人となるべき者に対し、意見陳述のための手続として、原則として、聴聞

（名あて人となるべき者について審理の場を設け、口頭による意見陳述や質問等の機会を与え、名あて人となるべき者と行政側とのやりとりを経て事実の判断を行うもの）または弁明（命令の原因となる事実に関する意見陳述（原則として書面）のための機会を与えるもの）のいずれかの手続をとらなければならない（手続法第13条）。

この趣旨は、不利益処分に該当する命令の名あて人となるべき者の権利保護の見地から、法的に公正・透明な手続を保障しつつ、命令の原因となる事実について、その名あて人となるべき者に対して自己防衛権を行使する機会を付与する必要性に基づくものである。

ア　命令のうち、不利益処分に該当するもの

消防法上の命令のうち、行政手続法上の不利益処分に該当するものは、次のとおりである（手続法第２条第４号）。

なお、消防法第３条第１項の屋外における火災予防等の措置命令については、行政手続法の適用が除外されている（同法第３条第１項第13号）。

①　防火対象物に対する改修命令等（法第５条第１項、第５条の２第１項第５条の３第１項）

②　防火管理者の選任命令（法第８条第３項）

③　防火管理業務適正執行命令（法第８条第４項）

④　統括防火管理者の選任命令（法第８条の２第５項）

⑤　統括防火管理業務適正執行命令（法第８条の２第６項）

⑥　防災管理者の選任命令（法第36条第１項において準用する第８条第３項）

⑦　防災管理業務適正執行命令（法第36条第１項において準用する法第８条第４項）

⑧　統括防災管理業務適正執行命令（法第36条第１項において準用す

る第８条の２第６項）

⑨　危険物の貯蔵・取扱基準遵守命令（法第11条の５第１項・第２項）

⑩　製造所等の基準適合命令（法第12条第２項）

⑪　製造所等の使用停止命令（法第12条の２第１項・第２項）

⑫　製造所等の緊急使用停止命令等（法第12条の３第１項）

⑬　危険物取扱者免状の返納命令（法第13条の２第５項）

⑭　危険物保安統括管理者等の解任命令（法第13条の24）

⑮　予防規程の変更命令（法第14条の２第３項）

⑯　製造所等に対する応急措置命令（法第16条の３第３項・第４項）

⑰　危険物に係る災害防止措置命令（法第16条の６第１項）

⑱　消防用設備等の設置・維持命令（法第17条の４第１項・第２項）

⑲　消防設備士免状の返納命令（法第17条の７第２項）

イ　命令のうち、弁明の手続を必要とするもの

不利益処分に該当する命令のうち、名あて人となるべき者に対し、事前に弁明手続をとらなければならないものは、原則として、前アの①、③、⑤、⑦、⑧および⑮の命令である（手続法第13条第１項第２号）。

ウ　命令のうち、聴聞手続を必要とするもの

不利益処分に該当する命令のうち、名あて人となるべき者に対し、事前に聴聞の手続をとらなければならないものは、原則として、前アの⑬、⑭および⑲の命令である（同法第13条第１項第１号）。

エ　命令の理由の提示

㈠　命令の理由の提示義務

不利益処分に該当する命令を行う場合には、理由を示さないで行うべき差し迫った必要がある場合を除き、原則として、その名あて人に対し、同時に、当該命令の理由を示さなければならない（手続法第14

条第１項)。「理由を示さないで行うべき差し迫った必要がある場合」とは、命令によって迅速な対応措置をとらなければ、状況の悪化など公益上不都合な事態が予測されるため、理由を提示する時間的余裕がない場合を指し、公益の早期確保を優先する見地から認められたものである。

理由を示さずに命令を行った場合には、当該名あて人の所在が判明しなくなったとき、その他処分後において理由を示すことが困難な事情のあるときを除き、処分後の相当の期間内に理由を示さなければならない（同法第14条第２項)。

㈠　命令の理由提示の趣旨

不利益処分に該当する命令を行う場合、その理由を名あて人に提示する趣旨は、命令を行うことにより、当該命令の名あて人に対して一定の義務を課し、または権利を制限することから、命令の客観性および判断の慎重・合理性を担保し、その恣意的な処理を抑制するとともに、不服申立て等の事後救済の便宜に資することを意図したものである。

㈡　命令の理由の内容

命令の理由としては、命令の根拠条項や命令要件に該当する原因となる事実の内容を明示することが必要である。例えば、自動火災報知設備が設置されていない飲食店に同設備の設置命令（法第17条の４第１項）を発動する場合の命令の理由としては「自動火災報知設備が設置されていない。」と簡潔に記載するだけで必要、かつ、十分である。

㈢　命令の理由提示の方法

理由の提示については、命令を書面でするときは、その理由を書面で示さなければならないとしていることから（手続法第14条第３項)、口頭で命令をする場合には、当然に口頭で理由を示せばよいことになる。

⒄　命令の役割

命令の役割について、違反処理の観点から考えた場合、消防機関がこれを発動することによって、消防機関の属する市町村の法的責任（国家賠償責任）を阻止し得る重要な役割をもっている。

すなわち、法的責任としての国家賠償責任は、公権力の行使または不行使にあたって、故意または過失により違法に他人（特定の国民）に損害を加え、かつ、違法な行為と損害の発生との間に相当因果関係（このような公権力の行使または不行使があれば通常このような結果「損害」が起り得るという関係）が認められた場合に成立するが（国賠法第１条）、消防機関が命令を発動した場合には、行政処分の公定力の理論により、当該命令に重大、かつ、明白な瑕疵（欠陥）が存在することにより絶対無効とされる場合を除き、裁判所等によりその効力が否定されない限り、適法・有効なものとの推定を受ける（命令の適法性）。また、命令を発動することは、損害の発生という結果を回避する義務を履行したことになるから、結果回避義務違反としての過失は存在しないことになる（命令の無過失性）。さらに、命令を受けた違反対象物に火災が発生し、消防法令違反に起因して第三者に損害が生じたとしても、それは、命令に違反して違反状態や危険状態を放置した受命者（関係者）の責任の問題であって、消防機関の命令の発動と損害の発生との間に相当因果関係が存在する余地がない（相当因果関係の不存在）。

以上のことから、消防機関による命令の発動は、通常、国家賠償責任の成立要件のいずれにも該当せず、したがって、法理上、法的責任を阻止し得ることになる。

３　許可の取消し

⑴　許可の取消しの意義

ここにいう許可の取消しとは、製造所等の許可の取消しのことで、有効に成立した製造所等の許可（法第11条第１項）について、その後、当該製造所等の関係者が一定の消防法違反（法第12条の２第１項・各号に掲げるもの）を行い、許可権者が当該許可の効力を存続させることが適当でないと認めた場合に、将来にわたってその効力を失わせることである。

学問上の行政行為（行政処分）の撤回にあたる。

⑵　許可の取消しの主体（取消権者）

許可の取消しの主体は、原則として許可権者（市町村長）であるが、消防長が許可権者から権限の委任を受けた場合は当該消防長が取消権者となる。この場合、原権限者たる市町村長には取消権がない。

⑶　許可の取消しの客体（許可の取消しの名あて人）

許可の取消しの名あて人は、製造所等の許可を受けた者である。一般に、製造所等の設置者が許可を受けている場合が多いと思われるが、許可を受けている者である以上、当該製造所等の設置者であると占有者であるとを問わない。

⑷　許可の取消しの要件

許可の取消しの要件は、製造所等の関係者の行為が、消防法第12条の２第１項各号に掲げる次のような違反のいずれかに該当し、当該違反の内容、態様等により許可の取消しをもって対処するのが妥当であると取消権者が判断した場合であって、使用停止命令違反を前提としていない。

①　許可を受けないで、製造所等の位置、構造または設備を変更したとき（法第11条第１項違反）

②　完成検査合格前に製造所等を使用したとき（法第11条第５項違

反）

③　製造所等の基準適合命令に違反したとき（法第12条第２項違反）

④　保安検査に関する規定に違反したとき（法第14条の３第１項・第２項違反）

⑤　定期点検に関する規定に違反したとき（法第14条の３の２違反）

※　許可取消しの要件に関する違法な運用

消防法第12条の２第１項の製造所等の許可の取消しに関して、使用停止命令を理由なく履行しないときに許可の取消しを行い得るという運用もみられるが、これは明らかに誤りである。

消防法第12条の２第１項柱書に定める「許可の取消し」と「使用の停止」の関係は、「又は」という選択的接続詞によって結ばれた選択的関係にあり、後者が前者の前段的措置の関係にはない。したがって、違反内容等により、そのいずれかを選択して措置を決定しなければならないのである。もし、使用停止命令を選択して発動したところ、受命者がこれに従わなかった場合には、次の措置として、告発の措置をとるのが法規制上のルールである。

以上のことから、使用停止命令に従わなかったからといって許可の取消しに移行するような段階的措置をとることは明らかに消防法第12条の２第１項の規制範囲を逸脱した違法な措置となる。法規制上のルールとして、段階的措置をとり得るためには、二以上の別個の根拠規定を必要とする。

なお、「又は」という選択的接続詞は、条文の上下の文意により、例外的に「選択的」と「結合的（併合的）」の両者の意味に解されることもあるが、国民の権利や自由を制限するような規制的条文の場合、その性質上併合的意味をもつことはあり得ない。すなわち、規制的条文における「又は」は常に選択的意味をもつ。

⑸　許可の取消しの形式

許可の取消しの形式は、消防法上、要式行為となっていないから、口頭によると文書によるとを問わないが、許可の取消しの理由を明確に相手方に伝えるためおよび許可の取消しの事実の挙証に資するため、運用上文書（許可取消書）によって行うのが通例である。

⑹　許可の取消しと教示

ア　不服申立ての教示

許可取消書により許可取消処分を行う場合または利害関係人から教示を求められた場合は、命令の場合と同様に、不服申立てができる旨、不服申立てとすべき行政庁名および不服申立てができる期間を教示しなければならない（行審法第82条第１項）。

市町村長が許可取消処分を行った場合には、当該市町村長に対し、異議申立てが、また、許可取消権を委任された消防長が同処分を行った場合には、市町村長に対し審査請求を行うことができる。

不服申立て期間については、処分があったことを知った日から起算して60日以内である。

イ　取消訴訟の教示

許可取消書により許可取消処分を行う場合は、命令の場合と同様に、取消訴訟の被告とすべき者および取消訴訟の出訴期間を教示しなければならない（行訴法第46条第１項）。「被告とすべき者」は、処分庁の所属する市町村であり（同法第11条第１項第１号）、「出訴期間」は、処分があったことを知った日から６か月以内である（同法第14条第１項）。

⑺　許可の取消しの効力の発生

許可取消処分は、命令の場合と同様、処分の相手方に到達したときにその効力が生じ、それ以降許可施設としての消防法上の権利・義務が消滅する。また、許可取消処分は、対物的処分であるから、取消処分後に譲渡された場合には、当該譲受人が所有する施設に対してもその効力が承継される。したがって、譲受人に対し別途許可取消処分を行う必要はない。ただし、許可取消処分の効力が発生する前（処分到達前）に製造所等が他に譲渡された場合には当該処分の効力は譲受人におよばない。

⑻　許可の取消しと行政手続法との関係

製造所等の許可の取消しは、行政手続法に定める不利益処分にあたり（同法第２条第４号）、当該取消処分を行うにあたっては、事前に聴聞の手続をとらなければならない（同法第13条第１項第１号）。

⑼　許可の取消しと告発との関係

許可取消しの要件に該当する違反（法第12条の２第１項各号に掲げるもの）のうち、罰則の担保のある違反が是正されない場合は、許可の取消しとあわせて告発措置をとることは法的には可能である。しかし、すでに許可の取消しという厳しい制裁措置がとられている以上、当該違反の可罰性は弱いものと思われる。しかも、告発は過去の違反行為に対して処罰を求めるものとはいえ、許可取消処分がなされた時点から製造所等の関係者は、当該施設を適法に使用し得ないことになる反面、消防法上一切の義務が免れることになる。

以上のことから、実務上、許可の取消しとあわせて告発措置をとることは、一般に妥当な運用とはいえない。

ただし、許可取消処分を受けながら、製造所等の関係者が、依然として当該施設において、指定数量以上の危険物を貯蔵・取扱っている場合には、危険物の無許可貯蔵取扱違反（法第10条第１項違反）を構成し、可罰性が認められる。したがって、当該違反と許可取消しの要件となった違反との併合罪として告発措置をとることについては、可罰性の面から妥当性が認められよう。

４　告発

(1)　告発の意義

告発というのは、犯人または告訴権者（被害者またはこれに代る一定の者〔被害者の法定代理人、つまり、被害者が未成年者である場合の父母等、被害者の配偶者・直系親族・兄弟姉妹等〕刑訴法第230条～第234条）以外の第三者が、捜査機関（検察官、検察事務官および司法警察職員）に対して犯罪事実を申告し、その犯人の処罰を求める意思表示である（通説、判例・最決昭和34年３月12日刑集13巻３号320頁、最決昭和36年12月26日刑集25巻11号2058頁）。

なお、告発について、敷衍《ふえん》すると次のようなことがいえる。

①　告発は、犯人の処罰を求める意思表示であるから、その意思が表示されていない単なる犯罪事実の申告などは告発とはいえない。

②　告発は、犯罪事実の申告が重要な要素をなすものであるから、犯罪事実を示していない告発は無効とされている（広島高判昭和26年１月22日高刑集４巻13号1926頁、広島高判昭和27年７月７日特報20号80頁）。

③　告発には、実在の告発人の表示が必要であるが、匿名の投書などは、犯人または告訴権者以外の第三者により作成されたものと確認することができないから告発とはいえない。

(2)　告発の法的性質

告発は、一般に捜査機関の捜査の端緒となり得るにすぎず、訴訟条件の性質を有しない。消防法令違反の告発も訴訟条件となっていない。すなわち、消防法令違反について検察官が起訴するためには、その前提として消防機関の告発を必要とするとか、消防機関の告発がなければ起訴できないという性質のものではない。また、消防機関が消防法令違反について告発すれば検察官がこれに拘束され起訴を義務づけられるものでもない。

これに対して、私的独占の禁止及び公正取引の確保に関する法律第96条第１項の公正取引委員会の告発等（法律上の明文根拠があるもの）や国税反則取締法第13条、第14条または第17条の収税官吏等の告発等（解釈上認められているもの）は、親告罪の告訴の場合と同様、訴訟条件とされている。

⑶　告発の効果

告発は、訴訟条件となっていない場合であっても、法律上種々の効果が認められている。すなわち、告発を受理した者が、告発にかかる事件の捜査および訴追を怠るときは、告発の実益が失なわれるため、告発人の権利を保護する見地から次のような規定がある。

ア　司法警察員は、告発を受けたときは、速やかにこれに関する書類および証拠物を検察官に送付しなければならない（刑訴法第242条）。

①　告発があったときは、捜査の終結を待たず送付する。

②　司法警察員は、告発にかかる事件を微罪処分とすることができない。

③　告発にかかる事件が罪とならず、あるいは犯罪の嫌疑がないと認めた場合でも送付しなければならない。

イ　検察官は、起訴または不起訴の処分をしたときは、速やかにその旨を告発人に通知しなければならない（刑訴法第260条）。

ウ　検察官は不起訴処分をした場合で告発人の請求があるときは、速やかにその理由を告げなければならない（刑訴法第261条）。

⑷　告発の主体（告発権者）

訴訟条件となっていない一般の告発については、被害者等の告訴権者および犯人以外の者は、意思能力のある限り何人でも告発することができる。

したがって、消防法令違反の告発は、法律上、消防長、消防署長等の行政庁だけでなく、補助機関たる消防職員においても行うことができる。

具体的に誰を告発の主体とするかについては、組織内部における権限執行の配分事項として内部規程による運用として決定されるべき事柄であるが、通常、消防署長または消防長を告発の主体としている例が多い。

⑸　告発義務

一般人の告発は、権利であって、義務ではないから告発をするかどうかは全く当人の自由であるが、公務員の告発について刑事訴訟法第239条第２項は、「官吏又は公吏は、その職務を行うことにより犯罪があると思料するときは、告発をしなければならない。」と定めている。しかし、この規定は、公務員の裁量を否定し、公務員が職務上発見した犯罪のすべてについて、必ず告発しなければならないとした羈束的な義務を定めたものでなく、当該違反内容の重大性（危険性）、違反に起因して発生した結果の重大性、悪質性等の可罰性の有無を考慮し、処罰を求めるのが相当であると認めた場合には告発をしなければならないとする、いわゆる限定的義務規定あるいは羈束裁量的義務規定と解される。

ちなみに、消防機関が、通常、可罰性の高い消防法令違反のみを告発の対象として限定し運用しているのは、このような趣旨に基づくものである。

公務員が告発義務を負うのは、当該公務員が職務を行うことにより、その職務に関係のある違反行為を発見した場合に限定される。

したがって、職務に関係のない違反行為を発見した場合には当該犯罪について告発する義務はない。

公務員が職務上知り得た秘密事項については、刑事訴訟法第103条（職務上の秘密に属する物件と押収）、同法第144 条（職務上の秘密に属する事項と証人資格）との対比上、告発義務はないものと解されるが、公益上の要請が大きい場合には、告発を行っても法令による正当行為に該当し、地方公務員法第34条の守秘義務規定に違反しないものと解される。

公訴時効の完成した犯罪については告発しても意味がないから告発の義務はない。

⑹　告発期間

告発は、親告罪の告訴のような期間の制限がないから、犯罪事実にかかる公訴の時効が完成するまで、いつでもこれを行うことができる。

訴訟条件となっている告発の場合も同様である。

なお、公訴の時効が完成したものについては、告発を行っても公訴の提起ができず、誤って公訴の提起が行われるときは免訴の裁判を受ける（刑訴法第337条第４号）ことになるから、このような場合にはあえて告発する実益がない。

⑺　公訴の時効

消防法令違反の公訴の時効は、次のとおりである。

ア　公訴の時効

①　長期10年未満の懲役または禁錮にあたる罪については５年（刑訴法第250条第２項第５号）。

例えば、消防法第38条および第39条に定める消防用設備等の損壊等の罪、第39条の２第２項および第39条の３第２項に定める危険物の流出等による死傷の罪がこれに該当する。

②　長期５年未満の懲役もしくは禁錮または罰金にあたる罪については３年（刑訴法第250条第２項第６号）。

前①に掲げたもの以外の消防法令違反は、すべてこれに該当する。

イ　公訴時効の起算点

公訴時効の起算点は、犯罪行為の終了時から進行し（刑訴法第253条第１項)、次のように分類される。

① 製造所等における危険物のもれ、あふれ（法第10条第３項、危政令第24条第８号、法第43条第１項第１号)、無資格者による危険物の取扱い（法第13条第３項、法第42条第１項第７号)、危険物の流出等の罪（法第39条の２、法第39条の３）等のように即時犯の性質を有する違反行為については、違反が成立すると同時に終了し、終了時から時効が進行する。

② 消防法第５条第１項命令、同法第17条の４第１項の命令違反等の状態犯の性質を存するものについては、その履行期限経過後に時効が進行する。

③ 防火管理者の選解任届違反（法第８条第２項､法第44条第８号)、危険物の無許可貯蔵（法第10条第１項、法第41条第１項第３号)、危険物の許可品外の貯蔵（法第10条第３項、危政令第24条第１号、法第43条第１項第１号）等の継続犯の性質を有するものについては、違反状態の終了時あるいは違反の是正時から時効が進行する。

⑻ 告発の方法

告発の方法については、法律上特段の制約がなく、書面でも口頭でもよいとされているが（刑訴法第241条第１項)、行政機関が告発を行う場合には、運用上、原則として書面（告発書あるいは告発状）によって行うべきものであり、口頭による告発は、緊急を要する場合に限って例外として行うべきものとされている。

書面による告発を原則とするのは、取締機関がその所管する法令違反について告発する以上、その権限において可能な限りの調査、資料の収集等を行い、書面をもって処罰を求めるのが当然であるとする考え方のほか、書面による告発のメリットとしては、①犯罪事実等についてその内容を捜査機関に明確に示すことができること、②検察官の調書作成に伴う職員の出頭や陳述などの煩雑さを避けることができることなどの点をあげることができる。

告発書の形式については、法律上特別の規定がなく、基本的には、告発権者が捜査機関に対し、犯人および犯罪事実を特定し、犯人の処罰を求める趣旨が明らかにされれば足りるとされている。運用上の告発書の様式、具体的な記載事項等については、後述する。

口頭による告発というのは、告発権者が捜査機関の面前で直接、犯人、犯罪事実、処罰を求める趣旨等について陳述することである。

したがって、電話による場合は、直接、捜査機関と面接していない点で口頭による告発とは認められない。

なお、捜査機関がその内容について口頭による告発を受けた場合は、当該告発者から調書を作成することになっている（刑訴法第241条第２項）。

⑼　告発の代理

告訴およびその取消しの代理については、明文の規定があるが（刑訴法第240条）、告発およびその取消しの代理については、これを準用する規定がないため、告発およびその取消しについては代理を認めない趣旨であるとするのが通説である。

私人の告発には犯人および被害者以外のものであれば、その資格の制限がないから代理を認める必要がなく、また、公務員による告発についても、その性質上代理を認める実質的な理由に乏しいからである。

⑽　告発の取消し

告発の取消しというのは告発の撤回のことであるが、告発の取消しが可能であることは、刑事訴訟法第238条第２項および第243条の規定から明らかである。

また、刑事訴訟法第237条第３項は、告発の取消しについて同条第１

項、第２項を準用していないことから公訴提起後の取消しおよび取消し後の再告発も可能であると解されている（東京高判昭和28年６月26日高刑集６巻９号1159頁）。

しかし、公務員の告発義務に反する結果となるような告発の取消しは許されない。すなわち、行政取締上処罰に値する違反であるとして告発をした後、特段の理由なしに告発を取消すようなことは、結果として、可罰性の高い違反を知りながら、これを放置したものとして告発義務に反することになる。

しかし、実際問題として、行政機関が一旦告発した以上これを取消すようなことは犯罪事実の認定に重大な誤りがあった場合以外には通常考えられない。

告発の取消権者は、告発を行った者である。

告発の取消しは、告発を行う場合と同様、書面でも口頭でもよいことになっているが（刑訴法第243条、第241条第１項）、行政機関が告発の取消しを行う場合は、書面をもって行うのが通例である。

告発の取消しを書面で行う場合の書式については特別の規定はないが、告発を取消す趣旨が、明確であれば足りるとされている。

⑾　再告発

再告発については、①危険物の無許可貯蔵（法第10条第１項）を行った者が、告発によって起訴され、裁判確定後も依然として当該違反を継続している場合当該違反事案を再び告発し処罰を求めることができるかという問題と、②消防用設備等の設置命令に違反した者が告発によって起訴され、確定判決を受けた後も当該設備の設置を怠っている場合、当該違反事案を再び告発し処罰を求めることができるかという点が問題となる。すなわち、違反が継続しているのであれば、同一の犯罪とみることができるから、当該違反を再び告発、処罰を求めることは一事不再理の原則に反するのではないかとの一応の疑問がもたれるわけである。

ところで、一事不再理の原則というのは、何人も同一の犯罪について重ねて刑事上の責任を問われないとする憲法上の原則（憲法第39条後段）であり、刑事訴訟法第337条第１号は、これを受けて「確定判決を経た事件は、免訴の判決をしなければならない」としている。このことから、憲法第39条にいう「同一の犯罪」というのは、すでに確定判決を経た事件、すなわち、確定判決の対象となった事件を意味し、したがって、一時不再理の効力は、確定判決後の犯罪事実にはおよばないものと解される。

一方、最高裁の判例によれば、「裁判所の判決は、既存の犯罪事実を対象として、これについて刑罰を科すべきか否かを判断するものである。そして、この判決が確定すれば刑事判決の既判力として当該犯罪事実に対する判断については再び争うことができないものとなる。然るに一事不再理の原則は、この既判力の一効力にすぎず、したがって、一事不再理の効力が適用される範囲は、判決の基本（対象）となった既存の犯罪事実に限定され、確定判決以後の犯罪事実にはおよばない」ものとしている（最判昭和24年５月18日刑集３巻６号796頁）。

また、下級裁判所の判例をみても「判決言渡し後に行われた行為に対しては、更に新たなる公訴の提起が許されるばかりでなく、判決言渡し前の行為とは別個独立の犯罪を構成するものと解するのが相当である（大阪高判昭和27年９月16日）。」とし、「確定判決以後の行為は、独立の犯罪を構成し、新たな起訴の目的となるものであることは、いうまでもないことである（東京高判昭和28年３月30日）。」としている。

このようなことから、例えば、危険物の無許可貯蔵を行った者が告発によって起訴され、確定判決を受けた後においても違反を継続しているような場合、当該違反はすでに有罪判決の対象となった違反とは別個独立の違反となり、一事不再理の効力が及ばないから、再告発が可能となる（**図１**

参照)。

もし、一事不再理の原則に反するものとして再告発による処罰が許されない場合があるとすれば、すでに判決の対象となった違反について再度告発するような場合である。

また、消防法第17条の４第１項に基づく消防用設備等の設置命令に違反した者が、告発によって起訴され、確定判決を受けて処罰された後においても、当該設備を設置していないような場合、一事不再理の原則が適用されるのは、すでに発せられた命令の履行期限内に所定の設備を設置しなかったという命令違反の事実のみに限定される。したがって、それ以降の所定の設備を設置していない事実（法第17条第１項違反）に対しては再び設置命令を発し、当該命令に違反する場合は、再告発の措置をもって対処できるわけである（**図２**参照)。

図１　法第10条第１項違反の場合

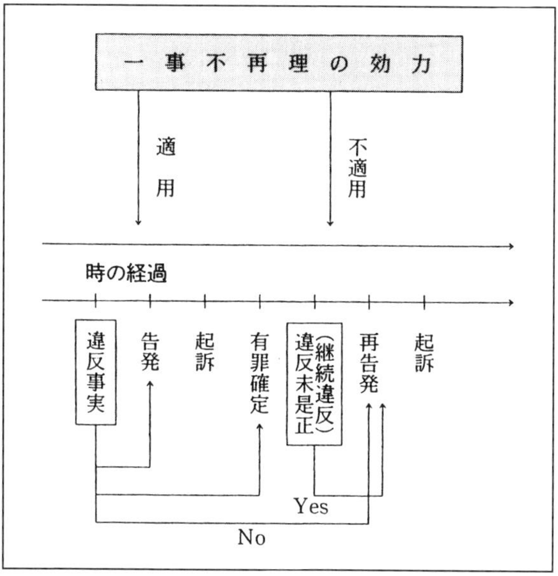

なお、この場合、前の命令の効力は、履行期限の経過によって消滅し、また、同命令違反罪は状態犯であるから命令の履行期限が経過することによって成立、終了し、しかも、当該命令違反罪は一たん処罰されることによって免責される。したがって、設備の未設置状態に対し更に処罰するためには再度命令を発しなければならないことになる。

図２　法第17条の４の命令違反の場合

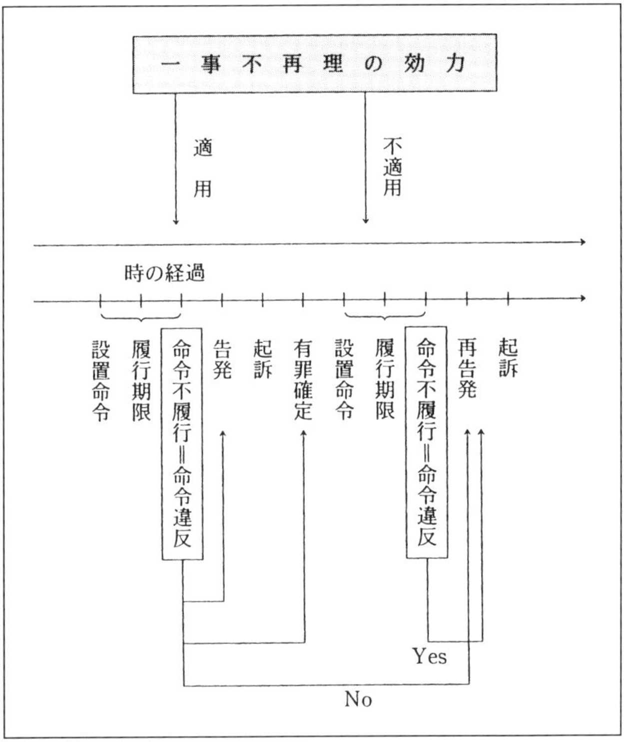

⑿　消防法令違反と責任条件

消防法令違反と責任条件というのは、過失によって消防法令違反を行った場合、犯罪として処罰できるか否かの問題である。

消防法令をはじめ、刑罰を設けた行政法規については、刑法第８条の規定により当該行政法規に特別の規定が置かれていない限り、刑法総則の適用を受け（消防法令には刑法総則の適用を排除する特別規定がない。）、刑法総則中の第38条第１項は、「罪を犯す意思がない行為は、罰しない。ただし、法律に特別の規定がある場合は、この限りでない。」と規定し、故意犯処罰の原則を明らかにしている。

ここで、「特別の規定がある場合」というのは、過失を処罰する旨の明文の規定がある場合を意味することはもとより明らかであるが、判例によれば、このような場合に限らず、事柄の本質に鑑み過失を処罰する趣旨が明らかであると認められる場合も含まれるとしている（最決昭和28年３月５日刑集７巻３号506頁）。

ところで、ここにいう「事柄の本質に鑑み」というのは、その違反行為が通常（ほとんど）過失によって行われ、故意に行われるのはむしろ例外のことである場合には、過失をも処罰しなければ規定の存在意義が失われることになるから、その性質上明文の規定がなくとも当然に過失をも処罰し得ることを意味するものとされている（東京高判昭和40年１月19日下級刑集７巻１号36頁）。

このほか、外国人登録証明書の携帯義務違反や古物営業にかかる帳簿の記載義務違反について最高裁は次のような判断を示している。

- 「……外国人登録令第13条で処罰する同第10条の規定に違反して登録証明書を携帯しない者とは、その取締る事柄の本質に鑑み、故意に右証明書を携帯しない者ばかりでなく、過失によりそれを携帯しない者をも包含する法意と解するのを相当とする。……」（最判昭和28年３月５日刑集７巻３号506頁）
- 古物営業法違反事件につき、「……同法第29条で処罰する「同法第17条の規定に違反した者」とは、その取締る事柄の本質に鑑み、故意に帳簿に所定の事項を記載しなかったものばかりでなく、過失により記載しなかったものをも包含する法意であると解した原審の判断は正当である。」

（最判昭和37年５月４日刑集16巻５号510頁）

以上のことから明文なくして過失犯を処罰し得る場合としては、①違反がほとんど過失によって行われる場合、②証明書、免状等の携帯義務違反や帳簿への記載義務違反のようないわゆる忘却犯などがあげられる。忘却犯等について、過失による処罰が認められるのは、これらの違反については故意による場合と過失による場合とを差別する理由が乏しいからと解される。

このことを踏まえ、消防法令違反で、過失を処罰する旨の明文の規定なくして処罰される例としては、次のような違反が考えられる。

- 製造所における危険物のもれ、あふれ等（法第10条第３項、危政令第24条第８号）、危険物の運搬中における危険物収納容器の落下（法第16条、危政令第29条第３号）その他これに類似するもの
- 危険物取扱者免状の携帯義務違反（法第16条の２第３項）

これに対し、同一法令に過失を罰する旨の明文の規定がある場合などは、反面解釈として、明文の規定なくしては過失犯を処罰し得ないものと解釈されるおそれがあるとの見解および過失犯の法定刑に懲役刑が規定されることは通常あり得ないなどの見解もみられるが、前記のように事柄の性質上過失犯処罰の法意が認められる以上、明文の規定である場合と同一視されるわけであるから、このような考えを優先すべきものと考える。

しかし、昭和50年12月の消防法の一部改正により、過失を処罰する旨の明文の規定である消防法第39条の３の規定が設けられて以来、検察当局が、前記反面解釈の立場に立ち、製造所等における過失による危険物のもれ、あふれ等（法第10条第３項、危政令第24条第８号）の処罰について消極的になっている。なお、詳細については、拙著「（第二版）消防法の研究」所収「55過失による消防法令違反と罰則適用の可否について」の項参照。

参考までに、消防法第10条第１項違反および同法第17条の４第１項の命令違反について付言すると、これらの違反はすべて故意犯であるから過失によって行われた場合は処罰し得ないわけである。しかし、消防法第10条

図３　消防法令違反の刑法上の分類（法益侵害の観点から）

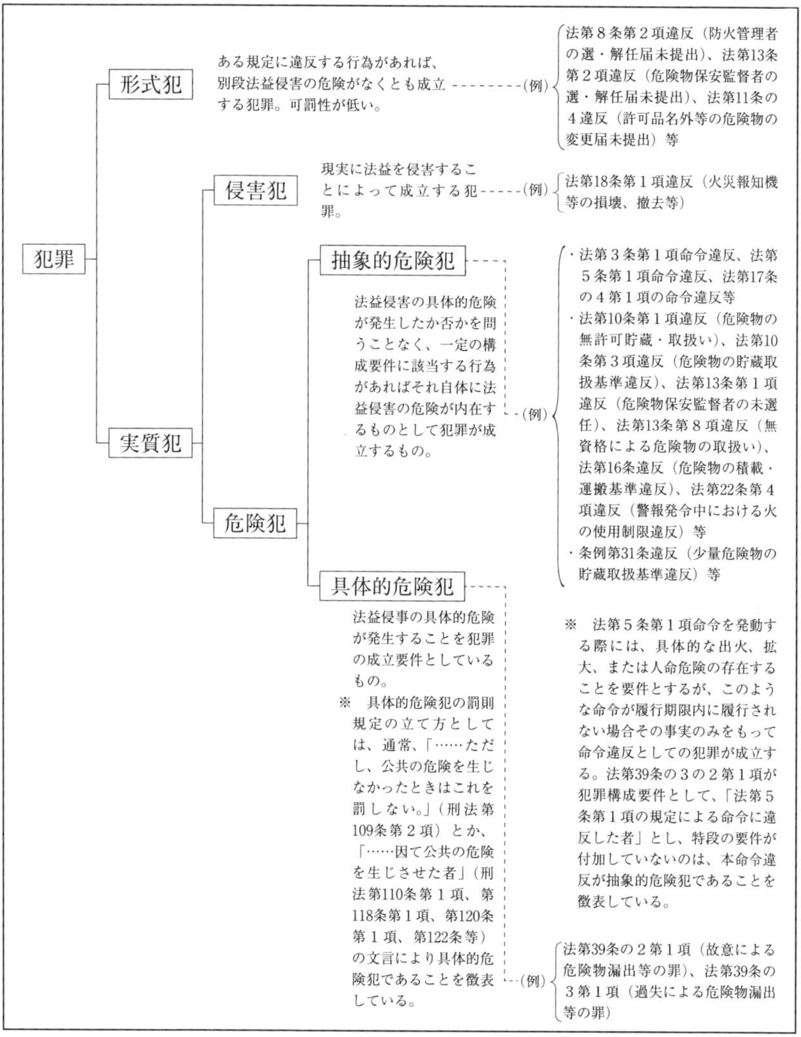

第1項違反については、違反者が、製造所等以外の場所において指定数量以上の危険物を貯蔵または取扱ったことについての事実の認識があれば故意が認められるわけであるから通常、故意の認定が容易であり、過失による違反はほとんどないものと思われる。

また、消防法第17条の4第1項の命令違反については、受命者が命令を受けながらあえてこれを履行しない場合であるから、常に故意犯としての成立が可能である。

なお、このほかの故意犯についても、事前に当該違反の是正について指導がなされている限り、故意犯として成立する。したがって、実務上問題となる点はほとんどないように思われる。

⒀　消防法令違反と危険犯

消防法令違反を法益侵害の観点から分類すると形式犯と実質犯に大別され、実質犯については侵害犯と危険犯に分けられ、危険犯についてはさらに抽象的危険犯と具体的危険犯に細分されるが、消防法令違反の大半は抽象的危険犯である。

これらの犯罪の意義および消防法令上の例をあげると、**前頁図3**のとおりである。

⒁　命令違反に対する告発の不作為と法的責任

本命題は、命令に違反した違反対象物が火災となり、消防法令違反に起因して第三者に損害が生じたが、消防機関としては、まだ、命令違反に対する告発措置をとっていなかった。このような場合、消防機関は、告発の不作為について法的責任を問われることになるか否かの問題である。

国家賠償法第1条に定める国家賠償責任は、公権力の行使または不行使にあたって、故意または過失により違法に他人に損害を加え、違法な行為と損害の発生との間に相当因果関係が認められる場合に成立するが、ここにいう「公権力の行使・不行使」の本質は、公務員が特定の国民に対し一定の行為または意思表示をすること・しないことを意味するから、特定の国民でない捜査機関（検察・警察）に対する意思表示である告発をすること・しないことは、いずれも国家賠償法第1条にいう公権力の行使・不行使にあたらないことになる。

したがって、消防機関が命令違反に対し告発措置をとらなかったとしても、国家賠償責任の前提要件を欠くことになり、それ自体法的責任を問われることはない。

「2　命令、⒄　命令の役割」の項において、すでに触れたとおり、消防機関が違反対象物に対し命令を発動している以上、当該対象物にその後いかなる事態が発生しようとも、消防の法的責任を阻止することができる。

しかし、行政のあり方としては、重大な違反（火災危険の著しい違反）に対する命令が履行されない場合には、通常、告発措置をもって厳しく対処することが望まれる。

5　行政代執行

⑴　代執行の意義

代執行とは、法令（法律に基づく命令または条例を含む。）により直接命ぜられ、または法令の規定に基づき行政庁によって命ぜられた行政上の義務のうち、他人が代わって行うことができる代替的作為義務について義務者がこれを履行しない場合に、行政庁が自ら義務者のなすべき義務を行い、または第三者をしてこれを行わせ、それに要した費用を義務者から徴収することをいう。消防法上の代表的な例としては、無許可危険物の除去命令（法第16条の6第1項）違反に対する消防職員による危険物の除去措置などがある。

「行政庁が自ら行う」とは、必ずしも行政庁が自ら代執行を実行する必要がなく、その部下職員をしてこれを行わせ、あるいは部下職員をして雇用した作業員を指揮させることも行政庁が自ら行うことにあたる。この場合、行政庁の意思のもとにその手足となって行動する部下職員の行為または雇用された作業員の行為は、行政庁の行為そのものにほかならないからである。「第三者をして行われる」とは、請負契約により第三者（業者）に仕事の完成を請負わせることである。

代執行は、行政上の強制執行の一種で、現行法制上、行政上の義務の履行を確保するために最も強力な手段である。

代執行の一般法として行政代執行法（昭和23年法律第43号）があり、消防上の代執行に関する特別規定として、消防法第３条第４項、第５条第２項、第５条の３第５項、第16条の３第５項および第16条の６第２項がある。しかし、これらの規定に基づく代執行は、その要件については消防法に基づいて行われるということであって、代執行の手続については、一般法である行政代執行法の規定が適用される。

⑵　代執行の対象となる義務

代執行の対象となる義務は、法令により直接命ぜられ、または法令に基づき行政庁により命ぜられた行政上の義務のうち、他人が代わって行うことができる代替的作為義務である。

「法令により直接命ぜられ」とは、法令上一般的抽象的に義務が命ぜられているだけ（例えば、法第12条第１項、第17条第１項などによる一般的な義務）では足りず、強制執行の性質上、義務が法令によって具体的に特定された形で課されていることが必要である。消防法令にはその例がない。「行政庁により命ぜられ」とは、行政庁の行政処分により一定の具体的な義務が命ぜられていることを意味する。

以上のことから、消防法上、代執行の対象となる義務は、消防法に基づく措置命令によって命ぜられた具体的な義務のうち、代替的な作為義務（例えば、法第16条の６第１項に基づく無許可危険物の除去命令による除去義務など）に限定され、非代替的作為義務（例えば、法第４条第１項、第16条の５第１項に基づく資料提出命令、報告徴収による資料の提出・報告義務など）や不作為義務（例えば、法第５条の２第１項に基づく防火対象物の使用禁止命令や法第12条の２第１項に基づく製造所等の使用停止命令による使用の禁止・停止義務など）については、代執行の対象となり得ない。

ア　消防法令上、代執行の対象となり得る代替的作為義務の代表的な例としては、次のようなものがある。

①　屋外物件や危険物の除去命令による除去義務（法第３条第１項）

②　防火対象物の改修・除去命令による改修・除去義務（法第５条第１項）

③　防火対象物における避難障害物件等の除去命令による除去義務（法第５条の３第１項）

④　製造所等における許可品名外等の危険物の除去命令による除去義務（法第11条の５第１項・第２項）

⑤　製造所等の改修・移転命令による改修・移転義務（法第12条第２項）

⑥　製造所等から流出した危険物の除去命令による除去義務（法第16条の３第３項・第４項）

⑦　無許可危険物の除去命令による除去義務（法第16条の６第１項）

⑧　消防用設備等の設置・維持命令による設置・維持義務（法第17条の４第１項）

以上の義務のうち、消防用設備等の設置義務に対しては、次の事由により現実の代執行の実行は技術的に困難と思われる。

①　建物の除却工事などと異なり、工事の技術性が高く、その工事の

方法に選択の余地があることから、消防機関においてその工事方法を一方的に選択するときは、関係者側の選択権を無視し、その事業活動に干渉するものとの非難を免れない。

② 工事に一定の日数を要することから、関係者の営業面に支障をもたらす。

③ 工事の管理に困難が伴う。

イ　消防法令上、現実に代執行の実行が可能と思われる代替的作為義務の例としては、次のような義務がある。

① 屋外物件や危険物の除去命令による除去義務（法第３条第１項）

② 防火対象物における避難障害物件等の除去命令による除去義務（法第５条の３第１項）

③ 製造所等における許可品以外等の危険物の除去命令による除去義務（法第11条の５第１項・第２項）

④ 製造所等内における違法工作物の除去命令による除去義務（法第12条第２項）

⑤ 製造所等から流出した危険物の除去命令による除去義務（法第16条の３第３項・第４項）

⑥ 無許可の危険物の除去命令による除去義務（法第16条の６第１項）

⑶　代執行権者

代執行を行い得る者は、当該行政庁、すなわち措置命令権をもっている者である。したがって、消防法上の代執行権者は、次のとおりである。

ア　製造所等に対する措置命令にかかる代執行の場合

① 消防本部が設置されている市町村においては、当該市町村長

② 消防本部が設置されていない市町村においては、当該市町村を管

轄する都道府県知事

③　前①の場合で、地方自治法第153条第１項により、市町村長から消防長に命令権が委任されている場合は、当該消防長

イ　前ア以外の措置命令不履行に係る代執行の場合

①　消防本部が設置されている市町村においては、当該市町村の消防長または消防署長

②　消防本部が設置されていない市町村においては、当該市町村長

⑷　代執行の要件

行政代執行法第２条に基づく代執行の要件は、代替的作為義務が義務者によって履行されていないという事実のほかに、「他の手段によってその履行を確保することが困難であり、かつ、その不履行を放置することが著しく公益に反すると認められるとき」である。「他の手段」とは、法令上特別に定められた別途の強制手段のことで、消防法令上、このような手段は定められていない。なお、告発は罰則の適用を求めるという制裁措置（心理的強制措置）によって義務の履行を図るもので、確実に義務の履行を実現する代執行とはその性質を異にする。したがって、告発は、代執行の実行を排除するような「他の手段」とはいえない。すなわち、代執行と告発は両立し得るものである。

以上のことから「他の手段によって、その履行を確保することが困難である」という要件は、実際的意味をもっていない。因みに、過去の判例でも「他の手段」のあることを理由として代執行の実行を違法としたものは見当らないようである。

「不履行を放置することが著しく公益に反すると認められるとき」という要件の認定は、代執行権者の裁量に任せられているが、代替的作為義務を命じた命令の趣旨の目的に照らし、代執行を行う公益上の必要性と相手方の受ける不利益とを比較衡量し、公益性が優先するものと判断した場合

を指すものと解される。消防法第３条第４項、第５条第２項、第５条の３第５項、第16条の３第５項および第16条の６第２項に基づく代執行の要件は、「命令を履行しないとき、履行しても十分でないとき、または履行期限までに履行が完了する見込がないとき」である。

(5)　代執行の手続

代執行は、原則として、戒告、代執行令書による通知、代執行の実施および費用の徴収の四段階の手続によって行われる。ただし、非常の場合または危険が切迫している場合において、緊急に代執行を実行する必要があり、戒告および代執行令書による通知の手続をとるいとまのないときは、直ちに代執行を実施することができる（代執行法第３条第３項）。このことを即時代執行という。

ア　戒告

戒告とは、行政庁が義務者に対し、相当の履行期限を定め、その期限までに義務の履行がないときは、代執行をなすべき旨をあらかじめ文書で通知する行為をいう（代執行法第３条第１項）。

戒告は要式行為であるから、文書によらない戒告は無効であり、それ以降の代執行令書による通知や代執行の実施などの手続は違法となる。

戒告の回数は、一回で足りるが、反復して行っても差しつかえない。

「相当の履行期限」については、具体的な事案によって異なり、一概にはいえないが、当該義務の性質や義務者の事情等を勘案して客観的、かつ、合理的に設定しなければならない。極端に短かすぎる期限を付した戒告は違法となる。

イ　代執行令書による通知

義務者が、戒告によって指定された期限までにその義務を履行しないときは、代執行令書をもって、代執行をなすべき時期、代執行のために派遣する執行責任者の氏名および代執行に要する費用の概算による見積額を義務者に通知する（代執行法３条２項）。

代執行令書も要式行為であるから、文書をもって通知しなければならない。文書によらない代執行令書の通知は無効となる。

代執行をなすべき時期については、日取りだけでなく、なるべく開始予定時刻および終了予定時刻まで記載するのが望ましい。

代執行令書の発付から代執行の実施まである程度の時間的猶予をおくことが望ましいが、事案により同令書の発付と同時に代執行を実施しても、必ずしも違法とはいえない。

代執行令書に記載された日時に代執行が実施されなかった場合には、代執行令書は、その効力を失う。したがって、その後、代執行を実施するためには、改めて同令書を発付しなければならない。

ウ　代執行の実施

代執行の実施あるいは実行とは、行政庁が義務者に代わって、その義務の内容を実現することである。

代執行は、行政上の必要性から、行政庁自らの手で義務者の義務の内容を実現するために認められた行政上の強制執行の手段であるから、その実効性を確保するための必要な限度において、実力をもって、その抵抗を排除することは、代執行に内在する強制力として可能であると解される。したがって、代執行の実施に対する義務者の暴力による抵抗は、公務執行妨害罪（刑法第95条）を構成する。

エ　費用の徴収

代執行に要した費用については、実際に要した費用の額およびその納付日を定め、義務者に対し文書をもってその納付を命じなければならない（代執行法第５条）。

代執行令書によって通知した費用は、概算による見積りであるから、実際に要した費用額がこれを上回ったり、下回ったりしても実際に要した額の納付を命ずることができる。

代執行に要した費用の範囲は、代執行の実施によって生じたすべての費用のほか、作業員の賃金、資材料、請負の報酬、第三者に支払うべき補償料などが含まれるが、戒告に要した費用、義務違反を確認するために要した調査費などは含まれない。

代執行の費用の徴収は、国税徴収法の例により、督促、差押え、換価、換価代金等の配当の四段階の方法により行われる。

(6) 代執行と行政争訟

ア　戒告の場合

戒告は、代執行令書による通知とともに、これを行うことによって、法律上代執行の実施を適法なものとする効果をもつから、準法律行為的行政行為の性質を有する。したがって、行政不服審査法および行政事件訴訟法のいう「処分」に該当し、戒告自体の違法性を理由とする限り、不服申立てや取消訴訟の対象となり、その取消しや無効の確認を求めることができる。

イ　代執行令書による通知の場合

代執行令書による通知についても、戒告の場合と同様の理由から不服申立てや取消訴訟の対象となり、その取消しや無効の確認を求めることができる。ただし、代執行令書による通知の場合は、当該令書による通知自体の違法性を請求理由とすることができるほか、先行手続である戒告の違法性についても請求の理由とすることができる。戒告と代執行令書による通知は、代執行の実施を適法なものとする一連の手続である以上、前者の違法性は後者に承継されるからである。

第2章

違反処理の調査

第2章　違反処理の調査

第1　総　　　説

1　違反調査の意義

違反の調査とは、立入検査権や質問権を一般的手段として違反事実、違反に係る危険性、違反者の情状等について客観的に把握（確認）する調査行為をいい、違反処理を行う場合の不可欠な事前措置（手段）である。

2　違反調査の目的

違反処理は、関係者等の権利・自由の制限等にかかわる措置であるから、当然に誤りのない適正・妥当な処理が要請される。違反調査は、このような要請に応えるため、すなわち違反処理を適正に執行し得るために行うものである。

3　違反調査の権限

違反の調査は、立入検査権および質問権（法第4条第1項、第16条の5第1項）を一般的手段とし、危険物の収去権（法第16条の5第1項）または資料提出命令権・報告徴収権（法第4条第1項、第16条の5第1項）を選択的手段（違反事案により、必要に応じて活用される手段）として行われる。火災予防に関する実態を把握するためのこれらの権限を総称して火災予防上の調査権をいう。これらの消防法上の権限によっては行い得ない事項（例えば、現場写真の撮影行為や質問のため消防署所に出頭を求める行為など）については、消防組織法第1条に基づき、火災予防のための任務行為[注1]の形で行うことができる。任務行為の性質は任意行為(注2)である。

> **(注１)　任務行為**　火災予防のために行う行為など消防の任務に属する行為（任務の範囲内の行為）で、直接関係者等の権利・自由を制限しないものを「任務行為」といい、任務行為は常に合法である。
>
> **(注２)　任意行為**　相手方の任意の協力あるいは受忍を期待して行う行為を「任意行為」という。したがって、相手方の拒否等があった場合には強行できないことはもとより、その拒否等に対しては法的に対抗手段がない。「任務行為」は、常に任意行為の性質を有する。

４　調査事項

調査事項は、違反処理の種別、違反の態様および内容等により一様ではないが、共通的と思われる調査事項は、次のとおりである。なお、調査事項は、違反処理の種別等により適宜付加し、またはカットすることができる。

(1)　違反事実の特定に必要な事項

①　違反者の住所、氏名、職業、生年月日（法人の業務に関連して違反行為が行われた場合は、当該法人の住所、名称および代表者名）

②　違反の日時

③　違反の場所

④　違反対象物の用途（種別）、規模、構造等

⑤　違反内容および適用法条

⑥　その他違反事実の特定に必要と認める事項

(2)　違反の情状を認定する事項

ア　違反者の情状

①　違反の目的（理由）または動機

②　違反の繰り返しの有無

③　違法性の認識の有無

④　危険性の認識の有無

⑤　過去における指導経過

⑥　違反者の業務経歴

イ　違反の情状

①　違反に内在する危険性

②　違反に起因して火災等の災害が発生した場合はその状況

③　違反の社会に及ぼす影響等（違反の内容により、社会的影響が認めた場合のみ）

5　違反調査上の留意事項

(1)　一般的（共通的）留意事項

ア　調査手段の適正

違反の調査は、調査権限の範囲内において行うこと。例えば、消防法上、消防機関には関係者等に対する出頭要求権などの権限がないから、調査の必要上関係者等を消防署等の招致する場合には、消防組織法第1条に基づく任務行為として出頭を要請することになる。したがって、この場合は文書（様式自由）または口頭（電話）により関係者等の任意の出頭を求めるよう留意しなければならない。

イ　調査の客観性

違反の調査にあたっては、事実の認定は客観的に行い、主観（推測など）をまじえて行うことのないよう留意すること。

ウ　違反者の特定

消防法令違反には、してはならない一定の行為を行った場合（不作為義務違反、例えば、法第10条第1項違反、第13条第3項違反など）と、しなければならない一定の義務を履行していない場合（作為義務違反、例えば、法第8条第1項違反、第17条第1項違反など）とがあるが、前者については、実行行為者またはその行為を指示した者が誰であるか、後者については、誰が履行義務を負っているかをよく調べ、違反者を特定すること。

エ　違反事実の特定

違反事実の特定は、当該事実が違反の構成要件（成立要件）に該当することを確認して行うこと。そのためには、事前に消防法令違反の構成要件について分析、研究しておくことが必要である。

オ　違反調査と民事不介入

違反の調査にあたっては、消防の権限および任務に属さない事項について相手方の民事問題に関与しないこと。例えば、ある建物の賃貸部分の用途を変えることによって消防法令違反が解消されることがあるとしても、消防機関としては、当該建物の所有者と賃借人（占有者）との契約問題に関与し、所有者側に組みするようなことがあってはならない。

カ　違反調査と対人接遇

違反調査時における関係者等との対応については、違反処理を執行する場合の対応と同様である。

キ　資料提出命令・報告徴収の活用等

違反の調査時において、質問によって、関係者等から必要な答弁を得られない場合または必要な危険物の収去を拒否された場合には、報告徴収権または資料提出命令権を活用して必要な事項または資料の収集を図ること。

なお、消防機関の調査権限のみによっては、違反事実等の特定が不十分であると認めるときは、関係行政機関に対し必要な資料の交付または閲覧を求めること。

(2)　告発を前提とする調査における留意事項

告発を前提として違反の調査を行う場合は、前(1)の一般的留意事項のほか、次の事項に留意すること。

ア　被告発人の特定

違反者の氏名、住所、本籍地の特定は、住民票、戸籍謄本により、また、両罰規定（法第45条）を適用する場合の法人の名称、住所および代表者名は、商業登記簿謄本等により確認すること。

イ　共犯関係の特定

違反者の実行行為が関係者等の指示または暗黙の諒解のもとに行われた場合は、当該違反行為者と関係者等との共犯関係が考えられるので、両者の質問調書によりその点を確認しておくこと。

ウ　故意の認定

消防法令違反は、原則として、故意犯のみが処罰（告発）の対象となるが（刑法第８条、第38条第１項）、故意の認定は、事実の認識（例えば、製造所等以外の場所で灯油2,000リットルを貯蔵したという事実を認識していること）があればよく、違法性の認識（例えば、前例の事実が無許可貯蔵として法第10条第１項違反を構成するという認識）までを必要としないこと。

なお、違反者の違法性の認識は、違反者の悪しき情状の認定要素となる。

エ　法人の監督責任の立証

両罰規定を適用し、違反行為者のほか、法人の監督責任を問う場合には、当該法人の業務と違反行為者のかかわりあい（法人の業務に関連して違反行為が行われたものであること）および当該違反行為に対して法人の監督がなされていなかったこと、あるいは監督が不十分であったことの立証が必要である。したがって、この場合には、両者の質問調書によりこの点について確認しておくこと。

第２　違反調査の方法（手段）

消防法令違反の調査は、火災予防のための立入検査権、質問権を一般的手段とし、危険物の収去権、資料提出命令権、報告徴収権を選択的手段として行われ、さらにこれらの調査権限の補完手段として消防組織法第１条に基づく任務行為として行われることについてすでに触れたとおりである。

１　立入検査

⑴　立入検査の役割

立入検査は、五感（官）作用により違反事実や違反にかかわる危険性（違反に内在する火災危険または違反に関連する火災危険）等の物的な事実関係の有無を把握（確認）するための最も主要な手段である。

⑵　立入検査と実況見分、現認または実査との関係

違反調査の手段として、実務上実況見分（単に見分ともいう。）、現認あるいは実査などの用語が使われているが、これらの用語の意味内容は、立入検査における検査行為と全く同義である。すなわち、いずれも五感（官）作用によって物の状況（実態・実状）を現実に確認する行為だからである。このようなことから、実況見分や現認などの行為は消防法第４条第１項あるいは第16条の５第１項を根拠にして行われる。要するに、実況見分や現認等の用語は、立入検査と同じ内容のものを別の言葉で表現しているにすぎないのである。したがって、立入検査、実況見分または現認などの行為を異質の行為あるいは手段と捉えることは誤りである。

ところで、実況見分の用語は、法令（刑事訴訟法）上の用語ではなく、実務上（犯罪捜査規範上）の用語で、強制力を伴わない手段によって物、身体または場所の状況を現実に確認し、あるいは認識することを意味するとされている。

したがって、本来、実況見分は捜査機関による任意捜査の場で使われる手段であるが、その手法が類似しているところから、従来、消防の火災原因の調査手段として準用されている。

しかし、消防法令違反の調査手段として実況見分を必要とする場は少ない。

２　実況見分

⑴　実況見分の意義

実況見分とは、違反と思われる現場に立入り、五感（官）作用によってその施設や物の状態あるいは周囲の状況などを直接（現実に）確認することである。単に「見分」、「現認」あるいは「実査」ともいう。立入検査と同義である。

実況見分によって現実に確認した結果を客観的に（ありのままに）文書に記載したものを実況見分調書という。

実況見分調書（以下単に「調書」という。）は、直接、消防法令違反の事実の立証に資する（証拠の保全）ものであるが、現場をみていない者（上司や検察官等）に対する報告書的な一面をもっている。したがって、現場をみていない者がその状況（違反の事実や火災危険の状況）をありのまま認識できるように記載するのが望ましいとされている。

なお、実況見分の実施と調書の作成は、すべての消防法令違反の事実の確認とその立証のために必要とされるものではなく、実況見分とその調書によらなければ違反事実の確認とその立証ができない場合においてのみ行われるべきものである。したがって、実況見分と調書の作成は、消防法令違反を立証するための必須的調査行為ではなく、いわば、補完的な調査行為にすぎない。

⑵　実況見分の目的

実況見分自体は、消防法令に違反する事実を確認するために行われるものであるが、調書の作成は、当該違反の立証に資するために行われる。

(3)　実況見分の法的性格

実況見分は、要するに消防法令違反にかかる実態を把握するための行為であるから、実態を把握するための権限である立入検査の一態様である。すなわち、違反と思われる特定の事実のみを確認するために行われる立入検査を実況見分と称しているにすぎない。

(4)　実況見分の根拠

実況見分が法的に立入検査の一態様である以上、消防法第４条第１項または第16条の５第１項を根拠として行われる。

したがって、見分を拒否された場合は、その理由のいかんを問わず強行できない。しかし、拒否の理由に正当性が認められない場合は、現実性は少ないとしても、法的には処罰の対象となる。

(5)　実況見分と調書の作成を必要とする場合

実況見分とその調書の作成を必要とする場合は、すでに説明したように、これを行わなければ消防法令違反の確認と立証ができない場合のみに限定される。したがって、これによらなくても消防法令違反の確認と立証が可能であれば、あえて実況見分と調書の作成など必要がない。

参考までに、実況見分と調書の作成を必要とする場合の主な例をあげると次のとおりである。

①　危険物の無許可貯蔵取扱（法第10条第１項違反）

②　製造所等における許可品名外の危険物の貯蔵・取扱い（法第10条第３項違反）

③　製造所等における危険物の漏出、飛散等（法第10条第３項違反、第39条の２、第39条の３）

④　無資格者による危険物の取扱い（法第13条第３項違反）

⑤　危険物の運搬容器の落下・転倒や類を異にする危険物の混載などの危険物の運搬基準違反（法第16条違反）

⑥　無資格者による消防用設備等の工事・整備（法第17条の５違反）

(6)　実況見分調書の証拠能力

消防職員の作成した実況見分調書については、刑事訴訟法第321条第３項の規定が準用され、司法警察職員が検証の結果を記載した書面と同様の扱いを受ける（参考判例―中野簡裁昭和44年11月25日判決）。

したがって、「供述者（実況見分調書の作成者）が公判期日において証人として尋問を受け、その真正に作成されたものであることを供述したとき」は、たとえ被告人の同意がなくとも証拠能力が付与される。「真正に作成されたものであることを供述したとき」とは、調書を事実に即して正確に記載したことを証言し、かつ、反対尋問によってその証言が覆されなかったときをいう。

(7)　実況見分調書の形式

調書の様式はどのようなものであっても一向に差しつかえないが、少なくとも①見分を行う者、②見分の日時、③見分の場所および対象（施設または物など）、④見分の目的、⑤見分の立会人のような共通的事項と見分の状況が記載されることが必要である。

見分や現認の結果を記載する文書形式については、調書という名の文書形式をとらず、「違反事実の現認について」とか「違反事実現認書」などの文書形式としてもよく、文書の形式よりも要は見分または現認の内容であるとされている。

なお、見分または現認の内容が簡単なものであれば、違反調査報告書の内容として見分または現認の状況を記載すればよく、あえて調書などの独立した文書を作成する必要はない。

また、調書や違反調査報告書のほかに、「違反事実現認報告書」など、まぎらわしく、しかも、事務処理を徒らに複雑にするような文書を作る必要はない。

参考までに調書の様式例を掲げると、下表のとおりである。

実況見分調書の様式例

<table>
<tr><td colspan="2">実　況　見　分　調　書
について本職は
次のとおり見分した。
年　　月　　日
所　　属
階級・氏名　　　　　　　㊞</td></tr>
<tr><td>実況見分の日時</td><td></td></tr>
<tr><td>実況見分の場所
施 設 又 は 物</td><td></td></tr>
<tr><td>実況見分の目的</td><td></td></tr>
<tr><td>立会人の職・氏名</td><td></td></tr>
<tr><td colspan="2"></td></tr>
<tr><td colspan="2"></td></tr>
<tr><td colspan="2"></td></tr>
<tr><td colspan="2"></td></tr>
<tr><td colspan="2"></td></tr>
<tr><td colspan="2"></td></tr>
<tr><td colspan="2"></td></tr>
<tr><td colspan="2"></td></tr>
<tr><td colspan="2"></td></tr>
</table>

(8) 実況見分実施上の留意事項

実況見分を実施する場合の留意事項としては、次のような事項があげられる。

①　実況見分は、法的には、立入検査（法第４条第１項、第16条の５第１項）における検査行為であるから、これを実施する場合には、関係者等にその旨を告知し、さらに個人の住居の場合は、関係者の承諾を得なければならない。

②　実況見分を実施するため建物に立ち入る場合は、関係のある者からの請求があったときには立入検査の証票を提示するのが原則である。ただし証票を提示しなかった場合でも、その手続上の瑕疵を関係者から指摘されない限り見分は有効である。

③　実況見分は、その適正・円滑な実施を図るため、運用上関係者等に任意の立会いを求めて行うことが必要である。

④　実況見分の対象（目的物）が移動タンク貯蔵所等の車両である場合は、当該車両を安全な場所に移動させて見分を実施するよう配意する。

⑤　危険物が公道上に流出した場合で、違反に伴う火災危険（違反の情状）を確認するために、危険物の流出範囲を測定するときは交通監視員を配置してから行うなど、危害の防止に十分配意する。

⑥　実況見分は、消防法令違反を構成する事実（危険物の流出等の違反についてはその危険性）について、客観的に確認し、その結果（内容）をメモしておけばよく（あとで、見分結果の内容により調書、現認書あるいは違反調査報告書などに記載される。）、それ以上むずかしく考える必要はない。消防法令違反の見分は、一般にシンプルである。

⑦　実況見分によって確認した事実については、その状況をできるだけ写真（現場写真）に撮影しておくことにより、その立証に役立つ。なお、現場写真を撮影する場合は、立会人の立会状況についても撮影し

ておくのが望ましい。

現場写真の撮影は、その旨を関係者等に告知して行う方法と事前に関係者等の諒解を得てから行うという二つの方法がある。

後者の方法をとるのが一般的であろうが、いずれの方法をとっても合法である。ただし、関係者から撮影を拒否された場合には、強行することができない。

⑼　実況見分調書記載上の留意事項

ア　実況見分の日時欄

この欄には、実際に実況見分を始めた日時と終了した日時を記載すること。

イ　実況見分の目的欄

この欄には、「消防法令違反の事実を確認するため」と記載すること。消防法令違反の立証に資すること（証拠の保全）は、実況見分の直接の目的ではなく、調書作成の目的である。

ウ　実況見分の立会人欄

この欄には、立会人の職・氏名（例えば、○○株式会社総務課長○○○○など）のみを記載すればよく、立会人の住所や年令までも記載することは全く無意味であり、相手方に対して失礼である。

エ　実況見分の内容

実況見分の内容は、実況見分によって確認した消防法令違反等の事実を構成要件に従い、次の点に留意して記載すること。

①　見分した事実をありのまま記載し、不必要な修飾語を用いないこと。

②　見分した事実を客観的に記載し、意見や推測的な表現を避けること。

ただし、見分者が直接見たり、触れたり、嗅いだりしたこと自体についての判断を記載することはさしつかえない（例えば、「ガソリンのような臭いがする」といった表現など）。

③　記載した文字は、できるだけ、訂正したり改変しないように配意しなければならないが、止むを得ず訂正する場合で文字を削るときは、削った文字を読めるように字体を残して横２本線を引き、欄外余白部分に「○字削除」と記載し、その箇所に作成者の押印をしておくこと、また、文字を加えるときは、挿入位置を∨で明示し、欄外余白部分に「○字加入」と記載し、その箇所に作成者の押印をしておくこと。

④　調書が２葉以上にわたる場合は、毎葉に作成者の割印を押印しておくこと。

⑤　調書には、現場写真、図面その他の作成・収集した資料を添付すること。

3　質問権

⑴　質問権の役割

消防法第４条第１項または同法第16条の５第１項に基づく質問権（以下「質問権」という。）による質問行為は、違反行為を自認する被質問者の答弁によって違反者を特定することができるほか、立入検査のみによっては把握し得ない相手方の心的状態（違反についての責任の有無、違反の認識の有無、違反の理由（動機）、反省の有無、是正（履行）意思の有無、危険性の認識の有無などの情状的事項）を確認し得るために行われるものである。したがって、質問権は、立入検査権を補完する重要不可欠な手段であり、立入検査とともに違反調査手段の両輪をなす。

⑵　質問権の法的性質

本質問権には罰則の担保がないから、質問によって相手方の答弁を強制することができず、相手方が任意に答えてくれることを期待して行われる。したがって、この点において質問は、任意行為の性質を有する。

一方、本質問権は、質問によって相手方に答弁の義務を課すことができない。したがって、この点において質問は、事実行為の性質をもつ。

(3)　質問権の行使と答弁拒否権告知の要否

本質問権は、火災予防上の必要な実態を把握するという公益目的のために付与されたものであり、直接刑事責任の追及を目的とするものではない。また、本質問権は、その性質上、憲法第38条第１項にいう自己に不利益な供述を強要するものでもない。

したがって、質問にあたって相手方に答弁拒否権（黙否権）を告知する必要はない。

(4)　質問権の場所的限界

質問権は、関係のある場所や貯蔵所等に立ち入った場合に行使し得るものであるから、立入場所以外での質問は厳密には質問権の行使とはいえない。したがって、関係のある場所等への立入りを前提とせず、関係のある者に対し火災予防上必要な事項を質問する場合は、消防組織法第１条に基づく任務行為として行われることになる。

しかし、消防法第４条第１項等に基づく質問といい、消防組織法第１条に基づく質問といっても、いずれも相手方に答弁の義務と課すことができず、また、答弁を強制できない点において全く異るところがない。したがって、両者には実質的な差異がない。

(5)　質問事項

本質問権によって質問し得る事項は、火災予防上必要な事項である。火災予防上必要な事項には、火災の予防に直接または間接に関連すると思われるすべての事項が含まれる。違反処理は、結局火災予防のために行われるものであるから、違反処理上必要な事項は、火災予防に関連する事項として、質問の対象となる。

⑹　質問の相手方

質問の相手方は、関係のある者である。「関係のある者」とは、立入りを受けた関係のある場所等の関係者のほか、その代理者、使用人その他の従業者等をいい、「従業者等」の中には、従業者のほか、質問事項についての知識や事情などを知っている出入業者、付近住民、顧客など雇用関係のない第三者も含まれる。

⑺　質問に対する答弁を拒否された場合の補完手段

ある事項についての質問に対し答弁を拒否された場合で、答弁を得ることが行政上必要であるときは、消防法第４条第１項または同法第16条の５第１項に基づく報告徴収権により、強制的に当該事項の報告を求めることができる。

⑻　質問調書

ア　質問調書の意義

質問調書とは、消防法第４条第１項または同法第16条の５第１項の規定に基づき立入検査を行った場合に関係のある者に火災予防上必要な事項を質問したとき、あるいは立入検査にかかわりなく、消防組織法第１条に基づき質問を行った場合に、その答弁の内容を録取した文書のことである。

消防組織法第１条に基づく質問に対する答弁内容を録取した文書を殊更に「供述調書」と呼称し、別個の様式で処理している例もみられるが、このような処理は、徒らに事務処理を複雑にするデメリットこそあれ、全く無意味無用の運用である。

その根拠がどうであれ、消防職員の質問に対する答弁内容を録取したものは、すべて「質問調書」あるいは「消防調書」と呼称すべきものである。

そもそも、「供述調書」なるものは、犯罪捜査の過程において、捜査官が刑事訴訟法第198条第３項（犯罪捜査規範第174条）に基づき被疑者の供述内容を録取したもので、いわば、法令上の固有名詞的用語である。

なお、「供述」という動名詞自体は、一般的な用語で、特定の場合にのみ用いられるという特段の制約がない。したがって、消防職員の質問に対する答えを表わす用語として、実務上「供述」あるいは「回答」などの用語を用いることは一向にさしつかえない。

しかし、行政法規上の質問権の行使に対しその答えを表わす法令用語および判例上の用語は「答弁」である。

イ　質問調書の役割

質問調書は、違反者の特定、違反事実の確認その他違反にかかわる情状等を認定し、それを裏づけるための資料（手段）として重要な役割をもっている。また、質問調書を作成することは、違反の是正について、被質問者に対する心理的効果が期待できる。

なお、告発書に添付される質問調書については、検察官等から犯罪または情状の心証を得るための資料の一つとして重要な役割をもつ。

ところで、質問調書は、すべての違反処理の場において作成するものではなく、原則として、質問調書によらなければ違反者の特定や違反事実等の立証ができない場合、あるいは告発をはじめ、命令や許可の取消処分を行う場合に作成されるものである。

ウ　質問調書の証拠能力

証拠能力とは、犯罪や情状等の事実認定の資料として、公判廷において審理の対象となる適格性、あるいは資格を意味するが、消防職員の作成した質問調書は、供述者の署名押印があり、かつ、それが任意に供述されたものである限り、原則として、証拠能力が認められる（刑訴法第

322条)。すなわち、正式裁判（公判請求による裁判）の場合には、被告人（弁護人側）の同意があった場合のみ証拠能力が認められるが、略式裁判の場合は、無条件に証拠能力が認められる。

ところで、実務上、消防法令違反については、そのほとんどが略式裁判によって処理されている実情にある。したがって、この限りにおいて、消防職員の作成した質問調書には、証拠能力があるといってよい。

エ　質問調書の様式

質問調書の様式については、各消防本部において自由に作成することができるが、参考までにその一例を掲げると**次頁の様式**のようなものがある。

オ　質問調書の作成要領

(ア)　被質問者

質問は、違反行為者（疑いのある者を含む。)、違反事実に関連があると認められる関係者、違反行為者の上司（監督者）もしくは同僚または場合により違反事実や違反に関連する災害等を現認した第三者等に対して行う。

(イ)　質問・録取場所

質問および調書の作成は、立入検査（違反調査）を行った場所において、または被質問者に対し消防署等に任意の出頭（来署）を求めて行う。

(ウ)　質問事項（録取事項)

質問調書を作成する場合は、あらかじめ次に掲げる質問事項を用意して順序だてて質問し、質問に対応する必要な答弁のみを整理して録取すること。

a　違反行為者に対する質問事項

質　問　調　書（第　　回）

開始　　　年　　月　　日　　時　　分ころ

質問実施日時

終了　　　年　　月　　日　　時　　分ころ

1　所在地

2　名　称

3　用　途

上記対象物における　　　　　　　　について本職は次の者に質問したところ任意に次のように供述した。

住　　所

職・氏名

年　　齢　　　　年　　　　月　　　　日生（　　歳）

(a)　共通的事項

被質問者の地位、職務内容、経歴等

(b)　違反事実関係

〈規定違反の場合〉

次に掲げる事項のうち、当該違反の構成上必要な事項

・①　誰が

・②　いつ（いつ頃またはいつ頃から）

・③　どこで

④　だれと（だれの指示を受けて）

⑤　どのような目的で

⑥　どのような方法（手段）で

⑦　何に対して

・⑧　何をしたか（何をさせたか、何をしなかったか、何をさせなかったか）

※「何をしたか」については、消防法令の規定違反を構成する事実（規定違反の構成要件）について質問すればよい。例えば、危険物の無許可貯蔵違反（法第10条第１項違反）の場合は、許可（仮貯蔵の承認）を受けていない場所において、指定数量以上の危険物を貯蔵したという事実関係について質問すればよいことになる。

※　消防法令の規定違反の場合は、刑法犯の場合と異なり、一般に、だれが、いつ、どこで、何をしたかについて質問すれば違反の認定が可能と思われる。

〈命令違反の場合〉

命令違反の場合、命令違反を構成する次の事項

①　命令の前提となる違反事実について知っていたか

② 命令をだれから受けたか
③ いつ受けたか
④ 命令はどのような内容であったか
⑤ 命令の履行期限は
⑥ 命令を履行したか

(c) 情状関係

〈規定違反の場合〉

① 事前に違反の是正について指導を受けていたか
② 違反の目的または動機
③ 違反についての認識の有無
④ 違反にかかる危険性の認識の有無
⑤ 同一の違反が繰り返されている場合はその理由
⑥ 違反を行ったことについての反省の有無
⑦ 違反に関連して火災等の災害が発生した場合の責任の有無
⑧ その他個々の違反事案により必要と認める事項

〈命令違反の場合〉

規定違反の情状に関する質問事項を参照するほか次のような命令違反の情状に関する固有の質問事項

① 命令の対象となった違反事実について是正指導を受けた事実の有無
② 命令を履行しなかった理由
③ 命令違反にかかる危険性の認識の有無
④ 命令違反についての反省の有無
⑤ 命令に対する受命者の今後の対応（是正計画の有無）
⑥ その他

b　法人の関係者に対する質問事項

①　被質問者の地位および職務内容

②　法人の組織および業務内容

③　法人の業務と違反とのかかわりあい

④　違反の防止に対する監督の適否（違反と法人の監督責任）

⑤　その他法人の監督責任を問うために必要と認める事項

c　第三者に対する質問事項

①　違反の関係者等との関係

②　違反の状況（違反に関連して火災等の災害が発生した場合はその状況）

③　違反の危険性の認識

④　その他必要と認める事項

㈤　質問調書録取上の一般的留意事項

a　事前に違反事案に対する適用法条を特定し、当該違反が成立するためにはどのような事実を質問すればよいかを確認してその要点を手控えのメモ帳などに整理しておき、これに従って順序よく質問すること。

b　質問調書に録取する内容は、速記の場合と異なり、答弁内容を一言半句もおとさずに記載する必要はなく、被質問者が任意に答弁した内容が要約され、誤りなく記載されていればよい。このため、質問に対する答弁の内容については、手控えのメモ帳などにその要点を書き取り、それを整理して質問調書を作成すること。

c　被質問者が質問と関係のない事項について答弁している場合は、丁寧にその必要がない旨を告げ、次の質問に移ること。

d　質問に対する答弁の内容に矛盾が認められる場合は、その内容をうのみにせず、質問によってその矛盾を解明していくこと。このことは、複数の被質問者（例えば、違反行為者と関係者）の答弁内容に矛盾があった場合にもあてはまる。

㈴　質問調書記載要領

a　同一事案について、同一人に対し２回以上にわたって質問調書を録取した場合は、作成するごとにその回数を回数欄に記載すること。

b　様式中、「上記対象物における」の次の空白部分には、質問の対象となる事項を記載すること。

（例）

・「防火管理状況」

・「消防用設備等の設置状況」

・「危険物の貯蔵または取扱状況」

c　質問調書の記載は、答弁の内容により、適宜、項、追番号（例えば、１、⑴、⑵、２、⑴、⑶）をつけ、話し言葉で表現すること。

d　第三者の言葉が引用されている場合で簡単なものは、「　」をつけて記載し、長い内容のものについては、本文より２字以下に下げて記載すること。

e　答弁内容の任意性と信ぴょう性を保つため被質問者が否定した事実についても記載すること。

f　録取した答弁内容は、被質問者に読み聞かせ、または閲覧させることにより、その内容に誤りがないことを確認させたのち、その末尾に次のように記載し、被質問者の署名および押（指）印を求めておくこと。

※　指印の場合は、「左手第２指」とする。

被質問者　氏　名　　　　　　㊞ 　上記のとおり録取して、読み聞かせ（または閲覧させ）たところ、誤りのないこと申し立て、署名押（指）印した。 　　　　　令和○○年○月○日 　　　　　　　　　　　　　　　　　　○○消防署 　　　　　　　　　　　　　　　　　　階級　氏　　　　　名　㊞

なお、被質問者が任意に答弁したのち、署名および押印を拒否した場合は、次のように記載すること。

上記のとおり録取して、読み聞かせ（または閲覧させ）たところ、誤りのないことを申し立てたが、署名および押（指）印を拒否した。 　　　　　令和○○年○月○日 　　　　　　　　　　　　　　　　　　○○消防署 　　　　　　　　　　　　　　　　　　階級　氏　　　　　名　㊞

g　録取した答弁の内容を被質問者に読み聞かせまたは閲覧させたのち、答弁内容について被質問者から訂正、削除、追加などの変更の申入れがあったときは、その状況を次のように記載すること。

上記のとおり録取して読み聞かせ（閲覧させ）たところ、第１項中「○○○○」を「○○○○」に訂正し、第２項中「○○○○」を削除し、第５項中「○○○○」の次に「○○○○」を加えることとを申し立て署名押（指）印した。 　　　　　令和○○年○月○日 　　　　　　　　　　　　　　　　　　○○消防署 　　　　　　　　　　　　　　　　　　階級　氏　　　　　名　㊞

h　質問調書の文字の訂正等については、第２、２、⑼参照。

4　危険物の収去権

⑴　危険物の収去権の意義

危険物の収去権とは、消防法第16条の５第１項に基づき、貯蔵所等において貯蔵し、または取り扱われている危険物または危険物と疑わしいものについて、試験に供する必要があると認めた場合に、消防職員等の手によって、その必要最小限度の量を一方的に（相手方の同意を得ることなく）取り去ることができる権限をいう。

立入検査権、質問権、資料提出命令とともに火災予防（防止）上必要な物的な実態を把握するための法的な手段である。

⑵　収去の法的性質

危険物の収去は、相手方に対し、危険物または危険物と疑わしいものの提供義務を強制するものではなく、直接、消防職員等の手によって一方的に取り去り、これを試験に供することによって、その実態を把握するという行政上必要な状態を実現する作用であるから即時強制の性質を有する。

図

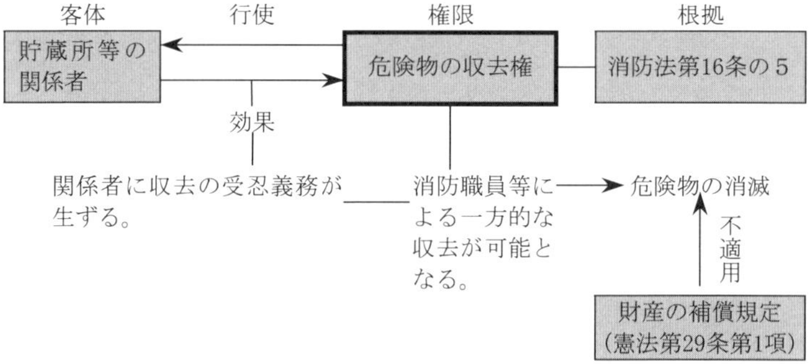

危険物の収去自体は、本来、危険物の場所的移転（存在場所の移転）であるにすぎず、所有権の移転あるいは所有権のはく奪を目的とするものではない。ただ、収去された危険物が試験に供される結果として所有権の消滅をもたらすこともあり得るから、この収去措置が無償で行われる場合に、憲法第29条第１項の規定（財産権の不可侵）との関係において若干問

題となる。

しかし、その量が必要最小限度のものである限り、危険物に関連する事業を営む者は、当該事業にかかわる社会公共の安全上、これを受忍すべき社会的義務が存するものと解されている（**前頁図**参照）。

⑶　収去の主体（収去権者）

消防法第16条の５第１項の規定に基づく危険物の収去権をもっている者は、立入検査や質問の場合と同様に、市町村長等および当該市町村長等から収去権の行使について下命された消防事務に従事する職員である。市町村長等の下命権が消防長に委任されている場合は、当該消防長から下命された消防職員が、収去権者として収去を行うことになる。

ところで、ここにいう「下命」とは、消防事務に従事する職員の有する収去権を行使すべき旨の下命を意味するから、当該職員の収去行為は、自己の権限として行うものであって、市町村長等の権限の代理執行または補助執行として行うものでないこと、立入検査および質問の場合と同様である。

下命の形式についても、立入検査および質問の場合と同様に、具体的・個別的下命であると内部規程による包括的下命であるとを問わない。

⑷　収去権の場所的限界

消防法第16条の５第１項は、

〔権限行使の場所的要件〕〔権限の行使〕

…貯蔵所等に立ち入り ｛…検査させ
…質問させ
…<u>収去させ</u>｝ること

ができる。と規定し、危険物の収去について、検査および質問の場合と同様に、貯蔵所等に立ち入ることを権限行使の場所的要件（前提要件）としている。したがって、危険物の収去権は、貯蔵所等に立ち入った場合においてのみ行使し得るもので、ここに権限行使の場所的限界がある。

以上のことから、貯蔵所等以外の少量危険物貯蔵取扱所その他指定数量未満の危険物を貯蔵・取扱っている事業所や住宅等に存在する危険物に対しては、収去権を行使することができない。

なお、これらの場所に存在する危険物について、試験に供する必要がある場合は、事実行為あるいは任意行為として、関係者に当該危険物の任意の提供を求めるか消防法第４条第１項の資料提出命令により、強制的に当該危険物の提出を求めることができる。

(5) 収去の方法

危険物の収去方法については、消防法上特段の定めがないが、危険物の収去を有効、かつ、適法に行い得るための手続として、消防法第16条の５第１項の規定に基づき、一定の危険物等を試験のために収去する旨を関係者等に告知したのち、消防職員の手によって所定の危険物を容器に収納し、当該危険物を消防機関の占有に移す形で行われる。現実には、収去の告知を受けた関係者等が、収去の指定を受けた危険物等を容器に収納し、これを消防職員に引き渡す（消防機関への占有の移転）という方法がとられることが多い。

危険物を収去する旨の告知については、文書によると口頭によるとを問わないが、収去が危険物にかかる所有権の消滅をもたらす強制措置であることから、無用のトラブルを避け、危険物の収去が適正な手続のもとに行われたものであることの挙証に資するため、文書の交付をもって行うことが望ましい。

この文書は、収去の対象となる危険物を所有または占有する関係者あてのもので、あて名として、関係者の属する事業所等の所在・名称、関係者の職・氏名を記載するほか、①収去すべき危険物等（品名が判明している場合は、その品名を記載）の存在場所および数量、②収去の理由、③収去の根拠など収去にかかる必要事項を記載する。その様式は自由である。参考までに様式の一例を掲げると、次のとおりである。

第　○　○　号

収　　　去　　　書

住所又は事務所の所在地

氏名又は名称

収去場所

品名数量

収去の理由

上記の物を消防法第16条の５第１項の規定により収去する。

令和○年○月○日

○○市消防本部○○消防署

階級　氏　　　　名　㊞

なお、この文書の交付は、関係者に対し消防法第16条の５第１項により一定量の危険物等を収去する旨の意思を表示し、事後の収去行為を有効、かつ、適法に行い得るための手続であり、消防職員に収去権があることを証明するためのものではない。したがって、文書の標題は、法的には「収去書」または「収去告知書」と表示するのが適切である。

⑹　収去を拒否された場合の補完手段等

消防法第16条の５第１項の危険物の収去権は、立入検査権の場合と同様に、罰則を担保として、収去について拒否等をしないよう相手方に受忍を強制するものであるから、拒否等のない限りにおいて、一方的に（相手方の同意を得ることなく）危険物を収去し得るにとどまり、ここに権限の限界がある。

したがって、危険物の収去に際し、関係者の拒否等があった場合は、収去を強行することができない。しかし、収去の拒否等について、正当な理由が認められない場合は、罰則の適用、つまり、告発措置をとることによってこれに対処することができる（法第44条第２号）。

また、収去を拒否された危険物について、必要がある場合は、その補完手段として、消防法第16条の５第１項の資料提出命令により強制的に当該危険物の提出を求めることが可能であり、受命者がこれに従わないときは、命令違反として処罰の対象となる（法第44条第２号）。

なお、この場合、危険物の収去拒否罪と資料提出命令違反とは併合罪を構成し、刑が加重される（刑法第45条、第48条第２項）。

5　資料提出命令

(1)　資料提出命令の意義・役割

消防法第４条第１項等の資料提出命令とは、消防対象物または貯蔵所等の関係者に対し、火災予防（防止）上必要な資料について、強制的に提出を求める行政行為（命令的行為）をいう。

本命令は、立入検査や危険物の収去とともに、消防対象物等にかかる火災予防（防止）上の実態を把握するために付与された権限であるが、立入検査の手段のみによっては、その実態を把握し得ない場合あるいは危険物の収去が拒否された場合にこれを補完する役割をもっている。

(2)　資料提出命令の主体（命令権者）

〈報告徴収と共通的事項〉

資料提命令出権および報告徴収権をもっている者は、次に掲げる者である。

ア　消防法第４条第１項の場合

消防長（消防本部を置かない市町村においては、市町村長。以下同じ。）または消防署長である。

イ　消防法第16条の５第１項の場合

市町村長等（消防本部および消防署を設置している市町村にあっては当該市町村長、特別区の存する区域においては東京都知事（法第37条、消防総監に権限委任）、消防本部を設置していない市町村にあっては、当該区域を管轄する都道府県知事）である。

なお、地方自治法第153条第２項に基づき、市町村長の権限が消防長に委任されている場合は、当該消防長が権限者となる。

実務上は、資料提出命令等の権限の行使に先だち口頭または通知書により、関係者に対し任意の資料提出または任意の報告を求めるのが通例である。このように、関係者に対し任意の履行を求める行為を任意行為というが、これによって関係者に資料提出等の法的な義務を課するわけではないから（事実行為）、権限を有しない消防職員であっても行うことができる。

資料提出命令権等の行使時期については、消防法上特段の限定がないから、立入検査の事前または事後等を問わず行使することができる。

(3)　資料提出命令の要件

〈報告徴収と共通的事項〉

消防法第４条第１項および同法第16条の５第１項（以下「消防法第４条第１項等」という。）に基づく資料提出命令および報告徴収の要件は、立入検査の場合と同様、権限者において火災予防（防止）上必要と認めるときである。ここで、火災予防というのは、具体的火災危険の予防であることを必要とせず、抽象的な火災危険の予防をもって足りるものと解される。本権限は、消防対象物および貯蔵所等における火災予防上の危険実態（火災予防に関する消防法令の履行状況の実態を含む。）を具体的に把握するために付与されたものであり、具体的な火災危険の有無は、権限行使の結果として把握されるべきものである。

したがって、本権限の要件として、具体的な火災危険の存在を必要とするならば、本来、権限の行使によって把握すべき内容を要件の内容とするもので、権限の行使が殆んど不可能となり、権限の存在意義が失われることになるからである。

以上のように、本権限の要件については、立入検査権や質問権の場合と同様、別段厳格さが要求されていないことから、火災予防上の実態把握のため十分に活用され得る権限ではある。

(4)　資料提出命令の特異性

〈報告徴収と共通的事項〉

消防法第４条第１項等に基づく資料提出命令および報告徴収は、火災予防上の実態を具体的に把握するための権限の一つとして付与されたものであるが、消防法第３条第１項、第５条第１項および第12条の３第１項等の措置命令のような具体的な火災危険や公共の安全の維持等のための緊急の必要性の存在を必要とせず、また、同法第８条第３項、第12条第２項、第16条の６第１項および第17条の４第１項の措置命令等のような消防法令上の義務違反を要件としていない。したがって、消防法上の他の措置命令にくらべ、その要件に厳格性が要求されていないほか、直接、具体的な火災危険の排除や違反の是正を目的としていない点において特異性が認められる。

(5)　資料提出命令の対象

ア　消防法第４条第１項の場合

火災予防上の見地から、消防対象物の位置、構造、設備または管理状況等の実態（消防法令の履行状況の実態を含む。）を把握するために必要な文書、図面その他の既存の物件をいう。

イ　消防法第16条の５第１項の場合

火災防止上の見地から、貯蔵所等の位置、構造もしくは設備または危険物の貯蔵・取扱状況等の実態（消防法令の履行状況の実態を含む。）を把握するために必要な文書、図画その他の既存の物件をいう。

これらの既存の物件の中には、消防法令によって作成すべく義務づけられているもの、すなわち、消防法令上、資料提出命令発動の時点において既に作成されているはずのもの（届出を怠っている防火対象物の使用届その他の届出書等）も含まれると解される。

資料提出命令の対象となる資料の一例としては、次のようなものがあげられる。

①　危険物品

②　消防法令上の各種届出等

③　建物の図面等

④　消防用設備等の維持管理に関する委託契約書

⑤　建物等の賃貸借契約書

⑥　危険物品の売上伝票等

⑹　資料提出命令の形式

〈報告徴収と共通的事項〉

消防法第４条等の規定に基づく資料提出命令や報告徴収を発動する場合、どのような形式をとるかについては、消防法上、別段の定めがなく、文書によると口頭によるとを問わない。しかし、緊急の場合は別として、命令の事実を受命者に明示し、不履行があった場合の挙証に役立ち得るよう文書の形式をとるのが通例であり、このことは、他の措置命令と同様である。

殊に、報告徴収の場合は、文書により報告を求める事項について具体的に明示しておくことが必要である。報告を求める事項があいまいであれば、これに基づいてなされる受命者からの報告も、消防機関の要求とかけはなれたものとなり兼ねないからである。

なお、資料提出命令や報告徴収の前段的措置として、任意の資料の提出や報告を求める場合は、通知書にその旨を記載して行うのが一般的な方法である。例えば、通知書に消防法令違反の事実等を記載しその是正を求めるとともに、当該違反の改善計画についても報告を求めることなどがその好例である。

(7)　提出された資料の返還の要否

消防法第4条第1項等に基づく資料提出命令は、火災予防（防止）上の必要から、関係者において所有、管理または占有する資料について、消防機関への一時的な場所的移転あるいは管理主体の一時的変更を求めるにすぎず、消防機関への所有権移転の効果を有しない。

したがって、提出された資料については、関係者が所有権を放棄しない限り、消防機関において必要とする一定期間、善良の管理者の注意をもってこれに保管し、用済後すみやかに関係者に返還しなければならない（**下図**参照）。

図

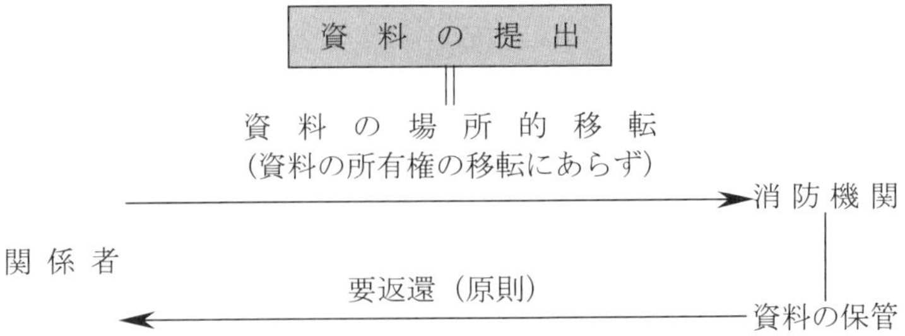

ただ、資料提出命令によって提出された消防計画書または各種届出書等については、これを返還する必要がない。これらのものは、消防法令上、

資料提出命令の発動以前において作成し、消防機関に提出すべく義務づけられており、その義務の履行は、消防機関への所有権移転の効果を有するからである。

(8) 提出された資料の受領および返還手続

ア　提出資料の受領

資料提出命令による所定の資料が提出された場合には、当該資料について所有権を放棄するか否かを関係者に確認し、次のような手続をとる。

① 所有権を放棄する旨の意思が表示されたときは、関係者あてに受領書の交付する。受領書の様式は随意であるが、その一例をあげると次のようなものがある。

第　　　号
令和　年　月　日

住　所
氏　名　　　　　　　　あて

○○市消防本部
○○消防署長○○○○㊞

提 出 資 料 等 受 領 書

令和　　年　　月　　日、あなたから提出された下記の（資　料／報告書）を受領しました。

記

② 関係者が当該資料の所有権を放棄しないときは、関係者あてに提出資料保管書を交付し、調査が終了するまで当該資料を保管しておくことになる。

イ　提出資料の返還

提出された資料について調査が終了した場合には、当該資料を関係者に返還し、これと引換えに、すでに関係者に交付されている提出資料保管書に、資料の返還を受けた旨の奥書きをしたものを受領しておく。これは、提出資料を関係者に返還したことの証明手続である。参考までに、提出資料保管書の様式例およびその記載例を掲げると、次のとおりである。

第　○　○　号
令和○年○月○日

住所　○○市○○町○丁目○番○号
　　　○○○○株式会社
氏名　代表取締役　○○　○○　様

○○市消防本部（局）
○○消防署長　○○　○○㊞

提出資料保管書

令和○年○月○日、あなたから提出された下記資料を保管したので、本保管書を交付します。

なお、本保管書は、資料を還付する際、資料と引換えになるので、紛失しないように注意してください。

記

1　○○ビルの賃貸借契約書
2　○○ビルの消防用設備等の維持管理に関する委託契約書

上記資料について還付を受け、受領しました。
令和○年○月○日
受領者氏名○○○○㊞

(9)　資料提出命令書の様式例および記載例

参考までに、資料提出命令書の様式例とその記載例を掲げると、**次頁表1**および**表2**のとおりである。

表１

○○第○○号

住　所　○○県○○市○○町○丁目○番○号
氏　名　○○百貨店
店長　○○○○殿

資　料　提　出　命　令　書

火災予防のために必要があると認めるので、消防法第４条第１項の規定に基づき、下記資料を令和○○年○月○日までに消防署に提出するよう命令する。

なお、理由なく資料の提出をせず、または虚偽の資料を提出した場合は、消防法により処罰されることがあります。

令和○○年○月○日

○○消防本部
消防長○○○○㊞
（○○消防本部
○○消防署長○○○○㊞）

記

○○○の組織系統に関する資料

教　示

1　この命令に不服のある場合は、命令のあったことを知った日の翌日から起算して60日以内に、○○市町村長（消防長）に対して審査請求をすることができます。

2　この命令については、命令があったことを知った日の翌日から起算して６か月以内に、○○市町村を被告として、命令の取消しの訴えを提起することができます。

表２

〇〇第〇〇号

住　所　〇〇県〇〇市〇〇町〇丁目〇番〇号
氏　名　〇〇株式会社
代表取締役　〇〇〇〇殿

資　料　提　出　命　令　書

火災の防止のために必要があると認めるので、消防法第16条の５第１項の規定に基づき、下記資料を令和〇〇年〇月〇日までに消防署に提出するよう命令する。

なお、理由なく資料の提出をせず、または虚偽の資料を提出した場合は、消防法により処罰されることがあります。

令和〇〇年〇月〇日

〇〇市長
〇〇〇〇㊞

記

令和〇年〇月〇日から同年〇月〇日までの危険物の売上伝票の写し

教　示

１　この命令に不服のある場合は、命令のあったことを知った日の翌日から起算して60日以内に、〇〇市長に対して異議申立てをすることができます。

２　この命令については、命令があったことを知った日の翌日から起算して６か月以内に、〇〇市を被告として、命令の取消しの訴えを提起することができます。

6　報告徴収

⑴　報告徴収の意義・役割

消防法第4条第1項等の報告徴収とは、消防対象物または貯蔵所等の関係者に対し、火災予防（防止）上必要な事項について、強制的に報告を求める行政行為（命令的行為）をいう。報告徴収という用語となっているが、権限の内容（実質）は、命令である。本権限は、立入検査権や質問権とともに消防対象物等にかかる火災予防（防止）上の実態を把握するために付与された権限であるが、立入検査のみによってはその実態を把握し得ない場合、あるいは質問を拒否された場合にこれを補完する役割をもっている。

⑵　報告徴収の対象

火災予防（防止）上必要と認める事項のうち、資料以外のものをいう。資料として存在しているか否かさだかでないものは、すべて報告事項の対象となる。資料と報告事項の範囲を比較した場合、当然に後者の方が広い。したがって、実態把握のための命令権としては報告徴収の方が活用される場が広い。

なお、報告徴収権は、火災予防（防止）上必要と認める事項そのものの報告を求める権限であるから、報告事項にかかる調査方法まで指示することは越権行為と解される。

報告徴収の対象となる報告事項の一例としては、次のようなものがあげられる。

①　危険物品の在庫数量

②　危険物の一日の使用量（取扱量）

③　タンク配管漏洩箇所の有無

④　権限を有する関係者の職氏名

⑤　違反事項の改善計画書

⑥　違反箇所の改修が遅延している理由

⑶　受領した報告文書の返還の要否

消防法第４条第１項等の報告徴収によって関係者に課せられた報告義務は、権限者から求められた一定の事項を権限者に知らせること、つまりその内容を権限者に提供することを意味するから、それが文書（報告文書）の形で提出されたときは、当該文書の所有権は、権限者の属する地方公共団体に帰属する。したがって、当該報告文書については、関係者に返還する必要はない（**下図**参照）。

図

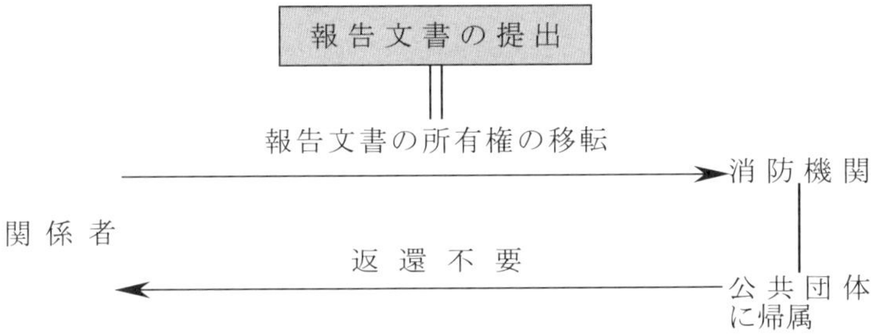

⑷　報告文書の受領手続

報告徴収によって提出された報告文書については、その性質上返還の必要はない。したがって、報告文書を受領したときは、関係者に受領書（提出資料等受領書）を交付するのみで足りる。

⑸　報告徴収書の様式例および記載例

参考までに、報告徴収書の様式例とその記載例を掲げると、**次頁表１**および**表２**のとおりである。

表1

○○第○○号

住　所　○○県○○市○○町○丁目○番○号
氏　名　ホテル　○○○○
　　　　代表取締役　○○○○殿

報　　告　　徴　　収　　書

火災予防のために必要があると認めるので、消防法第4条第1項の規定に基づき、下記事項を令和○○年○月○日までに○○消防署に文書をもって報告するよう要求する。

なお、理由なく報告せず、または虚偽の報告を提出した場合は、消防法により処罰されることがあります。

令和○○年○月○日

○○消防本部
消防長○○○○㊞

〔○○消防本部
○○消防署長○○○○㊞〕

記

スプリンクラー設備の設置に関する具体的な計画

教　示

1　この報告徴収に不服のある場合は、報告徴収のあったことを知った日の翌日から起算して60日以内に、○○市町村長（消防長）に対して審査請求をすることができます。

2　この報告徴収については、報告徴収があったことを知った日の翌日から起算して6か月以内に、○○市町村を被告として、報告徴収の取消しの訴えを提起することができます。

表２

○○第○○号

住　所　○○県○○市○○町○丁目○番○号
氏　名　○○石油株式会社
代表取締役　○○○○殿

報　告　徴　収　書

火災の防止のために必要があると認めるので、消防法第16条の５第１項の規定に基づき、下記事項について令和○○年○月○日までに○○消防署に文書をもって報告するよう要求する。

なお、理由なく報告せず、または虚偽の報告を提出した場合は、消防法により処罰されることがあります。

令和○○年○月○日

○○市長
○○○○㊞

記

○○○に貯蔵されている危険物の品名および数量

教　示

１　この報告徴収に不服のある場合は、報告徴収のあったことを知った日の翌日から起算して60日以内に、○○市長に対して異議申立てをすることができます。

２　この報告徴収については、報告徴収があったことを知った日の翌日から起算して６か月以内に、○○市を被告として、報告徴収の取消しの訴えを提起することができます。

７　現場写真の撮影

(1)　現場写真の撮影の意義

現場写真の撮影とは、違反事実または違反にかかる災害事故等の存在を客観的に保全するための撮影行為をいう。

(2) 現場写真の撮影の性質

現場写真の撮影は、これを強行することができず、関係者の任意の受忍を期待して行われる。したがって、任意行為の性質を有する。

現場写真の撮影は、相手方にその旨を告知するか相手方の同意を得て行うことになるが、相手方が特別に拒否の意思を表示しないときは、黙示の同意があったものとみなされる。

現場写真の撮影は、相手方から拒否された場合にはその理由いかんを問わずこれを行うことはできない。

(3) 現場写真の撮影の根拠

現場写真の撮影については、消防法上の根拠はない（法第４条第１項等の立入検査規定を根拠とすることはできない。）。

しかし、現場写真の撮影は、違反処理の必要上行われるものであり、違反処理は火災予防のために行われるものである。したがって、現場写真の撮影は消防組織法第１条に基づく任務行為として行われるものである。

(4) 現場写真の証拠能力

現場写真が実況見分調書などに添付された場合には、実況見分調書と同様の証拠能力を有する。

なお、現場写真を独立して証拠として提出した場合は、純然たる証拠物の写真として、証拠物と同様の証拠能力を有するものと解される。

(5) 現場写真の撮影方法および撮影上の留意事項

ア　撮影方法

(ア) 違反事実が形に現われるもの　例えば、危険物の無許可貯蔵、製造所等における危険物の流出、出入口の閉鎖に対する改修命令違反、消防用設備等の欠陥箇所の改修命令違反などは、違反を構成するものまたはその場所（箇所）を撮影しておくこと。

(イ) 違反事実が形に現われない性質のもの　例えば、消防用設備等の設置命令違反、防火管理者の選任命令違反などについては、消防用設備等の設置や防火管理者の選任を要する防火対象物の状況を撮影し、併せて、関係者から命令を受けたが履行していない旨の内容を質問調書に録取しておくこと。

イ　撮影上の留意事項

(ア)　現場写真は、違反事実の構成要件を特定できる範囲のものを撮影すること。例えば、危険物の無許可貯蔵については、危険物の量が基本となるので危険物全体を撮影し、その品名を示すものとして危険物の入った容器を大写しに撮影しておくこと。また、製造所等以外の場所で貯蔵されていることを示すため、貯蔵場所付近の状況をも撮影しておくことが必要である。

なお、この場合、質問調書により次のような事実を録取しておくこと。

①　容器に危険物が入っていた事実

②　容器に品名の明示がない場合の品名

(イ)　現場写真は、違反の事実の面ばかりでなく、これに関連する事実の状況についても撮影しておくこと。

(ウ)　現場写真の台紙には、写真の説明を記載するとともに証拠能力を得るために撮影年月日および撮影者の職（階級）・氏名を明記しておくこと。

(エ)　現場写真を撮影する場合は、関係者の任意の立会いを求め、その立会い状況を撮影するとともに、台紙に立会年月日、立会者の署名押印を求めておくこと。

ウ　撮影を拒否された場合の措置

証拠保全のための強制権はないので撮影を拒否された場合は、違反事実の現認（実況見分）および質問調書によって補完すること。

８　公的資料の収集

⑴　住民票、戸籍謄（抄）本の場合

ア　任意様式の依頼書に①公用として使用するものであること、②謄本または抄本の区別、③必要部数、④対象者の氏名・住所（戸籍謄本の場合は本籍地とし、筆頭者が判明している場合には、当該筆頭者の氏名を併記すること）、⑤郵送を希望する場合は、送付先を明記して依頼する。

イ　区や市町村によって事務手続が異なることもあるので、事前に電話などで申請の手続について確認しておくことが必要である。

参考までに、任意様式の依頼文書による戸籍謄本の請求例を掲げると**表１**のとおりである。

表１　任意様式による戸籍謄本の請求例

第　○　○　号
令和○年○月○日

○　○　市長
○　○　　　○　○　殿

○○市消防本部
○　○　消防署長　○○　○○　㊞

戸籍謄本の交付方について（依頼）

このことについて、消防法令違反の調査上必要ですので、下記の書類について公用として交付願います。

記

1　必要書類　　戸籍謄本　○通
2　氏　　名　　○○　○○（昭和○年○月○日生まれ）
3　本籍地等　　○○県○○市○○町○丁目○○番地
　　　　　　　　筆頭者　○○　○○

問い合わせ先
（○○県○○市○○町○丁目○○番○号
○○市消防本部○○消防署○○課
○○係　○○○○、○○○○
（電話番号）○○○―○○―○○○○）

⑵　商業登記簿謄本の場合

ア　所定の申請書（謄抄本申請書・閲覧申請書）に所要の事項を記載するが、任意様式の依頼書（申請書）に、①公用であること、②法人の商号、③本店（主たる事務所）の所在、④必要部数、⑤郵送を希望する場合の送付先、⑥手数料について「登記手数料令第19条による免除」を受ける旨を明記して申請する。

イ　登記情報をコンピューターによって取り扱う登記所においては、登記簿の閲覧の代わりに登記事項要約書の発行を、また、登記簿謄（抄）本の交付の代わりに登記事項証明書の発行を申請することになる。

参考までに、任意様式の依頼文書による商業登記簿本の請求例を掲げると**表２**のとおりである。

表２　任意様式による商業登記簿謄本の請求例

第　○　○　号
令和○年○月○日

○　○　法務局
○　○　出張所長　殿

○○市消防本部
○　○　消防署長　○○　○○　印

商業登記簿謄本の交付方について（依頼）

このことについて、消防法令違反の調査上必要ですので、下記の書類について公用として交付願います。

記

1	必要書類	商業登記簿謄本　○通
2	法 人 名	○○○○株式会社
3	法人所在	○○県○○市○○町○丁目○番○号
4	代 表 者	代表取締役　○○　○○
5	手 数 料	登記手数料令第19条により免除

問い合わせ先
（○○県○○市○○町○丁目○○番○号
○○市消防本部○○消防署○○課
○○係　○○○○、○○○○
（電話番号）○○○—○○—○○○○）

(3) 建物登記簿謄本の場合

ア　まず、登記所に備えつけられている公図または索引簿により建物の地番（住居表示の地番と異なっている場合が多い。）を確認し、さらに所定の閲覧申請書または任意様式の依頼文書により建物登記簿を閲覧して家屋番号を確認する。

イ　建物の地番および家屋番号を確認したのち、所定の申請書に所要の事項を記載し、または任意様式の依頼文書により、消防署長名で、公用扱いとして建物登記簿謄本の交付を請求する。

なお、登記情報をコンピューターによって取り扱う登記所においては、商業登記簿に関する前(2)、イの方法が準用される。

参考までに、任意様式の依頼文書による建物登記簿の閲覧と同謄本の請求例を掲げると**表３**および**表４**のとおりである。

表３　任意様式の依頼文書による建物登記簿の閲覧請求例

第　○　○　号

○　○　法務局
○　○　出張所長　殿

○○市消防本部
○　○　消防署長　○○　○○　印

建物登記簿の閲覧方について（依頼）

このことについて、消防法令違反の調査上必要ですので、下記書類の閲覧について配意願います。

記

1　閲覧書類　　建物登記簿
2　建物の所在　　○○県○○市○○町○丁目○番地

表４　任意様式の依頼文書による建物登記簿謄本の請求例

第　○　○　号
令和○年○月○日

○　○　法務局
○　○　出張所長　殿

○○市消防本部
○　○　消防署長　○○　○○　印

建物登記簿謄本の交付方について（依頼）

このことについて、消防法令違反の調査上必要ですので、下記事項について公用として交付願います。

記

1　必 要 書 類　　建物登記簿謄本（全部）○通

2　建物の所在　　○○県○○市○○町○丁目○番地

3　家 屋 番 号　　○○番

4　手　数　料　　登記手数料令第19条により免除

問い合わせ先
（○○県○○市○○町○丁目○○番○号
○○市消防本部○○消防署○○課
○○係　○○○○、○○○○
（電話番号）○○○―○○―○○○○）

第３　調査結果の報告

１　違反調査を必要とする場合

違反処理基準に該当すると認められる違反事案について、職務の執行中（主として査察の執行中）に発見し、または第三者からの通報（情報の提供）などによって聞知（覚知）した場合、あるいは違反処理基準に該当する違反事案について、その措置を検討する段階で、違反事実や情状的事実などの認定上不明または不十分な点があった場合などには、消防長または消防署長の命により違反調査を行うことになるが、このほか、履行期限を経過した違反事案（警告・命令事案）についても、確認査察の形で当該違反が履行（是正）されているか否かについて調査しなければならない。

２　調査結果の報告手段

違反調査によって確認した違反事案のうち、警告、命令等の措置区分に該当すると認められたものまたは警告や命令の履行期限経過後において行われる履行状況の確認調査の結果、警告事項や命令事項が履行されていないものについては、原則として、違反調査報告書により、消防署長に報告しなければならない。ただし、火災予防上猶予できないものについては、まず、口頭で報告し、爾《じ》後において、違反調査報告書により報告することができる。

３　違反調査報告書の様式

違反調査報告書は、消防長または消防署長等に対する報告書であり、いわば内部的文書（書類）である。しかし、略式手続の場合は、そのまま証拠資料として簡易裁判所に提出され、審理の対象となる。

その様式については、特に法定されていないため、各消防本部において随意の様式を定めることができる。様式例としては、許可の取消し、解任命令、免状返納命令、告発または代執行に該当する違反事案に対応する様式とその他の違反事案に対応する様式とを区分して運用する方法と違反事案に関係なく同一様式で運用する方法とがある。

いずれの方式をとってもさしつかえないが、参考までに違反事案によって、様式を区分する様式例を掲げると**様式例Ａ**および**様式例Ｂ**のとおりである。

なお、様式例Ａにより報告すべきものであっても、事案の内容により適宜様式例Ｂを用いて報告することができる。

様式例Ａ（許可の取消し、告発等の措置に該当する違反事案に対応する様式例）

年　　月　　日

○○消防署長殿

課　　係

階級　氏名　　　　　　㊞

違　反　調　査　報　告　書

○○にかかる消防法令違反について調査した結果は、下記のとおりです。

記

１　違反者等

⑴　法人

住所（本店所在地）

名　称

代表者

業　態

⑵　違反者

本籍地

住　所

職　業

氏　名

生年月日（　才）

２　違反対象物

⑴　所在・名称

⑵　用途・規模・構造

3　違反事実
4　適用法条
5　違反の情状
6　違反事実等の認定資料
7　参考事項
8　意　見

様式例Ｂ（警告、命令（免状返納命令を除く）に該当する違反事案に対応する様式例）

年　　月　　日

○　○　消防署長　殿

課　　　　係

階級　　　　氏名　　　　　　印㊞

違　反　調　査　報　告　書

違　反　者	住所			
	氏名		職業・年齢	
対象物の状況	所在			
	名称		構造・階層	
	用途		面　　積	建　　延
違　反　事　実				
違　反　条　項				
違　反　の　情　状				
過去の査察・違反処理経過				
参　考　事　項				
違反処理の要否				

4　違反調査報告書の作成要領

⑴　様式例Ａの場合

ア　違反者等欄

(ア)　両罰規定を適用し、違反者の属する法人等の業務主体を処罰の対象とする場合は、当該法人等の住所、名称を列記し、名称の下に代表取締役等の代表者の氏名をかっこ書きすること。この場合、法人等の住所、名称および代表者等については、商業登記簿謄本によって確認すること。

(イ)　違反者の本籍、住所および生年月日等については、戸籍謄（抄）本および住民票により、また、職業は、身分証または本人もしくは所属会社の関係者等に対する質問によって確認すること。なお、共犯者がいる場合は共犯者の本籍、住所、職業、氏名、生年月日についても記載すること。

イ　違反事実欄

本欄には、だれが、いつ、どこで、どのような違反を行ったかについて簡潔に記載すること。

ウ　適用法条欄

本欄には、違反事実に適用される消防法令の実体規定（義務規定）、罰則規定および両罰規定（違反者に対する法人等の監督責任を問う場合のみ）を記載すること。

エ　違反の情状欄

本欄には、違反行為自体の危険性、違反に起因して火災等の災害が発生し、拡大し、または人命に危険をおよぼした事実、違反行為の社会的影響性または違反者の悪質性などについて記載すること。

オ　違反事実等の認定資料

本欄には、違反の事実および違反の情状を認定する資料は別添え資料のとおりとして記載し、当該違反事実および情状の立証に必要な資料を添付すること。

違反事実および情状に関する資料としては一般に次のようなものがあげられる（順不同）が、これらの資料のうち、違反事案により必要な資料を選択して添付されることになる。

① 立入検査結果通知書
② 警告書、勧告書または指示書等およびその受領書
③ 実況見分調書または現認書
④ 質問調書
⑤ 防火対象物使用届出書、同検査結果通知書（写）
⑥ 建築同意調査書（写）
⑦ 製造所等の設置許可書（写）
⑧ 製造所等の譲渡引渡届出書（写）
⑨ 製造所等の完成検査済証（写）
⑩ 危険物鑑定（判定）依頼書、同回答書
⑪ 火災原因調査書
⑫ 不動産（建物）賃貸借契約書（写）
⑬ 納品書、売上伝票、売買契約書等（写）
⑭ 改修計画書
⑮ 誓約書
⑯ 始末書
⑰ 答申書
⑱ 不動産（建物）登記簿謄本
⑲ 商業登記簿謄本
⑳ 戸籍謄（抄）本
㉑ 住民票または外国人登録原票の謄本
㉒ 危険物取扱者免状、消防設備士免状（写）
㉓ 陳情書または投書等（写）

㉔　その他違反事実または違反の情状を認定し得る資料

カ　参考事項欄

本欄には、違反事実および違反の情状に関する事項以外のもので、告発等の意思決定上参考になると認められる事項を記載すること。

キ　意見欄

本欄には、告発等の措置をとるべき理由または告発等の措置を留保すべき理由等について簡明に記載すること。

(例)　本件違反事案については、○○○○の理由により○○に対し告発措置をもって対処するのが至当と思料されます。

(2)　様式例Ｂの場合

ア　違反事実欄

本欄には、違反内容（違反を構成する事実）を簡明に記載すること。

(例１)　○○に指定数量以上の危険物である第○類第○石油類（○○）○○○リットル、同第○石油類（○○）○○○リットルを無許可で貯蔵している（指定数量の○倍）。

(例２)　○○に自動火災報知設備が設置されていない。

なお、警告や命令の履行期限経過後において、その履行状況を確認するための調査を行った場合は、違反事実欄の違反の文字を横２本線で抹消して確認事実に改め、当該欄に確認した事実を記載すること。

(例)　平成○年○月○日予第○○号による警告書の警告事項（平成○年○月○日までに○○に自動火災報知設備を設置すること）については、履行されていない。

イ　違反条項欄

本欄には、違反事実に対しその根拠となる法条を記載すること。

(例１)　消防法第17条第１項、消防法施行令第24条第１項

（例２）　消防法第10条第３項、危険物の規制に関する政令第24条第１項

ウ　違反の情状欄

本欄の記載については、様式例Ａの記載要領を参照。

（例１）　本件違反事案については、関係者の是正意思が全く認められない。

（例２）　本件違反については、過去３回にわたって繰り返されている。

エ　過去の査察・違反処理経過欄

本欄には、査察または違反処理を行った日時を明記し、立入検査結果通知書または警告書等の写しを添付すること。

オ　参考事項欄

本欄の記載については、様式例Ａの記載要領を参照。

カ　違反処理の要否欄

本欄には、調査した違反事案が違反処理基準第○項に該当する旨および当該基準に従った措置をとることの要否について、調査員としての意見を簡明に記載すること。

（例１）　本件違反事案は違反処理基準第○項に該当するが、違反処理を留保または変更すべき理由がなく、基準に従った警告措置をとるのが妥当と思料される。

（例２）　本件違反事案については、違反処理基準第○項に該当するが、○○○の理由により警告措置を留保するのが妥当と思料される。

キ　必要な資料の添付

違反調査の過程で、違反事実や情状の内容を明らかにするため、現場写真の撮影や関係者等に対する質問調書を録取した場合には、違反調査報告書に当該資料を添付すること。

第４　違反処理の要否の決定

１　違反処理に関する基本的な考え方

違反調査の結果判明した違反事案に対する違反処理の要否は、原則として違反処理基準を尺度として判断される。

違反処理基準とは、違反処理を恣意的でなく、統一的、かつ、厳正・公平に行うための判断の目安となるもので、各消防本部において、違反の内容、違反に内在する危険性および違反の社会的影響性などの諸事情を総合的に考慮して策定されるものであるが、基準そのものは、あくまでも消防内部の運用基準にすぎず、法的な拘束力をもつものではない。したがって、基準に該当しない違反事案に対しても、違反処理を行うことができ、また、基準に該当する違反事案について違反処理を行わないことも可能である。

違反処理基準は、すでに触れたように各消防本部の判断において、自由に策定し得るものであるが、参考までに、消防庁から助言として示された防火対象物に対する「違反処理基準」を掲げると次のとおりである。

２　違反処理基準

⑴　防火対象物違反処理基準（平成26年３月４日改正）

違反処理基準は、違反処理を厳正公平に実施するために、違反者等に対する警告、命令、認定の取消しへの移行基準及び履行期限の判断を具体的事例を挙げて示したものである。なお、適用要件への該当性や履行期限の設定等については、**次頁以降の表**を参考にしつつ、具体的な事例に応じ適切に判断する。

また、立入検査で見つかった違反対象物のうち、火災が発生した場合の危険性や悪質性の高いものは、徹底的に改善させていく対応が必要である。その中でも特に人命危険の高い対象物には、使用停止命令を含めた厳格な措置を行い、命令・公示を行っていく必要があり、消防機関による防火対象物の違反是正における危険性・悪質性の判断基準については、以下のような事項を勘案し、判断していくものとする。

・火災が発生した場合に、初期消火、避難等において特に重要である消防用設備等（屋内消火栓設備、スプリンクラー設備又は自動火災報知設備）が設置、維持されていないもの。

・建築構造等３項目（建築構造、防火区画、階段）への適合性のない対象物における消防法令の継続した同一事項の違反

	適用要件		一次措置	適用要件	二次措置	適用要件	三次措置
①　屋外における火災予防に危険な行為等	次の行為又は物件で火災の予防に危険であると認めるもの又は消火、避難その他の消防の活動に支障になると認めるもの	１　火遊び、喫煙、たき火、火を使用する設備若しくは器具（物件に限る。）又はその使用に際し火災の発生のおそれのある設備若しくは器具（物件に限る。）の使用その他これらに類する行為	禁止、停止若しくは制限又は消火の準備（法第３条）				
		２　残火、取灰又は火粉	残火、取灰又は火粉の始末（法第３条）				
		３　危険物又は放置さ	物件の除去その他				

事例／履行期限等
【事例】 （行為の禁止） ○火花を発する行為を、可燃性蒸気（ベーパー）が発生又は滞留している場所（塗装工場、自動車修理工場、ゴム工場等の屋外、新築工事中の建物の敷地内等）で行っているもの （禁止、消火の準備） ○工事現場などで、不燃シート等で建築物の木（造）部分を被覆せずに火花を発する行為を行っているもの （たき火の禁止） ○たき火の炎が、木造家屋の壁体等に接し、その部分が炭化しているもの **注**　たき火の禁止を命じる「炭化」の判断について ア　炭化部分の剥離、灰化し始めた状態 イ　継続的なたき火による炭化 （行為の禁止、消火の準備） ○危険物又は可燃物の付近で花火をしているもの 【履行期限】 原則、即時
【事例】 （残火の始末） ○神社の境内において実施したどんど焼き後、後始末が不完全のまま行為者がその場を離れたもの 【履行期限】 原則、即時
【事例】 （危険物の除去）

①　屋外における火災予防に危険な行為等		れ、若しくはみだりに存置された燃焼のおそれのある物件	の処理（法第３条）				
		４　放置され、若しくはみだりに存置された物件	物件の整理又は除去（法第３条）				

○屋外において、オートバイ（廃車）のタンクからガソリンが漏れベーパーが発生しているもの （物件の除去） ○焼却炉に接して可燃物が大量に放置されているもの ○少量危険物が無届、かつ、条例の基準に適合せず貯蔵されているもの **注**　法第３条における「みだりに存置」とは、その物件の所有者、管理者又は占有者にそれをその場所に置いておく意思が現在ともあり、また、その物件について多少の管理もなされていると認められるものの、それを置くことに何ら正当な理由が認められず、ほぼ放置と同様の状態にあることをいう。 【履行期限】 原則、即時
【事例】 （物件の除去、整理） ○避難器具が設置されている建物において、避難空地から道路等に通ずる避難通路が通行不能となる物件が存置されている場合 ○敷地内の店舗出入口前に置かれた避難上通行不能となる大量の物品の放置 【履行期限】 原則、即時

	適用要件		一次措置	適用要件	二次措置	適用要件	三次措置
②　防火対象物における火災予防に危険な行為等（その１）	防火対象物の位置、構造、設備又は管理について次の状況が認められるもの	１　火災の予防に危険であると認める場合	警　告	警告事項不履行のもの	改修、移転、除去、工事の停止又は中止その他の必要な措置命令（法第５条）	二次措置が不履行で、かつ、③の適用要件に該当する場合	③の一次措置による（法第５条の２）
		２　消火、避難その他の消防の活動に支障になると認める場合	警　告	警告事項不履行のもの	改修、移転、除去、その他の必要な措置命令（法第５条）	二次措置が不履行で、かつ、③の適用要件に該当する場合	③の一次措置による（法第５条の２）

事例／履行期限等
【事例】 （改修命令） ○厨房設備等の燃料配管に老化、劣化又は接続部のゆるみがあり、燃料漏れのおそれがあるもの ○変電室等を区画している壁、柱、床又は天井が可燃材で造られているもの ○配分電盤の開閉器、配線用遮断器、電線、機器等の絶縁不良、漏電又は異常過熱等があるもの ○ネオン管灯設備の高電圧部分が漏電しており、周囲の可燃材に着火危険のあるもの ○厨房設備の排気用ダクトに自動消火装置の設置義務があるが、設置されておらず、かつ、油が滴り落ちているもの （工事の停止又は中止命令） ○塗装工事中（シンナー使用）において溶接作業を行っているもので、法第５条の３に基づく吏員の措置命令に従わないもの 【履行期限】 ・改修、移転、除去その他必要な措置を行うために必要な合理的な期間とする。 ・工事の停止又は中止は、直ちに行うことを命じる。
【事例】 ○防火設備が設置されていないもの又は構造不適若しくは機能不良となっているもの ア　竪穴区画に設けられた防火戸、防火シャッター若しくは防火ダンパー等が撤去され又は全く機能を失っているもの イ　機能不良（自火報連動防火戸の連動不良、ドアチェックの取り外し） ウ　鉄製の防火戸を木製等の扉に変更しているもの エ　防火戸をボルト等で固定し閉鎖できないもの ○竪穴区画の壁が撤去され若しくは破損しているもの ○配管貫通部等の埋め戻しが不完全なもの ○避難施設が設置されていないもの又は構造不適若しくは機能不良となっているもので、避難に重大な支障をきたしているもの ア　階段の出入口の防火シャッターが破損変形等により機能不良となっているもの イ　階段室等を他目的に使用するため、改装、その他構造等を変更して構造不適となったもの ウ　階段の改変、破損又は腐食により構造耐力が保持されていないもの エ　階段部分に扉等を設置し施錠することにより当該階段が通行不能となっているもの オ　階段、出入口、廊下、通路等に避難上障害となる工作物が設置されているもの カ　非常用進入口や排煙設備である窓等の開口部が塞がれ使用不能となってい

② 防火対象物における火災予防に危険な行為等（その１）							
		3　火災が発生したならば人命に危険であると認める場合	警　告	警告事項不履行のもの	改修、移転、除去、その他の必要な措置命令（法第５条）	二次措置が不履行で、かつ、③の適用要件に該当する場合	③の一次措置による（法第５条の２）
		4　その他火災予防上必要があると認める場合	警　告	警告事項不履行のもの	改修、移転、除去その他の必要な措置命令（法第５条）	二次措置が不履行で、かつ、③の適用要件に該当する場合	③の一次措置による（法第５条の２）

るもの

注１　改修を伴わない管理についての措置を命じるものは、「⑤　防火管理関係違反」で処理する。

注２　令別表第１㈥項に掲げる防火対象物等、使用停止命令によっては当該対象物の入院患者等に多大な負担を強いるおそれのあるものは、法第５条の除去命令が不履行の場合、使用停止命令でなく代執行を行う。

【履行期限】

改修、移転、除去その他必要な措置を行うために必要な合理的な期間とする。

【事例】

○防炎性能を有する防炎対象物品を使用していないもので、火災が発生した場合延焼拡大のおそれがあるもの。ただし、次に示すものについて適用除外とする。

ア　スプリンクラー設備により有効に警戒されているもの

イ　内装、区画等から判断して延焼拡大危険が少ないと認められるもの

【履行期限】

改修、移転、除去その他必要な措置を行うために必要な合理的な期間とする。

	適用要件	一次措置	適用要件	二次措置	適用要件	三次措置
③ 防火対象物における火災予防に危険な行為等（その２）	１　法第５条等の規定により必要な措置が命ぜられたにもかかわらず、その措置が履行されず、履行されても十分でなく、又はその措置の履行について期限が付されている場合にあっては、履行されても当該期限までに完了する見込みがないため、引き続き、火災の予防に危険であると認める場合、消火、避難その他の消防活動に支障になると認める場合又は火災が発生したならば人命に危険であると認める場合	使用禁止命令等（法第５条の２・第１項第１号）				
	２　法第５条等の規定による命令によっては、火災の予防の危険、消火、避難その他の消防の活動の支障又は火災が発生した場合における人命の危険を除去することができないと認める場合	使用禁止命令等（法第５条の２・第１項第２号）				

事例／履行期限等
【適用要件の意義】 事例については、法第５条第１項、第５条の３第１項、第８条第３項、第８条第４項、第８条の２第５項、第８条の２第６項、第８条の２の５第３項、第17条の４第１項の規定の事例欄によるが、これらの規定に基づいて必要な措置が命じられたにもかかわらず、次のａ～ｃの場合で営業活動を継続、火気使用器具等の使用又は工事を継続している場合など火災予防危険、人命危険等が引き続き存する場合に措置する。 ａ　履行されない 避難障害となる物件の除去を命じたが、何も措置をしていないもの ｂ　履行が十分でない 複数の設備の改修命令に対して履行期限内に全ての設備についての改修が完了していないもの ｃ　履行期限までに完了していない 改修工事、消防用設備の設置工事の工事発注が完了しているが、未だ工事に着手しておらず、履行期限までに工事が完了する見込みがないもの 【履行期限】 原則、即時
【事例】 ○火気使用設備の使用に際して壁体等に炭化が広範囲に発生しており、その出火危険が著しく高いもの（炭化の判断は、木材等の可燃物であれば火、熱により変色しているもの） ○小規模雑居ビルで、次のアからウのいずれかに該当するもの ア　階段内にビニール、プラスチック系の可燃物が大量にあり、上階の防火戸が撤去され、かつ、避難器具が設置されていないもの イ　火気使用場所の存する階の防火戸が撤去され、かつ、当該階より上階で複数の無窓階の防火戸が撤去されているもの ウ　利用者がエレベーターのみで移動する建物で、階段が重量物で塞がれ、かつ、避難器具等が設置されていないもの ○個室型店舗で、次のいずれかに該当するもの ア　非常用進入口や排煙設備である窓等の開口部が塞がれ使用不能となっており、かつ、排煙設備及び非常用照明装置が設置されていないもの イ　スプリンクラー設備（スプリンクラー設備の設置義務のないものは自動火災報知設備）が大部分に設置されていないもの又はその機能が失われている

③ 防火対象物における火災予防に危険な行為等（その２）						
		警　告	警告事項不履行のもの	使用禁止命令等（法第５条の２・第１項第２号）		

もの

○法第17条の４第１項による屋内消火栓設備設置維持命令後、履行期限を過ぎても改修されることなく、かつ、消防用設備等点検結果の報告が引き続きなされておらず、当該防火対象物の主要構造部、防火区画若しくは階段の構造が不適切又は機能不良で、火災が発生すれば逃げ遅れによる人命危険が予想される場合

【履行期限】
原則、即時

【事例】

○次に掲げるいずれかの違反又は事実が併存していて消防活動の支障又は人命の危険が大きいもの

ア　防火管理業務が適正に行われていないと認められるもの
- 厨房設備の燃料配管等に老化、劣化又は接続部のゆるみがあり、燃料もれのおそれがあるもの
- 排熱筒が木部に接近しており、継続使用すれば火災が発生するおそれがあるもの
- 配分電盤の開閉器、配線用遮断器、電線、機器等の絶縁不良、漏電又は異常過熱等があるもの
- 劇場・百貨店等において、催し物、大売り出し等により混雑が予想されるとき、避難誘導等に対応する係員が適正配置されていないもの
- 定員を著しく超過しているにもかかわらず入場制限等の必要な措置を行っていないもの（入場者の滞留により、避難通路から出入口に容易に到達できない場合等）

イ　防火対象物全般に設置義務のあるスプリンクラー設備（スプリンクラー設備の設置義務がないものは設置義務のある屋内消火栓設備及び自動火災報知設備）が大部分に設置されていないもの又はその機能を失っているもの

ウ　主要構造部の構造が構造不適切なもの、防火区画若しくは避難施設等（廊下、避難階段、出入口、排煙設備、非常用照明装置）が設置されていないもの又はこれらのものが過半にわたり構造不適若しくは機能不良となっているもの

【履行期限】
原則、即時

注１「機能を失っているもの」とは、機能不良の程度が著しく、ほとんど未設置と同様の状態にあるものをいう。
注２「過半にわたり」とは、階ごとの過半又は防火対象物全体での過半をいう。
注３　火気使用設備自体の火災危険により、使用停止命令の措置を行う場合は、火災発生危険を考慮して、当該設備のみを使用停止の対象とする。

	適用要件		一次措置	適用要件	二次措置	適用要件	三次措置
④ 防火対象物における火災予防に危険な行為等（その3）	次の行為又は物件で火災の予防に危険であると認めるもの又は消火、避難その他の消防の活動に支障となると認めるもの	1　火遊び、喫煙、たき火、火を使用する設備若しくは器具（物件に限る。）又はその使用に際し火災の発生のおそれのある設備若しくは器具（物件に限る。）の使用その他これらに類する行為	禁止、停止若しくは制限又は消火の準備（法第5条の3）	一次措置が不履行で、かつ、③の適用要件に該当する場合	③の一次措置による（法第5条の2）		
		2　残火、取灰又は火粉	残火、取灰又は火粉の始末（法第5条の3）	一次措置が不履行で、かつ、③の適用要件に該当する場合	③の一次措置による（法第5条の2）		
		3　危険物又は放置され、若しくはみだりに存置された燃焼のおそれのある物件	物件の除去その他の処理（法第5条の3）	一次措置が不履行で、かつ、③の適用要件に該当する場合	③の一次措置による（法第5条の2）		

事例／履行期限等
【事例】 （行為の禁止） ○防火対象物の塗装中（シンナー使用）において喫煙行為をしているもの （物件の使用禁止） ○可燃性ガスが滞留する場所でガスコンロ等を使用しているもの （行為の禁止） ○修繕工事を行うため、少量危険物取扱所等において、火花を発する機器を用いているもの （物件の使用停止） ○ガスコンロの炎が壁体に接し、その部分が炭化しているもの 【履行期限】 原則、即時
【事例】 （残火の始末） ○炭火焼きを行う飲食店で、赤熱部が露出した炭を可燃物の直近に放置しているもの 【履行期限】 原則、即時
【事例】 （物件の除去） ○階段室、廊下、通路等避難施設内を倉庫又はクローゼット代わりに使用し、下記の物件のいずれかが存置されているもの ・ガソリン、シンナー、火薬類等の危険物品 ・大量な化繊の衣装 ・ボンベが装填された状態で大量の携帯コンロ又は大量のボンベ本体 ・古新聞、ダンボール、ビールケース等の大量の可燃物 ○使用中の火気使用設備の上方の棚にボンベが装填された状態の携帯コンロが存置されているもの ○防火対象物内において少量危険物が、無届、かつ、条例の基準に適合せず貯蔵されているもの **注1**　事例に該当しないが繰り返し違反等悪質性があるものは、「⑤　防火管理関係違反」において処理する。（「備考　違反処理基準の運用　5」参照）

		４　放置され、若しくはみだりに存置された物件（上記３の物件を除く）	物件の整理又は除去（法第５条の３）	一次措置が不履行で、かつ、③の適用要件に該当する場合	③の一次措置による（法第５条の２）		

注２　法第５条の３における「みだりに存置」とは、その物件を置くことが法令に違反している状態又はその物件を置くことに正当な理由（荷物の搬出入、工事中又は作業中等であって、その作業等に関係ある者がその場におり、その者により直ちに移動、除去が行える等）があると認められない状態にあることをいう。

【履行期限】
原則、即時

【事例】
（物件の整理、除去）
○物件が存置されていることにより、一人でさえ通行することが困難なもの
注　事例に該当しないが繰り返し違反等悪質性があるものは、「⑤　防火管理関係違反」において処理する。

【履行期限】
原則、即時

		適用要件	一次措置	適用要件	二次措置	適用要件	三次措置
⑤　防火管理関係違反（法第八条第一項違反）	1	防火管理者未選任	警　告	警告事項不履行のもの	選任命令（法第８条第３項）	二次措置が不履行で、かつ、③の適用要件に該当する場合	③の一次措置による（法第５条の２）
	2　防火管理業務不適正	消防計画未作成	警　告	警告事項不履行のもの	作成命令（法第８条第４項）	二次措置が不履行で、かつ、③の適用要件に該当する場合	③の一次措置による（法第５条の２）
		消防計画が不適正なもの	警　告	警告事項不履行のもの	適正執行命令（法第８条第４項）	二次措置が不履行で、かつ、③の適用要件に該当する場合	③の一次措置による（法第５条の２）
		消火、通報及び避難訓練未実施	警　告	警告事項不履行のもの	適正執行命令（法第８条第４項）	二次措置が不履行で、かつ、③の適用要件に該当する場合	③の一次措置による（法第５条の２）
		消防用設備等又は特殊消防用設備等の点検、整備未実施等	警　告	警告事項不履行のもの	適正執行命令（法第８条第４項）	二次措置が不履行で、かつ、③の適用要件に該当する場合	③の一次措置による（法第５条の２）

事例／履行期限等
注１　防火管理者として届出されていないが、選任され実質的に防火管理業務が行われていることが明らかな場合は、適用要件に該当しないものとみなし指導を継続することができる。 **注２**　防火管理者再講習の課程を修了しなければならない期間において、既に防火管理者として選任されている者が、再講習の課程を修了していない場合は、防火管理者未選任の状態となるため、速やかに再講習を受講させ、防火管理者として再度選任し、又は別に甲種防火管理者の資格を有する者を防火管理者として選任し、消防長または消防署長に届出させる必要がある。 【履行期限】 ２週間から１ヶ月程度を目安とするが、防火管理者講習を考慮しなければならない場合は、直近の講習日を考慮した期限とする。
【履行期限】 ２週間以内 （防火管理者未選任と併存する場合には、防火管理者未選任の履行期限に２週間を加えた期間以内とする。）
【事例】 ○　自衛消防隊の編成等計画の内容が実態と著しく異なるもの 【履行期限】 ２週間以内 （防火管理者未選任と併存する場合には、防火管理者未選任の履行期限に１週間を加えた期間以内とする。）
【事例】 ○消火・避難訓練を１年以上実施していないもの 【履行期限】 １ヶ月以内（規模、用途に応じて設定する。）
注　ベル停止、電源遮断、操作障害等の維持管理が不適正なもので、違反を指摘したにもかかわらず関係者が即是正の意思を示さないもの若しくは是正してもすぐに繰り返し違反を行うものなど悪質なものは一次措置の適用要件とする。 【事例】 ○消防計画に定める消防用設備等又は特殊消防用設備等の点検及び整備が未実施のもの。 **注１**　点検により重大な機能不良箇所が指摘され、報告時までに是正され

⑤防火管理関係違反（法第八条第一項違反）	2　防火管理業務不適正	火気の使用又は取扱いに関する監督不適正	火気使用器具、電気器具等の管理	警　告	警告事項不履行のもの	適正執行命令（法第8条第4項）	二次措置が不履行で、かつ、③の適用要件に該当する場合	③の一次措置による（法第5条の2）
			指定場所における喫煙等の制限	警　告	警告事項不履行のもの	適正執行命令（法第8条第4項）	二次措置が不履行で、かつ、③の適用要件に該当する場合	③の一次措置による（法第5条の2）
		避難又は防火上必要な構造及び設備の管理不適正		警　告	警告事項不履行のもの	適正執行命令（法第8条第4項）	二次措置が不履行で、かつ、③の適用要件に該当する場合	③の一次措置による（法第5条の2）
		劇場等の定員管理不適正		警　告	警告事項不履行のもの	適正執行命令（法第8条第4項）	二次措置が不履行で、かつ、③の適用要件に該当する場合	③の一次措置による（法第5条の2）

ていない場合は、「⑧消防用設備等に関する基準違反」により処理する。 **注２**　自動火災報知設備、スプリンクラー設備、屋内消火栓設備又は２種類以上の設備の点検未実施がある場合は、二次措置を行う。 【履行期限】 ・点検及び整備未実施については、点検及び整備内容により期限を設定する。
【事例】 ○火気使用器具等の周囲の可燃材からの距離が基準値未満のもの ○天蓋に設けられているグリスフィルターから油が滴り落ちているもの **注**　消防法令違反の有無を問わず、適法な防火対象物に対しても、可燃材の炭化等が認められる場合は、③（法第５条の２）の措置による。 【履行期限】 １ヶ月以内
【事例】 ○劇場等その他消防長（消防署長）が指定する場所で、解除承認を受けずに、又は解除承認後に承認内容に違反して裸火等の使用、若しくは危険物品の持込みを行っているもの **注**　使用禁止命令を行う場合は、解除承認を撤回してから措置する。 【履行期限】 原則、即時
【事例】 防火設備、避難施設の維持管理に係る基準違反に該当するもの ○竪穴区画に設けられた防火戸、防火シャッターに何らかの処置（くさび等）をし、閉鎖できなくしているもの ○階段、出入口、廊下、通路に物件が存置されているもの ○出入口の内外に近接して椅子、テーブル等の物件が存置されているもの **注**　火災の予防に危険又は避難障害となっているもので、改修を要するものは、「②防火対象物における火災予防危険行為（その１）」により処理する。 【履行期限】 ２週間以内
【事例】 ○劇場、百貨店等において、定員を超えて入場させ入場制限等の必要な措置をとっていないもの。又は、可動椅子により興業等を行う場合において避難通路が有効に確保されていないもの。なお、発災時における初動措置を行い得る体制をとっていないもので他に違反が存する場合は、「③防火対象物における火災予防危険行為等（その２）」により処理する。 【履行期限】 原則、即時

	適用要件		一次措置	適用要件	二次措置	適用要件	三次措置
⑥　統括防火管理関係違反（法第八条の二）	１　統括防火管理者未選任		警　告	警告事項不履行のもの	選任命令（法第８条の２第５項）	二次措置が不履行で、かつ、③の適用要件に該当する場合	③の一次措置による（法第５条の２）
	２　統括防火管理業務不適正	全体についての消防計画未作成	警　告	警告事項不履行のもの	作成命令（法第８条の２第６項）	二次措置が不履行で、かつ、③の適用要件に該当する場合	③の一次措置による（法第５条の２）
		全体についての消防計画が不適正なもの	警　告	警告事項不履行のもの	適正執行命令（法第８条の２第６項）	二次措置が不履行で、かつ、③の適用要件に該当する場合	③の一次措置による（法第５条の２）

事例／履行期限等
注　統括防火管理者として届出されていないが、選任され実質的に防火管理業務が行われていることが明らかな場合は、適用要件に該当しないものとみなし指導を継続することができる。 【履行期限】 ２週間から１ヶ月程度を目安とする。
【履行期限】 ２週間から１ヶ月程度を目安とする。 （統括防火管理者未選任と併存する場合には、統括防火管理者未選任の履行期限に２週間から１ヶ月程度を加えた期間以内とする。）
【事例】 自衛消防の組織の編成等計画の内容が実態と著しく異なるもの 【履行期限】 ２週間から１ヶ月程度を目安とする。 （統括防火管理者未選任と併存する場合には、統括防火管理者未選任の履行期限に２週間から１ヶ月程度を加えた期間以内とする。）

	適用要件	一次措置	適用要件	二次措置	適用要件	三次措置
⑦　防火対象物点検報告（法第八条の二の二及び法第八条の二の三）	防火対象物点検報告未実施での表示又は紛らわしい表示をしたもの	表示の除去又は消印を付すことの命令（法第８条の２の２第４項）				
	防火対象物点検の特例認定を受けていないにも関わらず、法第８条の２の３第７項の表示がされている、あるいは、当該表示と紛らわしい表示がされているもの	表示の除去又は消印を付すことの命令（法第８条の２の３第８項）				
	１　偽りその他不正な手段により当該認定を受けたことが判明したもの	法第８条の２の３第１項による認定の取り消し（法第８条の２の３第６項）				
	２　法第５条第１項、第５条の２第１項、第５条の３第１項、第８条第３項若しくは第４項、第８条の２第５項若しくは第６項、第８条の２の５第３項又は第17条の４第１項若しくは第２項の規定の命令がされたもの					
	３　法第８条の２の３第１項第３号に該当しなくなったもの					

事例／履行期限等
【事例】 ○点検基準に適合せずに適合する旨の表示をしているもの 【履行期限】 原則、即時
【適用要件の意義】 ①防火対象物点検報告義務対象物であるもの ②防火対象物点検の特例認定を受けていないにもかかわらず、法第8条の2の3第7項の表示がされている、あるいは、当該表示と紛らわしい表示がされているもの 【履行期限】 なし
【適用要件の意義】 形式的に適用要件に該当すれば、直ちに処理する。 【履行期限】 なし

	適用要件	一次措置	適用要件	二次措置	適用要件	三次措置
⑧　自衛消防組織の設置に関する違反（法第八条の二の五）	自衛消防組織が未設置であるもの	警　告	警告事項不履行のもの	措置命令（法第８条の２の５第３項）	二次措置が不履行で、かつ③の適用要件に該当する場合	③の一次措置（法第５条の２）

事例／履行期限等
注1　自衛消防組織として届出されていないが、設置され実質的に自衛消防組織として必要な活動を行うことができると認められる場合は、適用要件に該当しないものとみなし指導を継続することができる。 **注2**　自衛消防業務再講習の課程を修了しなければならない期間において、既に自衛消防組織の統括管理者として置かれ届出されている者が、再講習の課程を修了していない場合は、自衛消防組織の設置基準に従って設置されていない状態となるため、速やかに再講習を受講させ、又は別に自衛消防組織の統括管理者の資格を有する者を統括管理者として置いて自衛消防組織変更届出書を消防長又は消防署長に届出させる必要がある。 【履行期限】 ２週間から１ヶ月程度を目安とするが、自衛消防業務新規講習及び再講習を考慮しなければならない場合は、直近の講習日を考慮した期限とする。

	適用要件	一次措置	適用要件	二次措置	適用要件	三次措置
⑨　消防用設備等又は特殊消防用設備等に関する基準違反（法第十七条第一項又は第三項）	消防用設備等又は特殊消防用設備等が未設置又は維持管理が不適正のもの	警　告	警告事項不履行のもの	設置命令、改修命令又は維持命令（法第17条の４第１項又は第２項）	二次措置が不履行で、かつ、③の適用要件に該当する場合	③の一次措置による（法第５条の２）

事例／履行期限等

【措置対象】
○技術基準に従って設置されていないと認めるもの
　ア　全体に未設置
　イ　一部未設置のうち、階又は対象物の過半にわたるもの
○技術基準に従って維持されていないと認めるもの
　ア　自動火災報知設備の受信機が作動しないもの
　イ　自動火災報知設備の感知器回路の断線等により防火対象物又は部分の全体にわたり未警戒となっている場合
　ウ　一の階のすべての避難器具が使用不能の場合
　エ　非常電源が設置されていないもの
注１　ベル停止、電源遮断等改修を伴わない維持管理違反については、二次措置として法第８条第４項による防火管理業務適正執行命令を発する。
注２　法第17条第２項の基準に違反し消防用設備等が設置・維持されていない場合も措置命令の対象となる。
【履行期限】
　工事内容に応じて設定する。なお、工事日数については次を参考にする。
１　自動火災報知設備の設置工事における着工届から設置届までの日数調査の結果
　全部未設置違反のうち設備を設置して改修されたもの100件について、着工届出から設置届出までの日数を調査した結果は次のとおりであった。
・延べ面積500㎡未満の対象物では、94％が２ヶ月以内
・延べ面積500㎡以上1,000㎡未満の対象物では、87％が３ヶ月以内
・延べ面積1,000㎡以上の対象物では、95％が４ヶ月以内
２　業者が試算した工事日数例
（例１）　RC造、地上３階地下１階、延べ面積500㎡の既存雑居ビル（飲食店、カラオケ店）に消防用設備等を新規に設置する場合
（例２）　RC造、地上５階地下１階、延べ面積1,000㎡の既存雑居ビル（飲食店、カラオケ店）に消防用設備等を新規に設置する場合
（例３）　RC造、地上10階地下１階、延べ面積3,000㎡の既存雑居ビル（飲食店、カラオケ店）に消防用設備等を新規に設置する場合

	見積り日数	着工届から設置届までの日数
屋内消火栓　（例１）	30日	２ヶ月
屋内消火栓　（例２）	30日	３ヶ月
屋内消火栓　（例３）	40日	４ヶ月
スプリンクラー　（例１）	30日	４ヶ月
スプリンクラー　（例２）	30日	５ヶ月
スプリンクラー　（例３）	40日	８ヶ月
自動火災報知設備　（例１）	30日	２ヶ月
自動火災報知設備　（例２）	30日	３ヶ月
自動火災報知設備　（例３）	40日	５ヶ月

（例４）　耐火造、地上３階地下１階、建築面積約650㎡、延べ面積1,800㎡の既存遊技場ビル（パチンコ、カラオケ）全館に屋内消火栓設備を新規に設置する工事についての工事日は100日

備考　違反処理基準の運用

1　①から④は、措置命令ごとに、⑤から⑧は、技術的基準に違反しているもので措置命令を発する場合を取り上げている。

2　「事例」欄は、違反処理すべき事案の基準となる事案として代表的な事例を示す。

3　履行期限が到来したものは、速やかに次の段階の措置へ移行する。

4　事象ごとに措置命令に係る規定の趣旨に照らして適切な措置を選択する必要があり、次の例を参考にして処理する。

(1)　階段の管理

【ケース１】防火戸の維持管理不備

○防火戸をくさびで閉鎖できなくしているもの

防火管理業務適正執行命令（参照基準⑤・２　法第８条４項）

【ケース２】階段での避難に支障となる物件の存置　＋　通行可能

○階段の出入口に近接して椅子、テーブル等の物件が存置され通行可能なもの

防火管理業務適正執行命令（参照基準⑤・２　法第８条４項）

【ケース３】階段での避難に支障となる物件の存置　＋　通行不可

○階段に物件が存置されていることにより、一人でさえ通行することが困難なもの

物件の除去命令（参照基準④・４　法第５条の３）

【ケース４】階段での延焼媒体となる可燃物の存置

○階段室を倉庫代わりに使用し、古新聞、ダンボール、ビールケース等の大量の可燃物が存置されているもの

物件の除去命令（参照基準④・３　法第５条の３）

【ケース５】階段での延焼媒体となる可燃物の存置　＋　竪穴区画の防火戸撤去　＋　避難器具未設置

○小規模雑居ビルで階段内にビニール、プラスチック系の可燃物が大量にあり上階の防火戸が撤去され、かつ、避難器具が設置されていないもの

使用禁止命令等（参照基準③・２　法第５条の２）

(2)　火を使用する設備、器具等の管理

【ケース１】条例の基準不適（管理）

○火気使用器具等の周囲の可燃材からの距離が基準値未満のもの

防火管理業務適正執行命令（参照基準⑤・２　法第８条４項）

【ケース２】条例の基準不適（構造）

○厨房設備等の燃料配管に老化、劣化又は接続部のゆるみがあり、燃料漏れの

おそれがあるもの

改修命令（参照基準②・1　法第5条）

【ケース3】火気設備等の使用に際し、火災の予防に危険であると認めるもの

○可燃性ガスが滞留する場所でガスコンロ等を使用しているもの

使用の禁止（参照基準④・1　法第5条の3）

【ケース4】炭化が発生しているもの

○火気使用設備の炎が壁体に接し、その部分が炭化しているもの

使用の停止（参照基準④・1　法第5条の3）

○火気使用設備の使用に際して壁体等に炭化が広範囲に発生しており、その出火危険が著しく高いもの

火気設備使用停止命令（参照基準③・2　法第5条の2）

(3)　消防用設備等の維持管理

【ケース1】点検未実施

○自動火災報知設備、スプリンクラー設備、屋内消火栓設備又は2種類以上の設備の点検が実施されていないもの

防火管理業務適正執行命令（参照基準⑤・2　法第8条4項）

【ケース2】未設置

○自動火災報知設備が階の全般に未設置のもの

消防用設備等の設置命令　（参照基準⑧　法第17条の4第1項）

【ケース3】消防用設備等が未設置であり他の法令違反が併存するもの

○階段が複数ある防火対象物の一の階段において、自動火災報知設備が未設置（未警戒）であり、一部防火戸が撤去されているもの

防火戸の改修命令及び消防用設備等の設置命令

（参照基準②・2及び⑧　法第5条及び法第17条の4）

【ケース4】消防用設備等が未設置であり他の法令違反が併存するもの

○百貨店において、自動火災報知設備が機能不良により大部分が未警戒となっており、階段の区画が全く機能しておらず、かつ、著しく定員を超えているもの

使用禁止命令等（参照基準③・2　法第5条の2）

	適用要件		一次措置	適用要件	二次措置	適用要件	三次措置
⑩　防災管理関係違反（法第三十六条第一項において準用する法八条第一項）	1　防災管理者未選任		警　告	警告事項不履行のもの	選任命令（法第36条第１項において準用する法第８条第３項）		
	2　防災管理業務不適正	防災管理に係る消防計画未作成	警　告	警告事項不履行のもの	作成命令（法第36条第１項において準用する法第８条第４項）		
		防災管理に係る消防計画が不適正なもの	警　告	警告事項不履行のもの	適正執行命令（法第36条第１項において準用する法第８条第４項）		
		避難訓練未実施	警　告	警告事項不履行のもの	適正執行命令（法第36条第１項において準用する法第８条第４項）		

事例／履行期限等
注１　防災管理者として届出されていないが、選任され実質的に防災管理業務が行われていることが明らかな場合は、適用要件に該当しないものとみなし指導を継続することができる。 **注２**　甲種防火管理再講習又は防災管理再講習の課程を修了しなければならない期間において、既に防災管理者として選任されている者が、再講習の課程を修了していない場合は、防災管理者未選任の状態となるため、速やかに再講習を受講させ、防災管理者として再度選任し、又は別に防災管理者の資格を有する者を防災管理者として選任し、消防長又は消防署長に届出させる必要がある。 【履行期限】 ２週間から１ヶ月程度を目安とするが、防災管理講習、防災管理再講習、甲種防火管理再講習を考慮しなければならない場合は、直近の講習日を考慮した期限とする。
【履行期限】 ２週間以内（防災管理者未選任と併存する場合には、防災管理者未選任の履行期限に２週間を加えた期間以内とする。）
【事例】 ○防災管理上必要な教育等計画の内容が実態と著しく異なるもの 【履行期限】 ２週間以内（防災管理者未選任と併存する場合には、防災管理者未選任の履行期限に１週間を加えた期間以内とする。）
【事例】 ○避難訓練を１年以上実施していないもの 【履行期限】 １ヶ月以内（規模、用途に応じて設定する。）

	適用要件		一次措置	適用要件	二次措置	適用要件	三次措置
⑪　統括防災管理関係（法第三十六条第一項において準用する法第八条の二）	１　統括防災管理者未選任		警　告	警告事項不履行のもの	決定命令（法第36条第１項において準用する法第８条の２第５項）		
	２　統括防災管理業務不適正	防災管理に係る全体についての消防計画未作成	警　告	警告事項不履行のもの	作成命令（法第36条第１項において準用する法第８条の２第６項）		
		防災管理に係る全体についての消防計画が不適正なもの	警　告	警告事項不履行のもの	適正執行命令（法第36条第１項において準用する法第８条の２第６項）		

事例／履行期限等
注　統括防災管理者として届出されていないが、選任され実質的に防災管理業務が行われていることが明らかな場合は、適用要件に該当しないものとみなし指導を継続することができる。 【履行期限】 ２週間から１ヶ月程度を目安とする。
【履行期限】 ２週間から１ヶ月程度を目安とする。 （統括防災管理者未選任と併存する場合には、統括防災管理者未選任の履行期限に２週間から１ヶ月程度を加えた期間以内とする。）
【事例】 ○自衛消防隊の編成等計画の内容が実態と著しく異なるもの 【履行期限】 ２週間から１ヶ月程度を目安とする。 （統括防災管理者未選任と併存する場合には、統括防災管理者未選任の履行期限に２週間から１ヶ月程度を加えた期間以内とする。）

	適用要件	一次措置	適用要件	二次措置	適用要件	三次措置
⑫ 防災管理点検報告（法第三十六条第一項において準用する法第八条の二の二及び法第八条の二の三）	防災管理点検報告未実施での表示又は紛らわしい表示をしたもの	表示の除去又は消印を付すことの命令（法第36条第１項において準用する法第８条の２の２第４項）				
	１　偽りその他不正な手段により当該認定を受けたことが判明したもの	法第36条第１項において準用する法８条の２の３第１項による認定の取り消し（法第36条第１項において準用する法第８条の２の３第６項）				
	２　法第５条第１項、第５条の２第１項、第５条の３第１項、第８条第３項若しくは第４項、第８条の２第５項若しくは第６項、第８条の２の５第３項、第１７条の４第１項若しくは第２項又は第					

事例／履行期限等
【事例】 ○点検基準に適合せずに適合する旨の表示をしているもの 【履行期限】 原則、即時
【適用要件の意義】 形式的に適用要件に該当すれば、直ちに処理する。 【履行期限】 なし

	36条第１項において準用する第８条第３項若しくは第４項、第８条の２第５項若しくは第６項の規定による命令がされたもの					
	３　法第36条第１項において準用する法第８条の２の３第１項第３号に該当しなくなったもの					
	防災管理点検の特例認定を受けていないにもかかわらず、防災管理点検の特例認定の表示がされている、あるいは、当該表示と紛らわしい表示がされているもの	表示の除去又は消印を付すことの命令（法第36条第１項において準用する法第８条の２の３第８項において準用する法第８条の２の２第４項）				

【適用要件の意義】 ①　防災管理対象物であるもの ②　防災管理点検資格者により点検対象事項が点検基準に適合していると認められていないにもかかわらず、法第36条第１項において準用する法第８条の２の２第２項の表示がされている、あるいは、当該表示と紛らわしい表示がされているもの 【履行期限】 なし

	適用要件	一次措置	適用要件	二次措置	適用要件	三次措置
⑬　防災管理点検報告（法第三十六条第五項において準用する法第八条の二の二）	1　防火対象物点検報告及び防災管理点検報告のうち、いずれか一方又はともに点検基準を満たしていないにも関わらず、法第36条第3項の表示が付されている、あるいは、当該表示と紛らわしい表示が付されているもの	表示の除去又は消印を付すことの命令（法第36条第5項において準用する法第8条の2の2第4項）				
	2　防火対象物点検又は防災管理点検の特例認定のうち、いずれか一方又はともに認定を受けていないにも関わらず、法第36条第4項の表示が付されている、あるいは、当該表示と紛らわしい表示が付されているもの	表示の除去又は消印を付すことの命令（法第36条第5項において準用する法第8条の2の2第4項）				

事例／履行期限等
【適用要件の意義】 ①　防火対象物点検報告及び防災管理点検報告の義務対象物であるもの ②　防火対象物点検報告及び防災管理点検報告のうち、いずれか一方又はともに点検基準を満たしていないにも関わらず、法第36条第３項の表示が付されている、あるいは、当該表示と紛らわしい表示がふされているもの 【履行期限】 なし
【適用要件の意義】 ①　防火対象物定期点検報告及び防災管理点検報告の義務対象物であるもの ②　法第８条の２の３第１項又は法第36条第１項において準用する第８条の２の３第１項の特例認定のうち、いずれか一方又はともに認定を受けていないにも関わらず、法第36条第４項の表示が付されている、あるいは、当該表示と紛らわしい表示がふされているもの 【履行期限】 なし

⑵　危険物施設違反処理基準（令和３年３月26日改定）

違反処理基準は、違反処理を厳正、公平に実施するために、違反者等に対する警告、命令、許可の取消しへの移行基準及び履行期限の判断を具体的事例を挙げて示したものである。なお、適用要件への該当性や履行期限の設定等については、下記を参考にしつつ、具体的な事例に応じ適切に判断する。

違反項目		第一次措置		第二次措置	
		適用要件	措置内容	適用要件	措置内容
1	危険物の無許可貯蔵又は取扱い（法第10条第１項）	危険物の無許可貯蔵又は取扱いに関する違反のうち、次のいずれかに該当するもの １　製造所等以外の場所で、指定数量以上の危険物を貯蔵し、又は取り扱っているもの ２　製造所等において、当該貯蔵又は取扱いの態様を逸脱して、指定数量以上の危険物を貯蔵し、又は取り扱っているもの	除去命令又は禁止命令（法第16条の６）	—	—
		製造所等以外の場所で油圧装置、潤滑油循環装置等において、引火点が100℃以上の第４類の危険物のみを指定数量以上貯蔵し、又は取り扱っているもの	警告	警告事項不履行のもの	除去命令（法第16条の６）
2	製造所等における危険物の貯蔵又は取扱いに関する基準違反（法第10条第３項）	製造所等における危険物の貯蔵又は取扱いについて、法第10条第３項の基準に違反しているもので、漏えい、飛散等により災害発生危険又は災害拡大危険が著しく大きいもの	基準遵守命令（法第11条の５第１項、第２項）	基準遵守命令不履行のもの	使用停止命令（法第12条の２第２項第１号）

第三次措置		第四次措置		事例、履行期限等
適用要件	措置内容	適用要件	措置内容	
—	—	—	—	1　本欄は製造所等以外の場所で指定数量以上の危険物を貯蔵し、又は取り扱う場所のすべてを対象とする。 2　製造所等において当該貯蔵又は取扱いの態様を逸脱して指定数量以上の危険物を貯蔵し、又は取り扱っているものの例として、次のような場合がある。 (1)　屋内貯蔵所の保有空地に指定数量以上の危険物を貯蔵しているもの (2)　給油取扱所の敷地内に危険物をドラム缶で指定数量以上貯蔵しているもの 【履行期限】 ・　原則、即時
—	—	—	—	1　本欄は、実態の危険物を考慮し警告により適切な行政指導を行った後、なお是正されない場合は、速やかに第二次措置に移行する。 【履行期限】 ・　原則、即時
—	—	—	—	1　本欄に該当する事例としては次のような場合がある。 (1)　移動タンク貯蔵所に係るもので次に示すもの ア　特殊引火物、第一石油類及び第二石油類を移送し、又は取り扱っているもので、漏れ、あふれ、飛散等があるもの イ　令第27条第６項第４号の規定に違反して危険物を取り扱っているもの (2)　放電加工機を使用している一般取扱所に

違反項目		第一次措置		第二次措置	
		適用要件	措置内容	適用要件	措置内容
		製造所等における危険物の貯蔵又は取扱いについて、法第10条第３項の基準に違反しているもので、漏えい、溢れ、飛散等があるもの又はそのおそれがあるもの	警告	警告事項不履行のもの	基準遵守命令（法第11条の５第１項・第２項）
	許可品目以外の貯蔵等	法第11条第１項の規定による許可若しくは法第11条の４第１項の規定による届出に係る数量を超える危険物又はこれらの許可若しくは届出に係る品名以外の危険物を貯蔵し、又は取り扱っているもので、当該貯蔵又は取扱いにより製造所等の位置、構造又は設備の変更許可を要するもの	警告	警告事項不履行のもの	除去命令（法第11条の５第１項・第２項）
3	製造所等の位置、構造又は設備の無許可変更（法第11条第１項）	製造所等の位置、構造又は設備を無許可で変更しているもののうち、法第10条第４項の基準に適合しないもので、火災等の災害発生危険が著しく大きいもの	使用停止命令（法第12条の２第１項第１号）	使用停止命令不履行のもの	許可の取消し（法第12条の２第１項第１号）

<table>
<tr><th colspan="2">第三次措置</th><th colspan="2">第四次措置</th><th rowspan="2">事例、履行期限等</th></tr>
<tr><th>適用要件</th><th>措置内容</th><th>適用要件</th><th>措置内容</th></tr>
<tr><td></td><td></td><td></td><td></td><td>おいて、放電加工油槽内の油量不足により放電の際、油が飛散しているもの、又は火災が発生するおそれが大きい等のもの
【履行期限】
・　改修、移転、除去その他必要な措置を行うために必要な合理的な期間とする。</td></tr>
<tr><td>基準遵守命令不履行のもの</td><td>使用停止命令（法第12条の２第２項第１号）</td><td>—</td><td>—</td><td rowspan="2">１　第三次措置は基準遵守命令不履行のもので、火災等の災害発生危険又は災害拡大危険が大きいもの。
２　本欄は、災害発生危険又は災害拡大危険のある基準違反を対象とするものであり、軽微な基準違反については必ずしも対象としない。
　ただし、軽微な基準違反が繰り返し行われているような場合には、本項に該当するものとして取り扱って支障ない。
３　本欄の「許可品名以外の貯蔵等」の違反については、当該違反によって適用される技術上の基準が異なる場合を対象とし、単に手続上の違反については、本項に基づく措置は行わず、当該変更に係る届出をさせることとしてさしつかえない。
【履行期限】
・　改修、移転、除去その他必要な措置を行うために必要な合理的な期間とする。</td></tr>
<tr><td>除去命令不履行のもの</td><td>使用停止命令（法第12条の２第２項第１号）</td><td>—</td><td>—</td></tr>
<tr><td>—</td><td>—</td><td>—</td><td>—</td><td>１　法第11条第１項違反に対しては、法的に法第12条の２第１項の使用停止命令又は許可の取消しのいずれかを選択して発動することが可能であるが、運用上、許可の取消しはこれ以外に火災等の災害の発生や拡大を防止する手段がないと認められる場合に行うことを原則とする。
２　製造所等の位置、構造又は設備を無許可で変更しているもののうち、法第10条第４項の基準に適合しないもので、火災等の災害発生危険が著しく大きいものの例として、次のような場合がある。</td></tr>
</table>

違反項目		第一次措置		第二次措置	
		適用要件	措置内容	適用要件	措置内容
4	製造所等の完成検査前使用（法第11条第５項）	設置許可又は変更許可に係る完成検査合格前に使用しているもの	警告	警告事項不履行のもの又は移動タンク貯蔵所の常置場所変更許可に伴う完成検査合格前使用以外のもの	使用停止命令（法第12条の２第１項第２号）
		法第10条第４項の基準に適合しないもので、火災等の災害発生危険が著しく大きなもの	基準適合命令（法第12条第２項）	基準適合命令不履行のもの	使用停止命令（法第12条の２第１項第３号）

第三次措置		第四次措置		事例、履行期限等
適用要件	措置内容	適用要件	措置内容	
				・　一般取扱所（塗装工場）において、直火を使用する乾燥設備を増設しているもの等、火災等の災害発生危険が大きいもの又は延焼拡大危険が大きいもの 【履行期限】 ・　変更許可手続、改修、移転、除去その他必要な措置を行うために必要な合理的な期間とする。
使用停止命令不履行のもので、法第10条第４項の基準に適合していないもの	許可の取消し（法第12条の２第１項第２号）	—	—	1　本欄については、違反内容に係る危険性に着目して、法第10条第４項の基準に適合しないもの又は災害等の発生危険若しくは拡大危険があるものを重点として運用する。 2　仮使用承認を受けているもので、使用停止命令を行う場合は仮使用承認を撤回してから措置する。 【履行期限】 ・　原則、即時
使用停止命令不履行のもの	許可の取消し（法第12条の２第１項第３号）	—	—	1　本欄は、法第10条第４項の基準に不適合であり、火災等の災害発生危険が著しく大きい場合を対象とする。該当する事例としては、次のような場合がある。 ⑴　配管に亀裂を生じ、現に危険物の漏えいが認められるもの ⑵　配管等の腐食が著しく、危険物の漏えいが切迫しているもの ⑶　屋外の貯蔵タンクの架台が著しく腐食し又は変形しており、目前に転倒落下危険が認められるもの 2　過去に第二次措置を行った施設については、使用停止命令と同時に許可の取消しを検

違反項目		第一次措置		第二次措置	
		適用要件	措置内容	適用要件	措置内容
5	製造所等の位置、構造又は設備に関する基準違反（法第12条第１項）				
		法第10条第４項の基準に適合しないもの（上欄の場合を除く。）	警告	警告事項不履行のもの	基準適合命令（法第12条第２項）
6	製造所等の緊急使用停止等（法第12条の３）	製造所等又はその近隣において、火災、爆発等の事故が発生したことにより、当該製造所等の使用が災害発生上極めて危険な状態であると認められるもの	使用停止命令又は使用制限命令（法第12条の３第１項）	—	—
7	製造所等における危険物保安監督者の未選任等（法第13条第１項・第３項）	危険物保安監督者を選任していないもの又は危険物保安監督者を選任しているが職制上の事由等から必要な保安監督業務が行われていないもの	警告	警告事項不履行のもので、当該違反状態が長期間継続するなど内容が悪質なもの	使用停止命令（法第12条の２第２項第３号）

第三次措置		第四次措置		事例、履行期限等
適用要件	措置内容	適用要件	措置内容	
				討する。 【履行期限】 ・　原則、即時
基準適合命令不履行のもの	使用停止命令（法第12条の２第１項第３号）	使用停止命令不履行のもの	許可の取消し（法第12条の２第１項第３号）	1　本欄は、法第10条第４項の基準に不適合となったもので、違反内容が災害発生につながるおそれのある場合を対象とする。該当する事例としては、次のような場合がある。 (1)　防油堤に亀裂や破損があり、危険物が漏えいした場合、防油堤の外に流出するおそれがあるもの (2)　危険物施設内の電気設備が損傷し、火花を発生するおそれがあるもの 【履行期限】 ・　改修、移転、除去その他必要な措置を行うために必要な合理的な期間とする。
—	—	—	—	1　本欄は、製造所等又はその周囲の状況が公共の安全の維持又は災害の発生の防止のため緊急の必要がある場合に発動されるものであり、危険な状態となった原因が製造所等にあるか否かを問わない。 【履行期限】 ・　原則、即時
—	—	—	—	1　危険物保安監督者の未選任について、資格者がいないため選任できない場合であると、資格者がいながら選任していない場合であるとを問わない。 2　保安監督業務不履行とは、危険物保安監督者を選任しているが、職制上の事由等から必要な監督業務が行い得ないもので、所有者、管理者又は占有者にその責を帰するのが相当の場合である。 【履行期限】 ・　危険物施設における各権原ごとの危険物保安監督者の選任、指導状況を踏まえて、期限を設定する。

違反項目		第一次措置		第二次措置	
		適用要件	措置内容	適用要件	措置内容
		危険物取扱者の立会いなしに無資格者による危険物の取扱いが行われているもの	警告	—	—
8	危険物保安監督者の法令違反等	危険物保安監督者が法律又は法律に基づく命令の規定に違反したことにより免状返納命令を受けたもの	解任命令（法第13条の24）	解任命令不履行のもの	使用停止命令（法第12条の２第２項第４号）
		危険物保安監督者に保安業務を引続き行わせることが、公共の安全の維持又は災害発生防止上、特に支障があるもの	警告	警告事項不履行のもの	解任命令（法第13条の24）
		危険物保安統括管理者が法律又は法律に基づく命令の規定に違反したことに起因して、著しく公共危険を発生させたもの	解任命令（法第13条の24）	解任命令不履行のもの	使用停止命令（法第12条の２第２項第４号）
		危険物保安統括管理者の遵法精神が著しく欠如しているもの	警告	警告事項不履行のもの	解任命令（法第13条の24）

<table>
<tr><th colspan="2">第三次措置</th><th colspan="2">第四次措置</th><th rowspan="2">事例、履行期限等</th></tr>
<tr><th>適用要件</th><th>措置内容</th><th>適用要件</th><th>措置内容</th></tr>
<tr><td>—</td><td>—</td><td>—</td><td>—</td><td>1　無資格者による危険物の取り扱いの繰り返しなど違反内容が悪質な場合、告発により対処することも考えられる。
【履行期限】
・　危険物施設における危険物取扱者の選任を踏まえて、期限を設定する。</td></tr>
<tr><td>—</td><td>—</td><td>—</td><td>—</td><td rowspan="4">1　本欄における解任命令不履行の場合の使用停止命令は、災害等の発生危険があるもの又は災害が発生した場合、延焼拡大危険があるものを重点として運用する。
2　危険物保安監督者に保安業務を引き続き行わせることが、公共の安全の維持又は災害発生防止上、特に支障がある場合の例として、次のような場合がある。
⑴　保安監督業務を同時に履行し得ない2以上の施設で同一人が危険物保安監督者に選任されている場合
⑵　職制等の事情から保安監督業務を行い得ない場合
⑶　旅行、疾病その他の事由により、長時間その職務を行うことができない者
⑷　遵法精神が著しく欠如している場合
⑸　保安業務の不履行により災害を発生させた場合
　また、危険物保安統括管理者等が保安統括管理者等業務を行わない事情が、関係者側にあるか、当該危険物保安統括管理者等にあるかを問わず、現実に保安業務を行っていないことにより支障があれば、本件に該当する。
【履行期限】
・　危険物施設における各権原ごとの危険物保安監督者等の選任、指導状況を踏まえて、期限を設定する。</td></tr>
<tr><td>解任命令不履行のもの</td><td>使用停止命令（法第12条の2第2項第4号）</td><td>—</td><td>—</td></tr>
<tr><td>—</td><td>—</td><td>—</td><td>—</td></tr>
<tr><td>解任命令不履行のもの</td><td>使用停止命令（法第12条の2第2項第4号）</td><td>—</td><td>—</td></tr>
</table>

違反項目		第一次措置		第二次措置	
		適用要件	措置内容	適用要件	措置内容
9	予防規程未作成等（法第 14 条 の 2）	予防規程を定めなければならないにもかかわらず、作成していないもの	警告	—	—
		予防規程に定められているもののうち、内容を変更すべき事由が生じたにもかかわらず変更を怠っているもの	警告	警告事項不履行のもの	変更命令（法第14条の２第３項）
		予防規程に定められた内容を遵守していないもので、災害等発生危険があるもの又は当該違反に起因して災害等が発生したもの	警告	—	—
10	特定屋外タンク貯蔵所等の保安検査未実施（法第14条の３第１項・第２項）	特定屋外タンク貯蔵所又は移送取扱所に関する保安検査を受けていないもの	警告	警告事項不履行のもの	使用停止命令（法第12条の２第１項第４号）
11	製造所等の定期点検未実施等（法第14条の３の２）	定期点検を未実施のもの	警告	警告事項不履行のもののうち、法第10条第４項の基準に違反し、火	使用停止命令（法第12条の２第１項第５号）

第三次措置		第四次措置		事例、履行期限等
適用要件	措置内容	適用要件	措置内容	
—	—	—	—	1　予防規程未作成の状態が長期間継続するなど違反内容が悪質な場合、告発により対処することも考えられる。 【履行期限】 ・　危険物施設における予防規程の作成、指導状況を踏まえて、期限を設定する。
—	—	—	—	1　本欄に該当する事例としては、認可された予防規程がその後の製造所等の状況に合わせて適切に変更されていない場合がある。 【履行期限】 ・　予防規程の内容、指導状況を踏まえて、期限を設定する。
—	—	—	—	1　本欄に該当する事例としては、予防規程遵守義務違反の状態が長期間継続している場合などがある。 【履行期限】 ・　予防規程の遵守義務違反の状況、指導状況を踏まえて、期限を設定する。
使用停止命令不履行のもの	許可の取消し（法第12条の２第１項第４号）	—	—	1　許可の取消しについては、第３章違反処理の要領（P.189）参照。 【履行期限】 ・　保安検査、改修、移転、除去その他必要な措置を行うために必要な合理的な期間とする。
使用停止命令不履行のもの	許可の取消し（法第12条の２第１項第５号）	—	—	1　許可の取消しについては、第３章違反処理の要領（P.189）参照。

違反項目		第一次措置		第二次措置	
		適用要件	措置内容	適用要件	措置内容
				災等の災害危険があるもの又は火災が発生した場合延焼拡大危険があるもの	
		点検記録を作成せず、虚偽の点検記録を作成し、又は点検記録を保存しなかったもの	警告	—	—
12	危険物の運搬に関する基準違反（法第16条）	危険物の運搬基準に違反しているもの	警告	—	—

第三次措置		第四次措置		事例、履行期限等
適用要件	措置内容	適用要件	措置内容	
―	―	―	―	１　二次措置として、法第16条の５第１項に基づく報告徴収を行うことが適当なケースも存する。 　また、違反内容が悪質な場合、告発により対処することも考えられる。 【履行期限】 ・　原則、即時
―	―	―	―	１　違反内容が悪質な場合、告発により対処することも考えられる。 ２　危険物の運搬基準に違反している場合の例として、次のような場合がある。 ⑴　危険物の品名、数量に適合しない容器を用いているもの ⑵　危険物の品名、数量に適合しない収納方法で積載しているもの ⑶　転倒落下防止措置が十分でないもの ⑷　危険物の類を異にする危険物を積載しているもの ⑸　標識が未掲出のもの ⑹　消火器が未設置のもの ⑺　危険物が著しく漏れる等災害発生危険があるにもかかわらず、応急の措置等がとられていないもの ⑻　容器の表示のないもの 【履行期限】

違反項目		第一次措置		第二次措置	
		適用要件	措置内容	適用要件	措置内容
13	移動タンク貯蔵所による危険物取扱者無乗車での移送（法第16条の２第１項）	移動タンク貯蔵所により、危険物取扱者を乗車させずに危険物の移送を行っているもの	警告	―	―
14	製造所等における事故発生時の応急措置未実施（法第16条の３第１項）	製造所等における流出事故等に際し関係者が災害発生防止のため危険物の流出及び拡散の防止、流出した危険物の除去、その他の応急措置を講じていないもの	応急措置実施命令（法第16条の３第３項・第４項）	―	―

第三次措置		第四次措置		事例、履行期限等
適用要件	措置内容	適用要件	措置内容	
				・　改修、移転、除去その他必要な措置を行うために必要な合理的な期間とする。
—	—	—	—	1　本項に該当する違反を覚知した場合は、告発を念頭に置いた調査を行う。 【履行期限】 ・　原則、即時
—	—	—	—	1　本欄は、応急措置がまったく行われていない場合のほか、当該事故における最善の措置がとられていない場合も該当する。 【履行期限】 ・　原則、即時

第3章

違反処理の要領（方法）

第3章　違反処理の要領（方法）

第1　警告書の作成要領等

1　警告書の作成

(1)　警告書の様式

警告書の様式については、各消防本部において自由に定めることができるが、その様式例を掲げると次のとおりである。

警告書の様式例

第　　号
年　　月　　日

住　所
氏　名　　　　　あて

職名・氏　　　　　名　㊞

警　　　告　　　書

所　在
名　称
用　途

上記対象物は、　　　　　　　　　　　　　　と認めるので、
下記のとおり履行するよう警告する。
なお、この警告に従わない場合は、法律に基づく措置をとることがあります。

記

警告事項

(2) 警告書の作成要領

警告書の作成要領は、次のとおりである。

ア　あて名欄

(ア) 警告の名あて人は、警告事項について履行義務のある者を記載すること。

(イ) 名あて人の住所・氏名

a　個人あての場合

自宅の住所または居所および氏名を記載すること。

なお、外国人の場合で、日本名と外国人名の両方をもっているときは、外国人名は、かっこ書きするか、外国人名を「何某こと」と表現すること。例えば、「何某こと」○○○○。

b　法人の代表者あての場合

法人のうち、株式会社、有限会社、合名会社、合資会社および外国会社（以下「株式会社等」という。）の代表者あてとするときは、商業登記簿に記載されいる本店（本社）の住所および商号（会社名）を記載し、株式会社等以外の法人あてとするときは、法人登記簿に記載されている主たる事務所の住所および名称（法人名）を記載するとともに、代表権を有する者である旨を表示する役職名および氏名を記載すること。

（例）　○○株式会社

　　　　代表取締役　○○○○殿

　　医療法人　○○○○

　　　　理　事　長　○○○○殿

c　法人の代理権者あての場合

商法第38条に定める法人の代理権を有する者、例えば、工場長、支店長等の管理者あてとするときは、当該工場長、支店長等の管理下にある対象物の所在地、法人名、事業所名、代理権者の役職名および氏名を記載すること。

（例）　○○○○株式会社○○工場

　　　　　工場長　○○○○殿

　　　　株式会社○○百貨店○○店

　　　　　店長　○○○○　殿

イ　警告者欄

警告は、行政指導の一態様である。したがって、警告者は、必ずしも命令権者や告発者と同一人である必要はないが、一般に消防署長名で行うのが通例である。

ウ　所在欄

所在欄には、警告の対象となる事業所等の所在する場所を記載すること。名あて人の住所とは必ずしも一致しない。例えば、工場の自動火災報知設備の未設置違反に対して、本社の代表取締役あてに警告書を交付する場合は、名あて人の住所と所在地は異なる。

なお、警告の対象となる事業所が、防火対象物内に存在する場合は、当該防火対象物の通称（○○ビル等）も併記すること。

エ　名称欄

名称欄には、警告の対象となる事業所等の名称を記載すること。

オ　用途欄

(ア)　用途欄には、警告の対象となる事業所について、消防法施行令別表第１に掲げる用途名または危険物の規制に関する政令第２条および第３条に定める製造所等の区分名を記載し、製造所等の区分名には許可年月日および許可番号を併記（かっこ書き）すること。

（例）　劇場、複合用途防火対象物、給油取扱所（平成○年○月○日第○○号許可）

(イ)　複合用途防火対象物については、建物全体の所有者に対して警告する場合を除き、当該複合用途防火対象物内の個々の事業所を警告の対象とするときは、当該事業所の用途を記載し、（複合用途防火対象物）を付記すること。

（例）　飲食店（複合用途防火対象物）

(ウ)　一事業所内に種々の用途の防火対象物が存在する場合は、主たる用途のみを記載すること。例えば、工場の敷地内に事務所、倉庫、食堂などが存在する場合は、主たる用途である工場のみを記載すればよい。

カ　警告要件欄

警告本文中の「上記対象物」の次の空白欄には、下記の要領により警告の理由を記載すること。

(ア)　消防法第５条第１項等の命令を担保として警告する場合

a　火災の発生危険に関連する警告事項については、「火災予防上危険」

b　人命の危険に関連する警告事項については、「人命安全上危険」

c　ａおよびｂの内容が含まれている警告事項については、「火災予防上危険ならびに人命安全上危険」と記載する。

(イ)　(ア)以外の消防法違反または火災予防条例違反について警告する場合

a　警告事項が複数にわたるとき

「消防法違反」

「火災予防条例違反（条例番号）違反」

「消防法違反ならびに火災予防条例（条例番号）違反」

※　この場合、消防法令の具体的根拠法条については、警告事項の末尾にかっこ書きで記載する。

b　警告事項が単一であるとき

「消防法第８条第１項違反」

「火災予防条例第30条第２号違反」

(ウ)　(ア)、ａ、ｂおよび(イ)ａ、ｂの警告事項が競合する場合

「消防法違反ならびに火災予防上危険」

「消防法違反ならびに人命安全上危険」

「消防法第17条第１項違反ならびに火災予防上危険」

キ　職・氏名欄

職・氏名欄には、次のように記載すること。

(ア)　警告者が消防署長である場合

○○市消防本部

○○消防署長○○○○㊞

(イ)　警告者が消防長である場合

○○市消防本部

消防長○○○○㊞

ク　警告事項欄

警告事項は、下記の点に留意して記載しなければならない。このことは、命令事項の場合にもそのままあてはまる。

(ア)　警告内容

ａ　内容の明確性

警告事項については、少なくとも名あて人において理解ができ、かつ、履行できるような明確な内容であること。例えば、危険物が漏出した屋外タンク貯蔵所に対して、「火災予防上安全と認められるまで使用を停止すること。」というような内容の警告書を出した場合、名あて人にとって、抽象的で理解できず、どのようにすればよいのか判断できない。警告する側にとっては、火災予防上安全と

認められるためには、どこをどのようにすればよいかを名あて人に示さなければならない。

なお、「火災予防上安全な距離を保つこと。」、「火災予防上安全な場所で行うこと。」、「避難上有効に維持管理すること。」などのような抽象的な表現をとった場合には、具体的な基準や基準値を定めた消防法令の条項を示さなければならない。

b　内容の妥当性（警察比例の原則との適合性）

消防法令上、二以上の措置が可能である場合には、行政目的を達成するために必要最小限度どの措置を選択すべきかを吟味して警告事項を特定すること。

c　消防法令の規制限界との整合性

警告事項は、消防法令の根拠法条の規制範囲から逸脱したものでないこと。

(イ)　警告事項の表現

警告事項の明確性を保つための一般的な表現形式（基本的文型）は、次のとおりである。

なお、この点についても、命令事項の場合にもそのままあてはまる。

a　対物的警告（施設、設備その他の物に関する是正や履行を求める警告）の場合の基本的文型

場所（部分）	物または行為	措置
①○○に	○○を	○○すること。
②・○○に○○している（○○されている） ・○○にある	○○を	○○すること。

③○○の	○○が○○となっているので（○○されているので）	○○すること。
④	○○の○○が○○となっているので（○○されているので）	○○すること。
⑤○○の	○○を	○○すること。
⑥○○の（○○で）	○○を	○○しないこと。

b　対人的警告の基本的文型

防火管理者の選任や危険物保安統括管理者の解任を求める対人的警告の場合の基本的文型

人	措置
防火管理者を	選任すること。（定めること）
危険物保安統括管理者○○○○を	解任すること。

c　措置（結び）の一般的表現形式

○除去すること。

○設置すること。

○改修すること。

○使用を停止すること。

○使用しないこと。

(ウ)　履行期限

警告事項について社会通念上履行が可能であり、かつ、妥当と思われる期限を決定し、下記の例により記載すること。

a　作為（一定の行為をすること）を求める警告の場合

平成○○年○月○日までに

b　不作為（一定の行為をしないこと）を求める警告の場合

(a)　禁止の場合

・平成○○年○月○日以降

(b)　停止の場合

・○○が改修されるまで（○○を改修するまで）

・平成○○年○月○日から同○○年○月○日まで

・消防法第10条第４項の技術上の基準に適合していると認められるまで

(エ)　適用法条

警告事項の末尾に、その内容にかかわる適用法条を記載すること。この場合は、法令名の略称を記載してはならない。

（例）・○○すること（消防法第８条第１項）

・○○すること（消防法第10条第３項、危険物の規制に関する政令第24条第１号）

・○○すること（消防法第17条第１項、消防法施行令第21条第１項）

・○○すること（火災予防条例（条例番号）第３条第１項第１号）

(オ)　文字の訂正

文字の訂正とは、文字の削除または加入をいう。止むを得ず、文字を削るときは、削った文字を読むことができるように字体を残して横線２本を引き、その箇所に公印（警告者の公印）を押印し、欄外余白に「○字削除」あるいは「削除○字」と記載すること。

また、文字を加えるときは、加入箇所を∨で明白に示し、その上部に文字を記載して公印を押印し、欄外余白に「○字加入」あるいは

「加入何字」と記載すること。

(カ)　用紙の追加

警告事項が多数にわたり、所定の警告書のみでは記載できないときは、警告事項を記載した別紙を添付すること。この場合、添付された別紙が警告書と一体のものであることを証するために、割印（公印）を押印しておくこと。

なお、警告書に図面等を添付する場合も同様である。

(3)　警告書の作成例

参考までに警告書の作成例を掲げると、**次頁以降表1～表10**のとおりである。

表１　防火管理関係違反に対する警告の例（その１）

○○第○○号

令和○○年○月○日

住　所　○○県○○市○○町○丁目○番○号

　　　　○○○○○○

氏　名　代表取締役○○○○殿

○○市消防本部

○○消防署長　○○　○○印

警　　　告　　　書

所　在　○○県○○市○○町○丁目○番○号

名　称　○○○○○

用　途　○○○

上記対象物は、　消　防　法　違　反　と認めるので下記のとおり履行するよう警告する。

なお、この警告に従わない場合は、法律に基づく措置をとることがあります。

記

警告事項

１　令和○○年○月○日までに、防火管理者を選任し、届け出ること（消防法第８条第１項・第２項）。

２　令和○○年○月○日までに、防火管理者をして消防計画を作成させ、届け出ること（消防法第８条第１項、消防法施行令第４条、消防法施行規則第３条）。

表２　防火管理関係違反に対する警告の例（その２）

○○第○○号

令和○○年○月○日

住　所　○○県○○市○○町○丁目○番○号

　　　　○○○○○○

氏　名　代表取締役○○○○殿

○○市消防本部

○○消防署長　○○　○○印

警　　　告　　　書

所　在　○○県○○市○○町○丁目○番○号

名　称　○○○○○

用　途　○○○○

上記対象物は、　消　防　法　違　反　と認めるので下記のとおり履行するよう警告する。

なお、この警告に従わない場合は、法律に基づく措置をとることがあります。

記

警告事項

１　令和○○年○月○日までに、消火訓練及び避難訓練を実施すること（消防法第８条第１項、消防法施行令第４条、消防法施行規則第３条）。

２　令和○○年○月○日までに、自動火災報知設備の点検を実施し、報告すること（消防法第17条の３の３、消防法施行規則第31条の４）。

表３　消防用設備等の技術基準違反に対する警告の例

○○第○○号

令和○○年○月○日

住　所　○○県○○市○○町○丁目○番○号

株式会社○○○○○○

氏　名　代表取締役○○○○殿

○○市消防本部

○○消防署長　○○　○○㊞

警　　　告　　　書

所　在　○○県○○市○○町○丁目○番○号

名　称　○○○○○

用　途　○○○○

上記対象物は、　消　防　法　第　17　条　第　１　項　違　反　と認めるので下記のとおり履行するよう警告する。

なお、この警告に従わない場合は、法律に基づく措置をとることがあります。

記

警告事項

上記対象物の○○部分は、自動火災報知設備の感知器が未警戒となっているので、令和○○年○月○日までに設置すること（消防法施行令第21条第２項第３号）。

表４　人命危険事案に対する警告の例

〇〇第〇〇号
令和〇〇年〇月〇日

住　所　〇〇県〇〇市〇〇町〇丁目〇番〇号
　　　　〇〇〇〇〇〇
氏　名　代表取締役〇〇〇〇殿

〇〇市消防本部
〇〇消防署長　〇〇　〇〇㊞

警　　告　　書

所　在　〇〇県〇〇市〇〇町〇丁目〇番〇号
名　称　〇〇〇〇〇
用　途　〇〇〇

上記対象物は、消防法第17条第１項違反ならびに人命安全上危険と認めるので下記のとおり履行するよう警告する。
なお、この警告に従わない場合は、法律に基づく措置をとることがあります。

記

警告事項
1　令和〇〇年〇月〇日までに、全館に自動火災報知設備を設置すること（消防法第17条第１項、消防法施行令第21条第１項第３号)。
2　〇階から〇階までの階段室の防火戸が撤去されているので、令和〇〇年〇月〇日までに、設置・改修すること（建築基準法第35条、建築基準法施行令第112条第９項)。

表５　危険物保安監督者未選任違反に対する警告の例

○○第○○号

令和○○年○月○日

住　所　○○県○○市○○町○丁目○番○号

○○○○○○

氏　名　代表取締役○○○○殿

○○市消防本部

○○消防署長　○○　○○㊞

警　　　告　　　書

所　在　○○県○○市○○町○丁目○番○号

名　称　○○○○○

用　途　製造所（平成○○年○月○日第○号設置許可）

上記対象物は、　消　防　法　違　反　と認めるので下記のとおり履行するよう警告する。

なお、この警告に従わない場合は、法律に基づく措置をとることがあります。

記

警告事項

上記施設に、甲種危険物取扱者または乙種危険物取扱者のうちから危険物保安監督者を定め、令和○○年○月○日までに届け出ること（消防法第13条第１項・第２項、危険物の規制に関する政令第32条の２）。

表６　危険物の貯蔵・取扱基準違反に対する警告の例

○○第○○号
令和○○年○月○日

住　所　○○県○○市○○町○丁目○番○号
　　　　○○○○○○
氏　名　代表取締役○○○○殿

○○市消防本部
○○消防署長　○○　○○㊞

警　　　告　　　書

所　在　○○県○○市○○町○丁目○番○号
名　称　○○○○○
用　途　屋内貯蔵所（平成○○年○月○日第○号設置許可）

上記対象物は、消防法第10条第３項違反と認めるので下記のとおり履行するよう警告する。
なお、この警告に従わない場合は、法律に基づく措置をとることがあります。

記

警告事項
上記危険物施設（○○○○）に貯蔵されている許可品名数量以外の危険物第四類第一石油類（ガソリン）○○○リットルを令和○○年○月○日までに除去すること（危険物の規制に関する政令第24条第１号）。

表７　予防規程未作成違反に対する警告の例

○○第○○号
令和○○年○月○日

住　所　○○県○○市○○町○丁目○番○号
　　　　○○○○○○
氏　名　代表取締役○○○○殿

○○市消防本部
○○消防署長　○○　○○㊞

警　告　書

所　在　○○県○○市○○町○丁目○番○号
名　称　○○○○○
用　途　一般取扱所（平成○○年○月○日第○号設置許可）

上記対象物は、消防法第14条の２第１項違反と認めるので下記のとおり履行するよう警告する。
なお、この警告に従わない場合は、法律に基づく措置をとることがあります。

記

警告事項
令和○○年○月○日までに予防規程を定め、市長の認可を受けること。

表８　定期点検未実施違反に対する警告の例

○○第○○号

令和○○年○月○日

住　所　○○県○○市○○町○丁目○番○号

　　　　○○○○○○

氏　名　代表取締役○○○○殿

○○市消防本部

○○消防署長　○○　○○㊞

警　　　　告　　　　書

所　在　○○県○○市○○町○丁目○番○号

名　称　○○○○○　○○給油所

用　途　営業用給油取扱所（平成○○年○月○日第○号設置許可）

上記対象物は、消防法第14条の３の２違反と認めるので下記のとおり履行するよう警告する。

なお、この警告に従わない場合は、法律に基づく措置をとることがあります。

記

警告事項

上記危険物施設について、令和○○年○月○日までに定期点検を実施すること（危険物の規制に関する政令第８条の５）。

表９　避難階段の構造不適事案に対する警告の例

○○第○○号

令和○○年○月○日

住　所　○○県○○市○○町○丁目○番○号

　　　　○○○○○○

氏　名　代表取締役○○○○殿

○○市消防本部

○○消防署長　○○　○○㊞

警　　　　告　　　　書

所　在　○○県○○市○○町○丁目○番○号

名　称　○○○○○

用　途　○○○○

上記対象物は、火災予防上危険と認めるので下記のとおり履行するよう警告する。

なお、この警告に従わない場合は、法律に基づく措置をとることがあります。

記

警告事項

○階○側階段および○階○側階段のたて穴区画ダクト配管貫通部分の埋戻しを完全に施工すること（建築基準法第35条）。

表10　避難施設の管理不適事案に対する警告の例

○○第○○号

令和○○年○月○日

住　所　○○県○○市○○町○丁目○番○号

　　　　○○○○○○

氏　名　代表取締役○○○○殿

○○市消防本部

○○消防署長　○○　○○印

警　　　告　　　書

所　在　○○県○○市○○町○丁目○番○号

名　称　○○○○○

用　途　○○○○

上記対象物は、消防法第８条の２の４違反と認めるので下記のとおり履行するよう警告する。

なお、この警告に従わない場合は、法律に基づく措置をとることがあります。

記

警告事項

○階○側階段避難口付近に避難の障害となる○○を置かないこと（火災予防条例第40条第１号）。

2　警告書の送達

⑴　原則

警告書の送達は、原則として、名あて人またはその代理人の任意の出頭を求め、出頭者に警告書の内容の説明と早期の履行（是正）を促して手交し、受領書にその者の署名押印を求めておくこと。

⑵　例外（その１）

名あて人等が出頭できないときは、その理由のいかんを問わず、消防職員が当該防火対象物等に出向し、⑴に準じて名あて人等に警告書を手交すること。

⑶　例外（その２）

名あて人等が警告書の受領を拒否したときは、配達証明郵便または内容証明郵便の手段によって送達すること。

3　警告書送達後の措置

⑴　警告事項の是正指導

警告書を交付した後は、その履行期限が到来するまでこれを放置することなく、違反の是正について、関係者との緊張関係を持続し、履行意思の減退をきたさないよう、適時確認調査（査察）を行い、警告事項の是正（履行）状況を確認するとともに、積極的に是正指導を行うこと。

⑵　履行期限経過後の措置

ア　原則的な処理

履行期限が経過しても警告事項が履行されず、しかも関係者の是正意思が認められる場合は、警告事項の内容により、再警告するか、基準に従った措置に移行する。

イ　例外的な処理

関係者から示された具体的な資料等により警告事項の未是正について合理的理由が認められる場合には、上位措置への移行を留保することができる。ただし、この場合は、保留すべき理由を明確に記録するとともに留保に関連する資料を保管しておくこと。

第２　命令書の作成要領等

1　命令書の作成

(1)　命令書の様式

消防法上の命令の様式については要式行為となっていないから、各消防本部において自由に定めることができるが、命令書の様式の一例として次頁のようなものがある。

なお、命令要件欄に命令の要件に該当する理由を記載している場合または命令事項欄に命令の理由を記載している場合のほか、命令要件と命令事項との関連から命令の理由が明らかである場合は、殊更に「命令の理由欄」を設けて命令の理由を記載する必要はない。

命令書の様式例

第　　　号

住所
氏名

命　　　令　　　書

所在
名称
用途

上記対象物　　　　　　　　　　　　　　　　　　　　　　と認めるので、
　　　　　　　　の規定により下記のとおり命令する。
なお、本命令に従わない場合は、消防法により処罰されることがあります。

年　　月　　日

命令権者の職・氏名　印

記

命令事項

命令の理由

教　示

１　この命令に不服のある場合は、　　　　　　　　日の翌日から起算して　　以内に、　　　　に対して　　　　　をすることができます。

２　この命令については、　　　　　　　　日の翌日の日から起算して　　以内に、　　　　　を被告として、　　　を提起することができます。

⑵　命令書の作成要領

ア　あて名欄

警告書の作成要領（191頁）を参照。

イ　命令要件欄

㋐　命令事項が単一である場合

命令本文の「上記対象物」の次の空白部分には、下記の要領により命令の要件を記載すること。

a　消防法第３条第１項の命令の場合

命令の内容により、「火災予防上危険」または「消防活動上障害（支障）」

b　消防法第５条第１項の命令の場合

命令の内容により、「火災予防上危険」、「消防活動上障害（支障）」、「人命安全上危険」または「火災予防上危険ならびに人命安全上危険」

c　消防法第12条の３第１項の命令の場合

命令の内容により、「公共の安全の維持上緊急の必要である」または「災害の発生の防止上緊急の必要がある」

d　消防法第13条の24第１項の命令の場合

解任の理由により、「消防法第○条違反」、「公共の安全の維持に支障を及ぼすおそれがある」または「災害の発生の防止に支障を及ぼすおそれがある」

e　消防法第14条の２第３項の命令の場合「火災予防上必要」

f　上記以外の命令の場合は、命令の要件として、各命令規定に示された消防法違反の条項を記載する。

①　消防法第８条第３項の命令の場合

「消防法第８条第１項違反」

②　消防法第８条第４項の命令の場合

「消防法第○条違反」または「防火管理業務が消防計画に従って行われていない」

③　消防法第11条の５第１項・第２項の命令の場合

「消防法第10条第３項違反」

④　消防法第12条第２項の命令の場合

「消防法第12条第１項違反」

⑤　消防法第12条の２第１項の命令の場合

「消防法第11条第１項違反」、「消防法第11条第５項違反」、「消防法第12条第２項違反」、「消防法第14条の３第１項または第２項違反」または「消防法第14条の３の２違反」

⑥　消防法第12条の２第２項の命令の場合

「消防法第11条の５第１項または第２項違反」、「消防法第12条の７第１項違反」、「消防法第13条第１項違反」または「消防法第13条の24第１項違反」

⑦　消防法第16条の３第３項の命令の場合

「消防法第16条の３第１項違反」

⑧　消防法第16条の６第１項の命令の場合

「消防法第10条第１項違反」

⑨　消防法第17条の４第１項の命令の場合

「消防法第17条第１項違反」

(イ)　同一の命令権者に属する二以上の異なる命令を併合して発動する場合

この場合は、それぞれの命令要件を併記する。

（例）「火災予防上危険ならびに消防法第17条第１項違反」

「消防法第８条第１項違反ならびに消防法第17条第１項違反」

ウ　命令の根拠欄

命令本文の「と認めるので」の次の空白部分には、当該命令の根拠となる法条を記載すること。

（例）「消防法第５条第１項」、「消防法第17条の４第１項」

なお、同一の命令権者に属する二以上の異なる命令を併合して発動する場合には、それぞれの命令の根拠法条を併記すること。

（例）「消防法第８条第３項ならびに消防法第17条の４第１項」

エ　なお書き部分の扱い

消防法第12条第２項の製造所等の基準適合命令など命令違反に対する罰則の担保がない場合は、なお書きを削除すること。

オ　命令権者欄

この欄には、次の例により記載すること。

(ア)　市町村長名で命令を発動する場合

○○市町村長○○○○㊞

(イ)　消防長名で命令を発動する場合

○○市消防本部

消防長○○○○㊞

(ウ)　消防署長名で命令を発動する場合

○○市消防本部

○○消防署長○○○㊞

カ　命令事項欄

命令事項の記載については、警告書における警告事項の記載例に準じ、明確かつ、妥当なものとすること。

ただし、命令事項に対する適用法条の記載については、次の点に留意すること。

(ア)　命令本文中の命令の根拠法条が、同時に命令事項の適用法条となっているときは、あらためて当該法条を命令事項の末尾にかっこ書きする必要はない。

(イ)　命令の根拠法条が、命令事項の適用法条となっていない場合（主として法第５条第１項命令の場合）で、命令事項に適用される消防法令の規定または関係法令の防火に関する規定があるときは、命令事項の末尾に当該法条をかっこ書きすること。

（例）　○○の壁体貫通部の埋戻しが不完全であるので、令和○○年○月○日までに有効な防火区画となるよう改修すること（建築基準法第36条、建築基準法施行令第112条第９項)。

(ウ)　命令事項に適用される消防法令上の技術上の基準あるいは細則的規定などがある場合は、命令事項の末尾に当該法条をかっこ書きすること。

（例）・　○○に令和○○年○月○日までに自動火災報知設備を設置すること（消防法施行令第21条第１項第３号)。

・　○○に貯蔵されている許可品名外の軽油○○○リットルを令和○○年○月○日までに除去すること（危険物の規制に関する政令第24条第１号)。

キ　命令の理由欄

この欄には、命令の要件に該当する理由を簡潔に記載すること。

ただし、命令要件欄に命令の要件に該当する理由を記載している場合または命令事項欄に命令の理由を記載している場合のほか、命令書に記載された命令の要件と命令事項との関連から、命令の理由が明白に読みとれる場合には、あえて命令の理由を省略しても違法とはいえない。

例えば、命令の要件欄に「消防法第17条第１項違反」と記載され、命令事項欄に「自動火災報知設備を設置すること」と記載されていれば、設置すべき自動火災報知設備が設置されていないことにより、消防法第

17条第１項違反を構成し、このために自動火災報知設備の設置命令が発せられたことが明白に読みとれるであろう。「設置すべき自動火災報知設備が設置されていないこと」が命令の理由なのである。防火管理者の選任命令（法第８条第３項)、危険物の貯蔵・取扱基準遵守命令（法第11条の５第１項・第２項)、製造所等の基準適合命令（法第12条第２項)、危険物の災害防止措置命令（法第16条の６第１項）その他消防法上の命令には、命令要件と命令事項との関連から、命令の理由が明らかであるものが極めて多い。

ク　教示欄

教示欄１の「この命令に不服のある場合は､」の次の空白部分には、消防法第５条第１項、第５条の２第１項および第５条の３第１項の命令については､「命令を受けた」と記載し、その他の命令については、すべて「命令のあったことを知った」と記載すること。

「日の翌日から起算して」の次の空白部分には、消防法第５条第１項、第５条の２第１項および第５条の３第１項の命令については､「30日」その他の命令については「60日」と記載すること。

「以内に､」の次の空白部分には、消防署長の行った命令については､「○○消防長｣、消防長の行った命令については､「○○市町村長｣、市町村長の行った命令については､「○○市町村長」と記載し､「に対して」の次の空白部分には、消防署長および消防長の行った命令については､「審査請求｣、市町村長の行った命令については､「異議申立て」と記載すること。

教示欄２の「この命令については､」の次の空白部分には、消防法第５条第１項、第５条の２第１項および第５条の３第１項の命令については､「命令を受けた」と記載し、その他の命令については、すべて「命令があったことを知った」と記載すること。

「日の翌日の日から起算して」の次の空白の部分には、消防法第５条第１項、第５条の２第１項および第５条の３第１項の命令については、「30日」、その他の命令については、「６か月」と記載すること。

「以内に、」の次の空白部分には「○○市町村」と記載し、「を被告として、」の次の空白部分には、「命令の取消しの訴え」と記載すること。

⑶　命令書の作成例

参考までに命令書の作成例を掲げると、**次頁以降表１～表33**のとおりである。

なお、命令要件欄に命令の要件に該当する理由を記載している場合（例えば、「消防法第８条第１項の規定に違反し、消防計画を定めていないと認めるので」、「消防法第８条第１項の規定に違反し、避難訓練を実施していないと認めるので」等）、命令事項欄に命令の理由を記載している場合（例えば、「移動貯蔵タンクの底弁の配管継手部分から灯油が漏れているので」、「○○号計量機内部の送油管が破損しているので」等）または命令要件と命令事項との関連から、命令の理由が明らかである場合を除き、命令の理由欄を設け、命令の理由を簡記すること。

表１　使用停止命令の例（その１）

第　○○○　号

住　所　○○県○○市○○町○丁目○番地

○○株式会社代表取締役

氏　名　○　○　○　○　　殿

命　　令　　書

所　在　　○○県○○市○○町○丁目○番地

名　称　　○○株式会社○○支店○○ビル

用　途　　複合用途防火対象物

上記対象物は、人命安全上危険と認めるので、消防法第５条の２第１項第２号の規定に基づき下記のとおり命令する。

なお、本命令に従わない場合は、消防法により処罰されることがあります。

令和○○年　○月　○日

○　○　消　防　本　部

消　防　長　○　○　○　○　印

〔○　○　消　防　本　部

○　○　消防署長　○　○　○　○　印〕

記

命令事項

上記対象物について、令和○○年○月○日以降次に掲げる事項を履行するまでの間、当該防火対象物を使用しないこと。

1　○○側屋内階段○○○階部分の防火戸が撤去されているので、有効な防火区画となるように改修すること（建築基準法第35条、第36条、建築基準法施行令第112条第○項）。

2　建物全体にスプリンクラー設備を設置すること（消防法第17条第１項、消防法施行令第12条第○項第○号、消防法施行規則第14条第○項第○号）。

3　防火管理者に消防法施行令第４条第３項の避難訓練をすみやかに実施させること（消防法第８条第１項、消防法施行規則第３条第５項）。

命令の理由

１から３までの違反が併存し、火災が発生した場合、人命に危険であると認められる。

教　示

1　この命令に不服のある場合は、命令を受けた日の翌日から起算して30日以内に、○○市町村長（消防長）に対して審査請求をすることができます。

2　この命令については、命令を受けた日の翌日から起算して30日以内に、○○市町村を被告として、命令の取消しの訴えを提起することができます。

表2　使用停止命令の例（その2）

第　○○○　号
住　所　○○県○○市○○町○丁目○番地
○○株式会社代表取締役
氏　名　○　○　○　○　　殿

命　　令　　書

所　在　○○県○○市○○町○丁目○番地
名　称　○○株式会社○○飲食店
用　途　飲食店

上記対象物は、火災予防上危険と認めるので、消防法第5条の2第1項第2号の規定に基づき下記のとおり命令する。
なお、本命令に従わない場合は、消防法により処罰されることがあります。

令和○○年　○月　○日

○　○　消　防　本　部
消　防　長　○　○　○　○　印
（○　○　消　防　本　部
○　○　消防署長　○　○　○　○　印）

記

命令事項

調理室北側に設置されているガステーブルの北側に近接する可燃性造営材が炭化しているので、当該炭化箇所を不燃材で被覆するなどの防火上安全な措置を講ずるまでの間、当該位置でガステーブルを使用しないこと（火災予防条例第○○条第○号）。

命令の理由

可燃性造営材が炭化し、火災予防上危険である。

教　示

1　この命令に不服のある場合は、命令を受けた日の翌日から起算して30日以内に、○○市町村長（消防長）に対して審査請求をすることができます。
2　この命令については、命令を受けた日の翌日から起算して30日以内に、○○市町村を被告として、命令の取消しの訴えを提起することができます。

表３　使用停止命令の例（その３）

第　○○○　号
住　所　　○○県○○市○○町○丁目○番地
　　　　　○○株式会社代表取締役
氏　名　　○　○　○　○　　殿

命　　令　　書

所　在　　○○県○○市○○町○丁目○番地
名　称　　○○株式会社○○ホテル
用　途　　ホテル

上記対象物は、人命安全上危険と認めるので、消防法第５条の２第１項第２号の規定に基づき下記のとおり命令する。

なお、本命令に従わない場合は、消防法により処罰されることがあります。

令和○○年　○月　○日

○　○　消　防　本　部
消　防　長　○　○　○　○　印
（○　○　消　防　本　部
　○　○　消防署長　○　○　○　○　印）

記

命令事項

上記対象物について、令和○○年○月○日以降次に掲げる事項を履行するまでの間、当該防火対象物の３階以上の部分を使用しないこと。

１　中央昇降機１、２号昇降路の２、３、５、６階の西側防火区画壁の埋め戻し不完全箇所及び東側ダクトスペースの２、３、４、７階西側防火区画壁の埋め戻し不完全箇所を、有効な防火区画となるように改修すること（建築基準法第36条、建築基準法施行令第112条第９項）。

２　３階以上の階にスプリンクラー設備を設置すること（消防法第17条第１項、消防法施行令第12条第○項第○号、消防法施行規則第14条第○項第○号）。

３　防火管理者に消防法施行令第４条第３項の避難訓練をすみやかに行わせること（消防法第８条第１項、消防法施行規則第３条第５項）。

命令の理由

１から３までの違反が併存し、火災が発生した場合、人命に危険であると認められる。

教　示

１　この命令に不服のある場合は、命令を受けた日の翌日から起算して30日以内に、市町村長（消防長）に対して審査請求をすることができます。

２　この命令については、命令を受けた日の翌日から起算して30日以内に、○○市町村を被告として、命令の取消しの訴えを提起することができます。

表４　使用禁止命令の例

第　○○○　　　号

住　所　　○○県○○市○○町○丁目○番地

○○株式会社代表取締役

氏　名　　○　○　○　○　　　殿

命　　　令　　　書

所　在　　○○県○○市○○町○丁目○番地

名　称　　○○株式会社○○劇場

用　途　　劇　場

上記対象物は、火災予防上危険と認めるので、消防法第５条の３第１項の規定に基づき下記のとおり命令する。

なお、本命令に従わない場合は、消防法により処罰されることがあります。

令和○○年　○月　○日

○　○　消　防　本　部

消　防　長　○　○　○　○　印

（○　○　消　防　本　部

○　○　消防署長　○　○　○　○　印）

記

命令事項

１階小劇場舞台部において使用している危険物第４類第１石油類（引火物）を燃料とする煙霧発生機を、令和○○年○○月○○日以降使用しないこと（火災予防条例第○○条第○号）。

命令の理由

引火物を燃料とする煙霧発生機の使用は、火災予防上危険である。

教　示

１　この命令に不服のある場合は、命令を受けた日の翌日から起算して30日以内に、○○市町村長（消防長）に対して審査請求をすることができます。

２　この命令については、命令を受けた日の翌日から起算して30日以内に、○○市町村を被告として、命令の取消しの訴えを提起することができます。

表５　除去命令の例（その１）

第　○○○　号

住　所　　○○県○○市○○町○丁目○番地

○○株式会社代表取締役

氏　名　　○　○　○　○　　殿

命　　令　　書

所　在　　○○県○○市○○町○丁目○番地

名　称　　○○ビジネスホテル

用　途　　ホテル

上記対象物は、火災予防上危険と認めるので、消防法第５条の第１項規定に基づき下記のとおり命令する。

なお、本命令に従わない場合は、消防法により処罰されることがあります。

令和○○年　○月　○日

○　○　消　防　本　部

消　防　長　○　○　○　○　印

（○　○　消　防　本　部

○　○　消防署長　○　○　○　○　印）

記

命令事項

○○で使用されているカーテンは、令和○○年○○月○○日までに防炎性能を有するものに改修すること（消防法第８条の３第１項、消防法施行令第４条の３第１項)。

命令の理由

防炎性能を有しないカーテンの使用は、火災が発生した場合に拡大危険がある。

教　示

１　この命令に不服のある場合は、命令を受けた日の翌日から起算して30日以内に、市町村長（消防長）に対して審査請求をすることができます。

２　この命令については、命令を受けた日の翌日から起算して30日以内に、○○市町村を被告として、命令の取消しの訴えを提起することができます。

表６　除去命令の例（その２）

第　○○○　号

住　所　　○○県○○市○○町○丁目○番地

○○株式会社代表取締役

氏　名　　○　○　○　○　　殿

命　　令　　書

所　在　　○○県○○市○○町○丁目○番地

名　称　　○○ビル

用　途　　○○○○

上記対象物は、避難上の障害または消防活動上の支障となると認めるので、消防法第５条の３第１項の規定に基づき下記のとおり命令する。

なお、本命令に従わない場合は、消防法により処罰されることがあります。

令和○○年　○月　○日

○　○　消　防　本　部　○　○　消　防　署

消防司令補　○　○　○　○　印

記

命令事項

３階階段室内に存置されているロッカー、ビールケース等を直ちに除去すること。

命令の理由

ロッカー、ビールケース等は、火災が発生した場合、避難上の障害または消防活動上の支障となる。

教　示

１　この命令に不服のある場合は、命令を受けた日の翌日から起算して30日以内に、○○消防署長に対して審査請求をすることができます。

２　この命令については、命令を受けた日の翌日から起算して30日以内に、○○市町村を被告として、命令の取消しの訴えを提起することができます。

表７　除去命令の例（その３）

第　○○○　号

住　所　　○○県○○市○○町○丁目○番地

○○株式会社代表取締役

氏　名　　○　○　○　○　　殿

命　　令　　書

所　在　　○○県○○市○○町○丁目○番地

名　称　　○○株式会社○○百貨店

用　途　　百貨店

上記対象物は、人命安全上危険と認めるので、消防法第５条第１項の規定に基づき下記のとおり命令する。

なお、本命令に従わない場合は、消防法により処罰されることがあります。

令和○○年　○月　○日

○　○　消　防　本　部

消　防　長　○　○　○　○　印

（○　○　消　防　本　部

○　○　消防署長　○　○　○　○　印）

記

命令事項

北側屋外避難階段昇降口前に設置されている物置は、避難上障害となるので、令和○○年○○月○○日までに除去すること（火災予防条例第○○条第○号）。

命令の理由

物置は、火災が発生した場合、避難上の障害となる。

教　示

1　この命令に不服のある場合は、命令を受けた日の翌日から起算して30日以内に、○○市町村長（消防長）に対して審査請求をすることができます。

2　この命令については、命令を受けた日の翌日から起算して30日以内に、○○市町村を被告として、命令の取消しの訴えを提起することができます。

表８　改修命令の例（その１）

第　○○○　号

住　所　　○○県○○市○○町○丁目○番地

○○株式会社○○工場長

氏　名　　○　○　○　○　　殿

命　　　令　　　書

所　在　　○○県○○市○○町○丁目○番地

名　称　　○○株式会社○○工場

用　途　　工　場

上記の対象物は、火災予防上危険と認めるので、消防法第５条第１項の規定に基づき下記のとおり命令する。

なお、本命令に従わない場合は、消防法により処罰されることがあります。

令和○○年　○月　○日

○　○　消　防　本　部

消　防　長　○　○　○　○　印

（○　○　消　防　本　部

○　○　消防署長　○　○　○　○　印）

記

命令事項

地下１階変電室、西側の木製間仕切壁を、令和○○年○○月○○日までに、火災予防条例第○○条第○号に適合するように不燃材料で有効に区画すること（火災予防条例第○○条第○号）。

命令の理由

木製の間仕切壁は、火災が発生した場合に拡大危険がある。

教　示

１　この命令に不服のある場合は、命令を受けた日の翌日から起算して30日以内に、○○市町村長（消防長）に対して審査請求をすることができます。

２　この命令については、命令を受けた日の翌日から起算して30日以内に、○○市町村を被告として、命令の取消しの訴えを提起することができます。

表９　改修命令の例（その２）

第　○○○　号
住　所　　○○県○○市○○町○丁目○番地
　　　　　○○大学理事長
氏　名　　○　○　○　○　　　殿

命　　　令　　　書

所　在　　○○県○○市○○町○丁目○番地
名　称　　○○大学○○病院
用　途　　病　院

上記対象物は、火災予防上危険と認めるので、消防法第５条第１項の規定に基づき下記のとおり命令する。

なお、本命令に従わない場合は、消防法により処罰されることがあります。

令和○○年　○月　○日

○　○　消　防　本　部
消　防　長　○　○　○　○　印
(○　○　消　防　本　部
○　○　消防署長　○　○　○　○　印)

記

命令事項

１階屋内階段１、３、５、６階部分の防火戸が撤去されているので、令和○○年○月○日までに有効な防火区画となるように改修すること（建築基準法第36条、建築基準法施行令第112条第９項）。

命令の理由

防火炉が撤去されていることは、火災が発生した場合に拡大危険がある。

教　示

１　この命令に不服のある場合は、命令を受けた日の翌日から起算して30日以内に、○○市町村長（消防長）に対して審査請求をすることができます。

２　この命令については、命令を受けた日の翌日から起算して30日以内に、○○市町村を被告として、命令の取消しの訴えを提起することができます。

表10　防火管理者選任命令の例

○○第○○号

住　所　○○県○○市○○町○丁目○番○号
　　　　○○株式会社
氏　名　代表取締役　○○○○殿

命　　　令　　　書

所　在　○○県○○市○○町○丁目○番○号
名　称　○○○○
用　途　○○○

上記対象物については、消防法第８条第１項違反と認めるので、消防法第８条第３項の規定に基づき下記のとおり命令する。

なお、本命令に従わない場合は、消防法により処罰されることがあります。

令和○○年○月○日

○○消防本部
消防長○○○○㊞
〔○○消防本部
○○消防署長○○○○㊞〕

記

命令事項

上記対象物には、資格を有する者のうちから、令和○○年○月○日までに防火管理者を選任すること（消防法施行令第１条の２第３項、第３条）。

命令の理由

防火管理者の選任義務があるのに選任されていない。

教　示

1　この命令に不服のある場合は、命令のあったことを知った日の翌日から起算して60日以内に、○○市町村長（消防長）に対して審査請求をすることができます。
2　この命令については、命令があったことを知った日の翌日から起算して６か月以内に、○○市町村を被告として、命令の取消しの訴えを提起することができます。

表11　消防計画作成命令の例

○○第○○号

住　所　○○県○○市○○町○丁目○番○号
○○株式会社
氏　名　代表取締役　○○○○殿

命　　　令　　　書

所　在　○○県○○市○○町○丁目○番○号
名　称　○○○○
用　途　○○○

上記防火対象物については、消防法第８条第１項違反と認めるので、消防法第８条第４項の規定に基づき下記のとおり命令する。

なお、本命令に従わない場合は、消防法により処罰されることがあります。

令和○○年○月○日

○○消防本部
消防長○○○○㊞
（○○消防本部
○○消防署長○○○○㊞）

記

命令事項

令和○○年○月○日までに、防火管理者をして、消防計画を作成させ、消防長（消防署長）に届出させること（消防法施行令第４条第３項、消防法施行規則第３条第１項）。

命令の理由

消防計画が作成されていない。

教　示

１　この命令に不服のある場合は、命令のあったことを知った日の翌日から起算して60日以内に、○○市町村長（消防長）に対して審査請求をすることができます。

２　この命令については、命令があったことを知った日の翌日から起算して６か月以内に、○○市町村を被告として、命令の取消しの訴えを提起することができます。

表12　避難訓練の実施命令の例

○○第○○号

住　所　○○県○○市○○町○丁目○番○号

○○株式会社

氏　名　代表取締役　○○○○殿

命　　　令　　　書

所　在　○○県○○市○○町○丁目○番○号
名　称　○○○○
用　途　○○○

上記防火対象物については、消防法第８条第１項違反と認めるので、消防法第８条第４項の規定に基づき下記のとおり命令する。

なお、本命令に従わない場合は、消防法により処罰されることがあります。

令和○○年○月○日

○○消防本部

消防長○○○○㊞

（○○消防本部
○○消防署長○○○○㊞）

記

命令事項

令和○○年○月○日までに、防火管理者をして、避難の訓練を実施させること（消防法施行令第４条第３項、消防法施行規則第３条第５項）。

命令の理由

避難訓練が実施されていない。

教　示

1　この命令に不服のある場合は、命令のあったことを知った日の翌日から起算して60日以内に、○○市町村長（消防長）に対して審査請求をすることができます。

2　この命令については、命令があったことを知った日の翌日から起算して６か月以内に、○○市町村を被告として、命令の取消しの訴えを提起することができます。

表13　裸火の使用禁止命令の例

○○第○○号

住　所　○○県○○市○○町○丁目○番○号
　　　　○○株式会社
氏　名　代表取締役　○○○○殿

命　　　令　　　書

所　在　○○県○○市○○町○丁目○番○号
名　称　○○○○
用　途　○○○

上記防火対象物については、消防法第８条第１項違反と認めるので、消防法第８条第４項の規定に基づき下記のとおり命令する。

なお、本命令に従わない場合は、消防法により処罰されることがあります。

令和○○年○月○日

○○消防本部
消防長○○○○㊞
〔○○消防本部
○○消防署長○○○○㊞〕

記

命令事項

防火管理者をして、上記防火対象物の○○において行われている裸火の使用を直ちに中止させ、以後、当該場所において裸火を使用させないこと（○○市火災予防条例第○○条第○項）。

命令の理由

○○において、禁止されている裸火が使用されている。

教　示

１　この命令に不服のある場合は、命令のあったことを知った日の翌日から起算して60日以内に、○○市町村長（消防長）に対して審査請求をすることができます。

２　この命令については、命令があったことを知った日の翌日から起算して６か月以内に、○○市町村を被告として、命令の取消しの訴えを提起することができます。

※　使用場所を図示しなければ当該場所を明示できない場合には、別途図面添付することになる。

表14　避難障害物件の除去命令の例

○○第○○号

住　所　○○県○○市○○町○丁目○番○号

○○株式会社

氏　名　代表取締役　○○○○殿

命　　令　　書

所　在　○○県○○市○○町○丁目○番○号
名　称　○○○○
用　途　○○○

上記防火対象物については、消防法第８条第１項違反と認めるので、消防法第８条第４項の規定に基づき下記のとおり命令する。

なお、本命令に従わない場合は、消防法により処罰されることがあります。

令和○○年○月○日

○○消防本部
消防長○○○○印

（○○消防本部
○○消防署長○○○○印）

記

命令事項

令和○○年○月○日までに、防火管理者をして、○○に放置された○○を除去させ、以後、避難通路に○○を放置させないこと（○○市火災予防条例第○条第○項）。

命令の理由

○○に放置された○○は避難上の障害となっている。

教　示

１　この命令に不服のある場合は、命令のあったことを知った日の翌日から起算して60日以内に、○○市町村長（消防長）に対して審査請求をすることができます。

２　この命令については、命令があったことを知った日の翌日から起算して６か月以内に、○○市町村を被告として、命令の取消しの訴えを提起することができます。

※　放置場所を図示しなければ当該場所を明示できない場合は、、別途図面添付することになる。

表15　防火教育の実施命令の例

○○第○○号

住　所　○○県○○市○○町○丁目○番○号

○○株式会社

氏　名　代表取締役　○○○○殿

命　　　令　　　書

所　在　○○県○○市○○町○丁目○番○号
名　称　○○○○
用　途　○○○

上記防火対象物については、消防法第８条第１項違反と認めるので、消防法第８条第４項の規定に基づき下記のとおり命令する。

なお、本命令に従わない場合は、消防法により処罰されることがあります。

令和○○年○月○日

○○消防本部
消防長○○○○㊞
（○○消防本部
○○消防署長○○○○㊞）

記

命令事項

令和○○年○月○日までに、防火管理者をして、消防計画に定められた従業員に対する防火上必要な教育を行わせること。

命令の理由

従業員に対する防火教育が行われていない。

教　示

1　この命令に不服のある場合は、命令があったことを知った日の翌日から起算して60日以内に、○○市町村長（消防長）に対して審査請求をすることができます。

2　この命令については、命令があったことを知った日の翌日から起算して６か月以内に、○○市町村を被告として、命令の取消しの訴えを提起することができます。

表16　消防用設備等の設置命令の例

○○第○○号

住　所　○○県○○市○○町○丁目○番○号

○○株式会社

氏　名　代表取締役　○○○○殿

命　　　令　　　書

所　在　○○県○○市○○町○丁目○番○号

名　称　○○○○

用　途　○○○

上記防火対象物については、消防法第17条第１項違反と認めるので、消防法第17条の４第１項の規定に基づき下記のとおり命令する。

なお、本命令に従わない場合は、消防法により処罰されることがあります。

令和○○年○月○日

○○消防本部

消防長○○○○㊞

（○○消防本部

○○消防署長○○○○㊞）

記

命令事項

令和○○年○月○日までに、○○部分に屋内消火栓設備を設置すること（消防法施行令第11条第１項第６号）。

命令の理由

○○の屋内消火栓設備が設置されていない。

教　示

１　この命令に不服のある場合は、命令のあったことを知った日の翌日から起算して60日以内に、○○市町村長（消防長）に対して審査請求をすることができます。

２　この命令については、命令があったことを知った日の翌日から起算して６か月以内に、○○市町村を被告として、命令の取消しの訴えを提起することができます。

表17　消防用設備等の維持命令の例

○○第○○号

住　所　○○県○○市○○町○丁目○番○号
○○株式会社
氏　名　代表取締役　○○○○殿

命　　　令　　　書

所　在　○○県○○市○○町○丁目○番○号
名　称　○○○○
用　途　○○○

上記防火対象物については、消防法第17条第１項違反と認めるので、消防法第17条の４第１項の規定に基づき下記のとおり命令する。

なお、本命令に従わない場合は、消防法により処罰されることがあります。

令和○○年○月○日

○○消防本部
消防長○○○○㊞
（○○消防本部
○○消防署長○○○○㊞）

記

命令事項

○○○○の自動火災報知設備の○○○○が機能不良となっているので、令和○○年○月○日までに有効に作動するよう改修すること。

命令の理由

○○○○の○○○○が機能不良となっている。

教　示

1　この命令に不服のある場合は、命令のあったことを知った日の翌日から起算して60日以内に、○○市町村長（消防長）に対して審査請求をすることができます。

2　この命令については、命令があったことを知った日の翌日から起算して６か月以内に、○○市町村を被告として、命令の取消しの訴えを提起することができます。

表18　製造所等の使用停止命令の例

○　○　第○○号

住　所　○○県○○市○○町○丁目○番○号
株式会社○○○○
氏　名　代表取締役　　○○　○○殿

命　　　令　　　書

所　在　○○県○○市○○町○丁目○番○号
名　称　株式会社○○○○
用　途　一般取扱所（昭和○○年○月○日第○○号設置許可）

上記対象物は、消防法第12条第２項違反と認めるので、消防法第12条の２第１項の規定に基づき下記のとおり命令する。

なお、本命令に従わない場合は、消防法により処罰されることがあります。

令和○○年○月○日

○○市長
○　○　○　○　印

記

命令事項

令和○○年○月○日以降、○○の欠陥箇所を改修し、消防法第10条第４項の基準に適合していると認められるまでの間上記施設の使用を停止すること。

命令の理由

○○にき裂が生じ、危険物が漏油している。

教　示

1　この命令に不服のある場合は、命令のあったことを知った日の翌日から起算して60日以内に、○○市長に対して異議申立てをすることができます。
2　この命令については、命令があったことを知った日の翌日から起算して６か月以内に、○○市を被告として、命令の取消しの訴えを提起することができます。

表19　製造所等の緊急使用停止命令の例

○　○　第○○号
住　所　○○県○○市○○町○丁目○番○号
○○石油株式会社
氏　名　代表取締役　　○○　○○殿

命　　　令　　　書

所　在　○○県○○市○○町○丁目○番○号
名　称　○○石油株式会社○○給油所
用　途　営業用給油取扱所（昭和○○年○月○日第○○号設置許可）

上記対象物は、公共の安全の維持のため緊急の必要があると認めるので、消防法第12条の３第１項の規定に基づき下記のとおり命令する。

なお、本命令に従わない場合は、消防法により処罰されることがあります。

令和○○年○月○日

○○市長
○　○　○　○　印

記

命令事項

令和○○年○月○日10時20分以降、隣接する住宅の火災が鎮火するまでの間、給油取扱所の給油業務を停止すること。

命令の理由

火災の拡大危険がある。

教　示

1　この命令に不服のある場合は、命令のあったことを知った日の翌日から起算して60日以内に、○○市長に対して異議申立てをすることができます。
2　この命令については、命令があったことを知った日の翌日から起算して６か月以内に、○○市を被告として、命令の取消しの訴えを提起することができます。

表20　製造所等（移動タンク貯蔵所を除く）に対する応急措置命令の例

〇　〇　第〇〇号

住　所　〇〇県〇〇市〇〇町〇丁目〇番〇号

〇〇工業株式会社

氏　名　代表取締役　　〇〇　〇〇殿

命　　　令　　　書

所　在　〇〇県〇〇市〇〇町〇丁目〇番〇号

名　称　〇〇工業株式会社〇〇工場

用　途　製造所等（平成〇〇年〇月〇日第〇号設置許可）

上記対象物にかかる事故について、消防法第16条の３第１項違反があると認めるので、消防法第16条の３第３項の規定に基づき下記のとおり命令する。

なお、本命令に従わない場合は、消防法により処罰されることがあります。

令和〇〇年〇月〇日

〇〇市長

〇　〇　〇　〇　㊞

記

命令事項

直ちに次の措置を行うこと。

１　〇〇から流出した灯油の拡散の防止及び回収

２　〇〇タンク内に残存する流出のおそれのある灯油の除去

命令の理由

火災の発生危険がある。

教　示

１　この命令に不服のある場合は、命令のあったことを知った日の翌日から起算して60日以内に、〇〇市長に対して異議申立てをすることができます。

２　この命令については、命令があったことを知った日の翌日から起算して６か月以内に、〇〇市を被告として、命令の取消しの訴えを提起することができます。

表21　移動タンク貯蔵所に対する応急措置命令の例

○　○　第○○号

住　所　○○県○○市○○町○丁目○番○号

○○工業株式会社

氏　名　代表取締役　　○○　○○殿

命　　　令　　　書

所　在　（常置場所）○○県○○市○○町○丁目○番○号

名　称　○○運輸株式会社

用　途　移動タンク貯蔵所（平成○○年○月○日第○号○○設置許可）

上記対象物にかかる事故について、消防法第16条の３第１項違反があると認めるので、消防法第16条の３第４項規定に基づき下記のとおり命令する。

なお、本命令に従わない場合は、消防法により処罰されることがあります。

令和○○年○月○日

○○市長

○　○　○　○　印

記

命令事項

直ちに次の措置を行うこと。

１　流出した軽油の拡散の防止及び回収

２　タンク内に残存する流出のおそれのある軽油の除去

命令の理由

火災の発生危険がある。

教　示

１　この命令に不服のある場合は、命令のあったことを知った日の翌日から起算して60日以内に、○○市長に対して異議申立てをすることができます。

２　この命令については、命令があったことを知った日の翌日から起算して６か月以内に、○○市を被告として、命令の取消しの訴えを提起することができます。

表22　危険物の除去命令の例

○　○　第○○号

住　所　○○県○○市○○町○丁目○番○号

○○倉庫株式会社

氏　名　代表取締役　　○○　○○殿

命　　　令　　　書

所　在　○○県○○市○○町○丁目○番○号

名　称　○○工業株式会社○○倉庫

用　途　倉庫

上記対象物に貯蔵されている危険物は、消防法第10条第1項違反と認められるので消防法第16条の6第1項の規定により下記のとおり命令する。

なお、本命令に従わない場合は、消防法により処罰されることがあります。

令和○○年○月○日

○○市長

○　○　○　○　印

記

命令事項

上記対象物に貯蔵されている危険物第四類第1石油類（ガソリン）400リットル及び同第2石油類（灯油）2,000リットルを令和○○年○月○日までに除去すること。

命令の理由

指定数量以上の危険物の貯蔵について許可を受けていない。

教　示

1　この命令に不服のある場合は、命令のあったことを知った日の翌日から起算して60日以内に、○○市長に対して異議申立てをすることができます。

2　この命令については、命令があったことを知った日の翌日から起算して6か月以内に、○○市を被告として、命令の取消しの訴えを提起することができます。

表23　危険物の取扱禁止命令の例

○　○　第○○号

住　所　○○県○○市○○町○丁目○番○号

○○倉庫株式会社

氏　名　代表取締役　　○○　○○殿

命　　　令　　　書

所　在　○○県○○市○○町○丁目○番○号

名　称　○○株式会社○○給油所

用　途　給油取扱所（昭和○○年○月○日第○○号設置許可）

上記対象物内に行われている危険物の取扱いは、消防法第10条第１項違反と認められるので消防法第16条の６第１項の規定により下記のとおり命令する。

なお、本命令に従わない場合は、消防法により処罰されることがあります。

令和○○年○月○日

○○市長

○　○　○　○　印

記

命令事項

上記対象物の敷地内で行われている危険物第四類第１石油類（ガソリン）の詰替え行為（取扱量400リットル以上）を直ちに止めること。

命令の理由

指定数量以上の危険物の取扱いについて許可を受けていない。

教　示

１　一の命令に不服のある場合は、命令のあったことを知った日の翌日から起算して60日以内に、○○市長に対して異議申立てをすることができます。

２　この命令については、命令があったことを知った日の翌日から起算して６か月以内に、○○市を被告として、命令の取消しの訴えを提起することができます。

表24　予防規程変更命令の例

○○第○○号

住　所　○○県○○市○○町○丁目○番○号
○○株式会社
氏　名　代表取締役○○　○○　殿

命　　令　　書

所在　○○県○○市○○町○丁目○番○号
名称　○○○○株式会社○○給油所
用途　給油取扱所（昭和○○年○月○日第○○号設置許可）

上記対象物に係る予防規程については、火災の予防のため必要があると認めるので、消防法第14条の２第３項の規定に基づき下記のとおり命令する。

なお、本命令に従わない場合は、消防法により処罰されることがあります。

令和○○年○月○日

○○市長
○○○○　印

記

命令事項

給油所の○○の変更により、予防規程の○○に関する部分が不適合となったので、令和○○年○月○日までに変更すること。

命令の理由

給油所の○○の実態と予防規程の○○の内容が不適合となった。

教　示

１　この命令に不服のある場合は、命令のあったことを知った日の翌日から起算して60日以内に、○○市長に対して異議申立てをすることができます。

２　この命令については、命令があったことを知った日の翌日から起算して６か月以内に、○○市を被告として、命令の取消しの訴えを提起することができます。

表25　危険物の貯蔵取扱基準遵守命令の例（その１）

〇〇第〇〇号

住　所　〇〇県〇〇市〇〇町〇丁目〇番〇号

〇〇塗料株式会社

氏　名　代表取締役　〇〇〇〇殿

命　　　令　　　書

所　在　〇〇県〇〇市〇〇町〇丁目〇番〇号

名　称　〇〇塗料株式会社

用　途　屋内貯蔵所（昭和〇〇年〇月〇日第〇号設置許可）

上記対象物は、消防法第10条第３項の規定に違反していると認めるので、消防法第11条の５第１項の規定に基づき下記のとおり命令する。

なお、本命令に従わない場合は、消防法により処罰されることがあります。

令和〇〇年〇月〇日

〇〇市長

〇〇〇〇㊞

記

命令事項

屋内貯蔵所に貯蔵されている許可品名以外の危険物第四類第一石油類（ガソリン）2,000リットルを令和〇〇年〇月〇日までに除去すること（危険物の規制に関する政令第24条第１号）。

命令の理由

ガソリンは、許可品名以外の危険物である。

教　示

1　この命令に不服のある場合は、命令のあったことを知った日の翌日から起算して60日以内に、〇〇市長に対して異議申立てをすることができます。

2　この命令については、命令があったことを知った日の翌日から起算して６か月以内に、〇〇市を被告として、命令の取消しの訴えを提起することができます。

表26　危険物の貯蔵取扱基準遵守命令の例（その２）

○○第○○号

住　所　○○県○○市○○町○丁目○番○号

○○運輸株式会社

氏　名　代表取締役　○○○○殿

命　　　令　　　書

所　在　○○県○○市○○町○丁目○番○号

名　称　○○運輸株式会社

用　途　移動タンク貯蔵所（昭和○○年○月○日第○号設置許可）

上記対象物は、消防法第10条第３項の規定に違反していると認めるので、消防法第11条の５第２項の規定に基づき下記のとおり命令する。

なお、本命令に従わない場合は、消防法により処罰されることがあります。

令和○○年○月○日

○○市長

○○○○印

記

命令事項

移動貯蔵タンクの底弁の配管継手部分から灯油が漏れているので、直ちに漏出を防止する措置をとること（危険物の規制に関する政令第24条第８号）。

命令の理由

配管継手部からの灯油の漏れは、消防法第10条第３項に違反する。

教　示

1　この命令に不服のある場合は、命令のあったことを知った日の翌日から起算して60日以内に、○○市長に対して異議申立てをすることができます。

2　この命令については、命令があったことを知った日の翌日から起算して６か月以内に、○○市を被告として、命令の取消しの訴えを提起することができます。

表27　製造所等の基準適合命令の例

○○第○○号

住　所　○○県○○市○○町○丁目○番○号
○○石油株式会社
氏　名　代表取締役　○○○○殿

命　　　令　　　書

所　在　○○県○○市○○町○丁目○番○号
名　称　○○石油株式会社○○給油所
用　途　営業用給油取扱所（昭和○○年○月○日第○号設置許可）

上記対象物は、消防法第12条第１項の規定に違反していると認めるので、消防法第12条第２項の規定に基づき下記のとおり命令する。

令和○○年○月○日

○○市長
○○○○㊞

記

命令事項

第１号計量機内部の送油管が破損しているので、令和○○年○月○日までに改修すること。

命令の理由

送油管の破損は、消防法第12条第１項に違反する。

教　示

1　この命令に不服のある場合は、命令のあったことを知った日の翌日から起算して60日以内に、○○市長に対して異議申立てをすることができます。
2　この命令については、命令があったことを知った日の翌日から起算して６か月以内に、○○市を被告として、命令の取消しの訴えを提起することができます。

表28　危険物の貯蔵取扱基準遵守命令違反に対する使用停止命令の例

〇〇第〇〇号

住　所　〇〇県〇〇市〇〇町〇丁目〇番〇号

〇〇株式会社

氏　名　代表取締役　〇〇　〇〇殿

命　　　令　　　書

所　在　(常置場所）〇〇県〇〇市〇〇町〇丁目〇番〇号

名　称　〇〇〇〇株式会社

用　途　移動タンク貯蔵所（昭和〇〇年〇月〇日第〇号設置許可）

上記対象物は、消防法第11条の５第２項に基づく命令違反と認めるので、同法第12条の２第２項の規定に基づき下記のとおり命令する。

なお、本命令に従わない場合は、消防法により処罰されることがあります。

令和〇〇年〇月〇日

〇〇市長

〇〇〇〇㊞

記

命令事項

上記対象物について令和〇〇年〇月〇日以降移動貯蔵タンクの裂けめから漏れている灯油の漏出防止措置をとるまでの間、当該対象物を使用しないこと。

命令の理由

灯油の漏油防止命令に違反した。

教　示

1　この命令に不服のある場合は、命令のあったことを知った日の翌日から起算して60日以内に、〇〇市長に対して異議申立てをすることができます。

2　この命令については、命令があったことを知った日の翌日から起算して６か月以内に、〇〇市を被告として、命令の取消しの訴えを提起することができます。

表29　製造所等の無許可変更に対する使用停止命令の例

○○第○○号
住　所　○○県○○市○○町○丁目○番○号
○○○○株式会社
氏　名　代表取締役　○○　○○殿

命　　　令　　　書

所　在　○○県○○市○○町○丁目○番○号
名　称　○○○○株式会社
用　途　給油取扱所（昭和○○年○月○日第○○号設置許可）

上記対象物は、消防法第11条第１項違反と認めるので、同法第12条の２第１項の規定に基づき下記のとおり命令する。

なお、本命令に従わない場合は、消防法により処罰されることがあります。

令和○○年○月○日

○○市長
○○○○㊞

記

命令事項

令和○○年○月○日以降消防法第11条第１項後段の変更許可を受け、同法第10条第４項の技術上の基準に適合していると認められるまでの間、上記施設の使用を停止すること。

命令の理由

許可を受けずに給油取扱所敷地内に○○を設置した。

教　示

1　この命令に不服のある場合は、命令のあったことを知った日の翌日から起算して60日以内に、○○市長に対して異議申立てをすることができます。
2　この命令については、命令があったことを知った日の翌日から起算して６か月以内に、○○市を被告として、命令の取消しの訴えを提起することができます。

表30　製造所等の完成検査合格前使用に対する使用停止命令の例

○○第○○号

住　所　○○県○○市○○町○丁目○番○号

株式会社○○○○

氏　名　代表取締役　○○　○○殿

命　　　令　　　書

所　在　○○県○○市○○町○丁目○番○号

名　称　株式会社○○○○　○○工場

用　途　一般取扱所（昭和○○年○月○日第○○号設置許可）

上記対象物は、消防法第11条第５項違反と認めるので、同法第12条の２第１項の規定に基づき下記のとおり命令する。

なお、本命令に従わない場合は、消防法により処罰されることがあります。

令和○○年○月○日

○○市長

○○○○㊞

記

命令事項

上記対象物について令和○○年○月○日以降消防法第11条第５項の規定に基づく完成検査を受け、同法第10条第４項の技術上の基準に適合していると認められるまでの間、当該施設を使用しないこと。

命令の理由

完成検査を受けずに○○に○○を貯蔵し、取り扱っていた。

教　示

１　この命令に不服のある場合は、命令のあったことを知った日の翌日から起算して60日以内に、○○市長に対して異議申立てをすることができます。

２　この命令については、命令があったことを知った日の翌日から起算して６か月以内に、○○市を被告として、命令の取消しの訴えを提起することができます。

表31　製造所等の基準適合命令違反に対する使用停止命令の例

○○第○○号

住　所　○○県○○市○○町○丁目○番○号

株式会社○○○○

氏　名　代表取締役　○○　○○殿

命　　令　　書

所　在　○○県○○市○○町○丁目○番○号

名　称　株式会社○○○○

用　途　一般取扱所（昭和○○年○月○日第○○号設置許可）

上記対象物は、消防法第12条第２項に基づく命令違反と認めるので、同法第12条の２第１項の規定に基づき下記のとおり命令する。

なお、本命令に従わない場合は、消防法により処罰されることがあります。

令和○○年○月○日

○○市長

○○○○㊞

記

命令事項

令和○○年○月○日以降消防法第10条第４項の技術上の基準に適合していると認められるまでの間、上記施設の使用を停止すること。

命令の理由

一般取扱所に設置されている○○タンクの改修命令が履行させていない。

教　示

１　この命令に不服のある場合は、命令のあったことを知った日の翌日から起算して60日以内に、○○市長に対して異議申立てをすることができます。

２　この命令については、命令があったことを知った日の翌日から起算して６か月以内に、○○市を被告として、命令の取消しの訴えを提起することができます。

表32　危険物保安統轄管理者に対する解任命令の例

○○第○○号

住　所　○○県○○市○○町○丁目○番○号
○○工業株式会社
氏　名　代表取締役　○○　○○殿

命　　　令　　　書

所在　○○県○○市○○町○丁目○番○号
名称　○○工業株式会社○○工場
用途　一般取扱所（昭和○○年○月○日第○○号設置許可）

上記対象物の危険物保安統轄管理者○○○○にその業務を行わせることは、災害の発生防止上支障を及ぼすおそれがあると認めるので、消防法第13条の24第１項の規定に基づき下記のとおり命令する。

令和○○年○月○日

○○市長
○○○○　印

記

命令事項

危険物保安統轄管理者○○○○を、令和○○年○月○日までに解任すること。

命令の理由

危険物保安監督者○○○○は、人事移動により、令和○○年○月○日以降現実に保安監督業務を行っていない。

教　示

1　この命令に不服のある場合は、命令のあったことを知った日の翌日から起算して60日以内に、○○市長に対して異議申立てをすることができます。
2　この命令については、命令があったことを知った日の翌日から起算して６か月以内に、○○市を被告として、命令の取消しの訴えを提起することができます。

表33　危険物保安監督者に対する解任命令の例

○○第○○号

住　所　○○県○○市○○町○丁目○番○号

○○○株式会社

氏　名　代表取締役　○○　○○殿

命　　　令　　　書

所在　○○県○○市○○町○丁目○番○号

名称　○○○○株式会社○○給油所

用途　営業用取扱所（昭和○○年○月○日第○○号設置許可）

上記対象物の危険物保安監督者○○○○は、令和○○年○月○日○○○において消防法令違反を行ったと認めるので、消防法第13条の24の規定に基づき下記のとおり命令する。

令和○○年○月○日

○○市長

○○○○㊞

記

命令事項

危険物保安監督者○○○○を、令和○○年○月○日までに解任すること。

命令の理由

危険物保安監督者○○○○は、消防法第11条第１項違反（○○○○○○○）及び同法第10条第３項違反（○○○○○○○）を行った。

教　示

1　この命令に不服のある場合は、命令のあったことを知った日の翌日から起算して60日以内に、○○市長に対して異議申立てをすることができます。

2　この命令については、命令があったことを知った日の翌日から起算して６か月以内に、○○市を被告として、命令の取消しの訴えを提起することができます。

２　命令書の送達

命令書の送達については、第１、２「警告書の送達」の項210頁参照。

３　命令書送達後の措置

⑴　命令事項の是正指導

命令事項の是正指導については、第１、３⑴「警告事項の是正指導」の項210頁参照。

⑵　履行期限経過後の措置

ア　原則的な処理

命令の履行期限が経過しても命令事項が履行されず、しかも不履行の正当な理由が認められない場合は、通常の手続として、催告書を交付し、履行の督促を図るとともに、相手方の対応を打診する。催告書によっても是正が図られない場合は、再催告の措置をとるか基準に従った措置に移行する。

イ　例外的な処理

命令の履行期限経過後の例外的な処理については、第１、３⑵イ警告の履行期限経過後の「例外的な処理」の項210頁参照。

第3　許可取消しの手続要領

1　許可取消しの上申

消防長または消防署長は、違反事案が違反処理基準にに定める許可取消しの要件に該当するものと認めた場合は、当該違反事実の内容、違反の重大性、違反の情状等について再確認し、資料を添えて市町村長または消防長に上申する。

※　市町村長の許可権が消防長に委任されている場合は、消防署長から消防長に、また、許可権の委任がない場合は、消防長から市町村長に上申することになる。

2　聴聞の実施

市町村または消防本部の主管部長等は、前１の上申事案が許可の取消しに相当すると認めたときは、「聴聞及び弁明の機会の付与に関する規則」（平成○年市町村規則第○○号）に定める手続に従って事前に聴聞を実施する。

3　取消処分決定の通知等

主管部長等は、許可の取消しまたは許可取消しの留保を決定したときは、許可取消処分決定通知書により消防長または消防署長に通知する。

消防長または消防署長は、許可取消処分決定通知書により許可取消しの決定を受けたときは、許可取消処分の要件（前提）となっている違反事実が是正されていないことを確認し、すみやかに許可取消通知書により関係者に通知する。

4　許可取消書の交付

消防長または消防署長は、許可取消書を作成し、許可取消しの要件（前提）となっている違反事実が是正されていないことを再確認のうえ、関係者に許可取消書を交付する。

５　許可取消し後の処理

消防長または消防署長は、許可取消書を交付したときは、その旨をすみやかに主管部長等に報告するとともに、当該施設から、危険物が除去されているか否かを確認する。

なお、危険物が除去されていない場合は、関係者に対し、すみやかに除去することを督促するとともに、依然として除去されていない場合は、危険物の無許可貯蔵に対する法的措置として消防法第16条の６第１項に基づき危険物の除去を強制することができる。

６　その他の処理

許可取消書を交付する以前に当該違反が是正されたときは、許可取消書の交付を差し控え、その旨を主管部長等に報告する。

７　許可取消しの流れ

許可取消しにかかる事務処理の流れは**次頁のフローチャート**のとおりである。

許可の取消しにかかるフローチャート

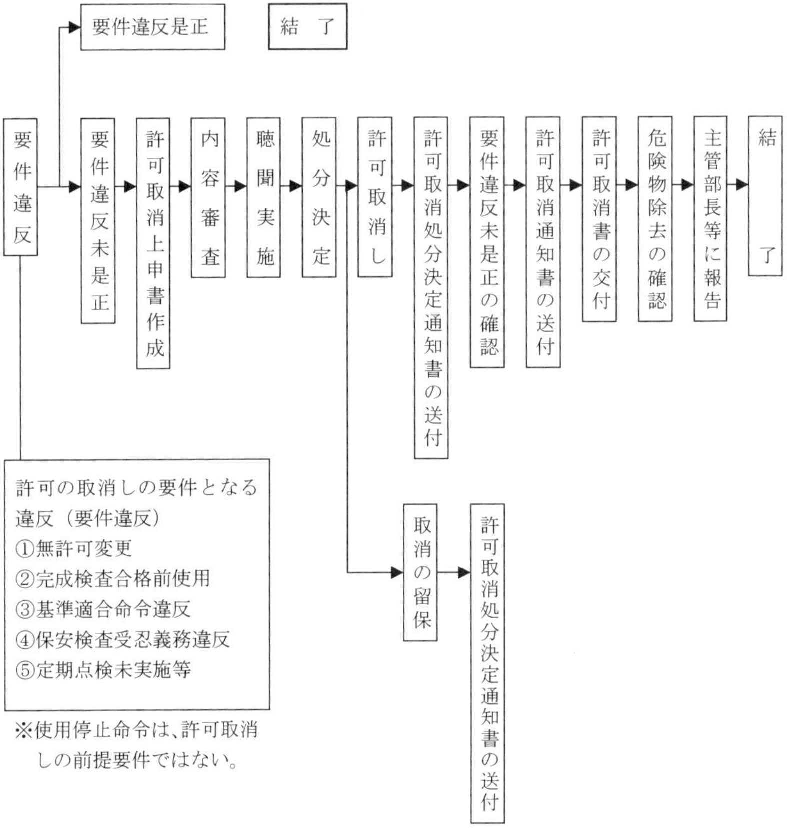

8　許可取消書等の様式例

参考までに、許可取消上申書、許可取消処分決定通知書、許可取消通知書および許可取消書の様式例を掲げると、**次頁以降表１～表４**のとおりである。

表１

第　　　号

年　　月　　日

市町村長殿

（消防長）

消防長

（○○消防署長）

許可取消上申書

件名				
製造所等	所在			
	名称			
	設置者			
	施設区分			
	許可品名等			
	許可年月日	年　　月　　日	許可番号	
違反者職・氏名				
違反事実（適用法条）				
情状				
行政上の配意事項				
意見				

※　書類目録を作成して、違反調査報告書、現場写真等、質問調書等およびその他関係書類等の必要書類を添付すること。

表２

年　　月　　日

殿

主管部長等名

許可取消処分決定通知書

年　月　日　　第　　　　号で上申のあった　　　　　　　の許可の取消しに係る処分については下記のとおり決定したので通知します。

記

1　処　　分

2　決定年月日

3　決定理由

表３

第　　号
年　月　日

住　所
氏　名　　　　　　殿

○○市消防本部
消防長○○○○㊞
（○○消防署長○○○○㊞）

許　可　取　消　通　知　書

あなたの（所有、占有、管理）する　　　　　（　　年　月　日第　　号設置許可）は、消防法第12条の２第１項の規定に基づき、許可を取り消すことになりました。

ついては、関係書類を交付しますので、下記により来署してください。

記

１　日　時

年　月　日　　時　分から　　時　分までの間

２　場　所

３　持参品

⑴　本通知書

⑵　印鑑

表４

第　　　号

住　所
職氏名

許　　可　　取　　消　　書

あなたの　　する下記　　　　　　　（　　　年　月　日　　第　　号設置許可）は、消防法第　　　　　違反と認めるので、同法第12条の２第１項の規定に基づき、許可を取り消す。

年　　月　　日

○○市長○○○○印
（○○市消防本部消防長○○○○印）

記

１　施設区分

２　設置場所または常置場所

３　設置許可
年月日・番号

４　違反事実

５　取消しの理由

教　示

１　この処分に不服のある場合は、この処分のあったことを知った日の翌日から起算して60日以内に、○○市に対して審査請求をすることができます。

２　この処分については、処分があったことを知った日の翌日から起算して６か月以内に、○○市を被告として、処分の取消しの訴えを提起することができます。

この処分を受けたにもかかわらず、当該施設において指定数量以上の危険物を貯蔵し、または取り扱ったときは、消防法に基づく措置をとることがあります。

第４　特例認定取消しの手続要領

１　特例認定制度

消防法の一部を改正する法律（平成14年法律第30号）により、防火対象物の定期点検報告制度が導入され、一定の防火対象物の管理権原者に定期点検報告を行うことが義務づけられたが（法第８条の２の２第１項）、一定期間にわたり消防法令の遵守状況が優良な防火対象物については、当該防火対象物の管理権原者の申請により、消防長または消防署長が、点検報告に係る規定を適用しない防火対象物として認定することができるものとされた（法第８条の２の３第１項）。

２　特例認定の法的性格

特例認定は、消防法第８条の２の２第１項により一定の防火対象物の管理権原者に課せられている点検報告義務（作為義務）について、一定の要件に該当する場合に、その作為義務を消滅させる行為であるから、学問上行政処分たる「免除」にあたる。

３　特例認定の取消し

消防長または消防署長は、特例認定を受けた防火対象物が、次のいずれかに該当するときは、当該特例認定を取り消さなければならない（法第８条の２の３第６項）。

①　偽りその他不正な手段により当該認定を受けたことが判明したとき。

②　消防法第５条第１項、第５条の２第１項、第５条の３第１項、第８条第３項もしくは第４項または第17条の４第１項の規定による命令（当該

防火対象物の位置、構造、設備または管理の状況がこの法律もしくはこの法律に基づく命令またはその他の法令に違反している場合に限る。）を受けたとき。

③　消防法第８条の２の２第１項に基づく点検基準に適合しなくなったとき。

なお、特例認定の取消しは、行政手続法にいう「許認可等を取消す不利益処分」にあたる。したがって、特例認定の取消しをしようとするときは、行政手続法第13条の規定により、聴聞の手続をとらなければならない。

４　特例認定取消しの法的性格

特例認定の取消しは、消防長または消防署長が、特例認定という免除処分について、その後一定の取消要件に該当するに至った場合に、将来にわたってその効力を消滅させる行為であるから、学問上行政処分の「撤回」にあたる。

５　特例認定取消しの処理手続

特例認定の取消しに係る事務処理の手順は、次のとおりである。

特例認定を受けた防火対象物
↓
取消し要件に該当
↓
聴聞の実施
↓
聴聞調書の作成
↓
取消し決定
↓
特例認定取消通知書（表１）の交付　（249頁参照）
↓
特例認定取消書（表２）の交付　（250頁参照）

表１　特例認定取消通知書

○○予　第○○号
令和○○年○○月○○日

○○県○○市○○町○丁目○番○号
株式会社○○○○
代表取締役○○○○殿

○○市消防本部
○○消防署長　○○　○○　㊞

特例認定取消通知書

あなたの管理する防火対象物（平成○○年○月○○日○○予第　○○　号認定）は、消防法第８条の２の３第６項の規定に基づき、特例認定を取り消すことになりました。

ついては、関係書類を交付しますので、この通知書を持参し、下記により来署してください。

記

１　日時

令和○○年○○月○○日
13時00分から13時30分までの間

２　場所

○○消防署

問い合わせ先
〔○○消防署予防課査察係
担当　○○　○○
電話　○○○○—○○○○〕

表２　特例認定取消書

○○予　第○○号
令和○○年○○月○○日

○○県○○市○○町○丁目○番○号
株式会社○○○○
代表取締役○○○○殿

○○市消防本部
○○消防署長　○○　○○　印

特 例 認 定 取 消 書

あなたの管理する下記防火対象物（平成○○年○月○○日○○予第　○○　号認定）は、消防法第８条の２の３第６項第２号に該当するため、同項の規定に基づき、特例認定を取り消す。

記

１　**防火対象物名**
○○ビル
２　**特例認定年月日・番号**
平成○○年○月○○日　○○予　第　○○　号
３　**特例認定取消しの理由**
令和○○年○月○○日　○○予第○○号の命令書により、下記の事項が命令された。
⑴　令和○○年○月○○日までに、防火管理者を選任して消防計画を作成させること。（消防法第８条第４項）
⑵　令和○○年○月○○日までに、自動火災報知設備を技術上の基準に適合させること。（消防法第17条の４第１項）

教　示
１　この処分に不服のある場合は、この処分があったことを知った日の翌日から起算して60日以内に、○○市消防本部消防長に対して審査請求をすることができます。
２　この処分については、処分があつたことを知った日の翌日から起算して６か月以内に、○○市を被告として、処分の取消しの訴えを提起することができます。

第５　不利益処分を行う場合の聴聞、弁明手続

１　聴聞手続の大要

⑴　聴聞の対象となる不利益処分（手続法第13条第１項第１号）

聴聞の対象となる消防法上の不利益処分は次のとおりである。

①　特例認定の取消し（法第８条の２の３第６項・第36条第１項において準用する法第８条の２の３第６項）

②　製造所等の許可の取消し（法第12条の２第１項）

③　危険物保安統括管理者等の解任命令（法第13条の24第１項）

④　危険物取扱者免状の返納命令（法第13条の２第５項）

⑤　消防設備士免状の返納命令（法第17条の７第２項）

⑵　聴聞の通知

行政庁は、聴聞の対象となる不利益処分を予定している場合、聴聞期日までに相当な期間を置いて、その名あて人となるべき者に対し、①処分の内容とその根拠法条、②処分の原因となる事実、③聴聞の期日および場所、④聴聞に関する事務を所掌する行政機関等を書面により通知しなければならない（手続法第15条第１項）。ただし、相手の所在が判明しないときは、行政庁が、その事務所の掲示板に所定の事項を公示すれば、公示後２週間で通知がなされたものとみなされる（同法第15条第３項）。

なお、聴聞の通知には、聴聞期日に出頭して意見を述べ、証拠資料等の提出、資料の閲覧等ができることを教示しなければならない。

⑶　利害関係者の参加

不利益処分の名あて人となるべき当事者でなくとも、処分の根拠法令に照らし当該処分に利害関係を有する者（関係人）は、聴聞主宰者の判断により聴聞へ参加することができる（手続法第17条）。

⑷　代理人・補佐人の選任と文書等の閲覧

当事者および参加を認められた関係人（参加人）は、代理人を選任することができる（手続法第16条、第17条第２項)。代理人については、弁護士などの資格を必要としない。

さらに、当事者と参加人は、聴聞の当日において、主宰者の許可を得て補佐人を同伴することができる（同法第20条第３項)。「補佐人」とは、その専門的知識をもって本人を代弁する者であり、外国人や障害者のために意思疎通を助ける者も含まれる。しかし、代理人と違って、単独で手続に関与することはできない。

また、当事者および不利益処分がなされた場合に自己に不利益になる参加人は、関係する文書の閲覧を求めることができ、行政庁は、第三者のプライバシーの保護など正当な理由のある場合以外はこれを拒むことはできない。

⑸　聴聞の審理

聴聞の審理は、行政庁により指名された職員等によって主宰される（手続法第19条)。聴聞の審理は、原則として非公開とされ、傍聴人は出席できない。ただし、行政庁の判断で公開審理が認められる場合もあり得る（同法第20条第６項)。

審理期日においては、主宰者が、まず、その冒頭において、行政庁の職員に処分の対象となっている事案の説明をさせ（同法第20条第１項)、これに対し当事者または参加人は、意見の陳述、証拠書類等の提出をすることができ、主宰者の許可を得て行政庁の職員に質問を発することができる（同法第20条２項)。また、主宰者は、必要に応じ、当事者または参加人に対し質問を発し、意見の陳述や証拠書類等の提出を促し、または行政庁の職員に説明を求めることができる（同法第20条第４項)。

主宰者は、聴聞期日における審理の結果、なお聴聞を続行する必要があると認めるときは、新たな期日を設定することができるが（同法第22条第１項）、当事者が正当な理由なしに聴聞期日への出頭等を怠ったり、出頭が相当期日引き続き見込めないときなど聴聞手続に係る権利を放棄したものとみなすことができるような場合には、聴聞を終結させることができる（同法第23条）。なお、行政庁は、聴聞終結後新たに生じた事情により必要があると認めるときは、主宰者に対し聴聞の再開を命ずることができる（同法第25条）。

(6)　審理結果の報告等

聴聞が終結したときは、主宰者は聴聞の審理の経過を調書にまとめ、不利益処分の原因となる事実に対する当事者の主張に理由があるかどうかについての意見を記載した報告書とともに、行政庁に提出しなければならない。なお、当事者または参加人は、報告書等の閲覧を求めることができる（手続法第24条）。

(7)　不利益処分の決定

行政庁は、主宰者から提出された調書の内容および報告書に記載された主宰者の意見を十分参酌して処分を決定しなければならず、聴聞の場に示されなかった証拠に基づいて処分することは許されないものと解される。

(8)　異議申立ての排除

聴聞手続を経て発せられた不利益処分については、行政不服審査法に基づく異議申立ては排除されている（手続法第27条第２項）。

ただし、上級行政庁などに対する審査請求は排除されていない。

なお、聴聞手続に関連して、関係人としての参加が主宰者によって拒否されたり、文書等の閲覧を行政庁によって拒否されることがあり得るが、この場合、これらの拒否に対する不服申立ても排除されている（同法第27条第１項）。

２　弁明手続の大要

⑴　弁明の対象となる不利益処分

弁明の対象となる消防法上の不利益処分は、次のとおりである。

①　防火対象物に対する火災予防措置命令（緊急の場合を除く。法第５条第１項、第５条の２第１項）

②　防火管理業務適正執行命令（法令上命令要件が明確な場合を除く。法第８条第４項）

③　製造所等の使用停止命令（法第12条の２第１項・第２項）

④　予防規程の変更命令（法第14条の２第３項）

⑵　弁明手続の通知

不利益処分の名あて人となるべき者に対する弁明の通知の取扱いは、聴聞手続の場合と同様であり（手続法第30条）、名あて人の所在不明の場合の取扱いは聴聞手続の場合に準じて行われる（同法第31条）。

⑶　弁明の審理

弁明の審理は、原則として、書面審理主義に基づき、弁明書の提出によって行われるが、これとあわせて証拠書類等を提出することができる（手続法第29条）。弁明手続は、聴聞手続に比較し、簡易な審理方式となっている。

なお、代理人の選任については、聴聞手続における代理人に関する規定（同法第16条）が準用される（同法第31条）。

第6　告発の要領

1　告発の実務上の要件

消防法令違反があれば、当該違反が公訴の時効となっていない限り法的には告発の対象となる。

けれども、検察官の起訴、不起訴の決定は、犯人の性格、犯罪の軽重または情状等の事情を考慮して行われるものであるから（刑訴法第248条）、犯罪があるからといって、すべて起訴されるとは限らないことは前述のとおりである。

このようなことから、消防法令違反を告発するに当たっては、検察官の裁量権を考慮し、運用上（実務上）、原則として、次のような違反内容および情状等から可罰性が認められるものに限定して行うのが妥当と思われる。

①　違反内容が重大であるもの

違反内容が重大であるものとは、違反に著しい火災危険（火災発生危険、火災拡大危険または火災発生時における人命危険。以下同じ。）が内在し、社会公共の安全確保上、消防機関として放置できないものをいい、例えば、次のような事案が考えられる。

ア　火気使用設備等の欠陥に対する措置命令に違反し、著しい火災発生危険が認められるもの

イ　百貨店、旅館、複合用途防火対象物等の特定防火対象物に対する自動火災報知設備、スプリンクラー設備等の設置維持命令に違反し、有事の際、著しい人命危険が認められるもの

ウ　大規模な危険物の無許可貯蔵がある場合、建物密集地等において引火点の低い危険物が貯蔵されている場合など公共の安全に問題が認められる場合

エ　危険物の買いだめを目的とする無許可貯蔵等その違反行為に社会悪が認められるもの

オ　製造所等からの危険物の流出等があり、火災等による公共危険を生じさせたもの

②　消防法令違反が火災等の発生、拡大または人身事故等の原因となっており、その結果責任を問うことが相当と認められるもの

③　その他告発をもって措置すべき情状すなわち、著しい悪質性が認められるもの

運用上(実務上)の告発の要件は以上のとおりであるが、参考までに消防法（第３章の２「危険物保安技術協会」、第４章の２「消防用機械器具等の検定等」および第４章の３「日本消防検定協会等」を除く。)、火災予防条例(例)の罰則規定を掲げると、**表１・２**のとおりである。

表１　消防法罰則規定一覧

法　条　項	違　反　事　項	罰　則	
		規定違反(直罰)	命　令　違　反
第２条第９項	傷病者に係る虚偽の通報	第44条第20号 30万円以下・拘留	
第３条第１項	屋外の火災予防等の措置命令違反		第44条第１号 30万円以下・拘留
第４条第１項	立入検査の拒否等	第44条第２号 30万円以下・拘留	
	資料提出命令等違反		第44条第２号 30万円以下・拘留
第５条第１項	防火対象物に対する改修・除去等の命令違反		第39条の３の２第１項 ２年以下・200万円以下 第45条第１号 １億円以下

第5条の2第1項	防火対象物の使用禁止・停止等の命令違反		第39条の2の2第1項 3年以下・300万円以下 第45条第1号 1億円以下
第5条の3第1項	火災予防上危険な物件等の除去命令		第41条第1項第1号 第45条第3号 1年以下・100万円以下
第8条第2項	防火管理者選解任届出義務違反	第44条第8号 30万円以下・拘留	
第8条第3項	防火管理者選任命令違反		第42条第1項第1号 第45条第3号 6月以下・50万円以下
第8条第4項	防火管理業務適正執行命令違反		第41条第1項第2号 第45条第1号 1年以下・100万円以下
第8条の2の2第1項	防火対象物の点検報告義務違反	第44条第11号 第45条第3号 30万円以下・拘留	
第8条の2の2第3項	防火基準点検済証の不正表示等	第44条第3号 30万円以下・拘留	
第8条の3第3項	防炎対象物品の表示違反	第44条第3号 第45条第3号 30万円以下・拘留	
第10条第1項	危険物の無許可貯蔵・取扱い	第41条第1項第3号 1年以下・100万円以下 第45条第2号 3000万円以下	
第10条第3項	製造所等における許可・届出数量以上または許可・届出品名以外の危険物の貯蔵取扱い	第43条第1項第1号 第45条第3号 3月以下・30万円以下	

第11条第１項	製造所等の無許可設置・変更	第42条第１項第２号 第45条第３号 ６月以下・50万円以下	
第11条第５項	製造所等の完成検査合格前使用	第42条第１項第３号 第45条第３号 ６月以下・50万円以下	
第11条の４第１項	危険物の品名・数量等の変更届出義務違反	第44条第８号 30万円以下・拘留	
第12条の２第１項・第２項	第11条第１項の無許可変更、第11条の第５項の完成検査合格前使用、第11条の５の危険物の基準遵守命令違反、第12条第２項の基準適合命令違反、第12条の７第１項の危険保安統括管理者の選任義務違反、第13条第１項の危険物保安監督者選任違反、第13条の24の危険物保安統括管理者等の解任命令違反、第14条の３の移送取扱所等保安検査受忍義務違反 第14条の３の２の製造所等の定期点検等義務違反		第42条第１項第４号 第45条第３号 ６月以下・50万円以下
第12条の３第１項	製造所等の緊急使用停止命令等違反		第42条第１項第５号 第45条第３号 ６月以下・50万円以下
第12条の６	製造所等の用途廃止届出義務違反	第44条第８号 30万円以下・拘留	
第12条の７第２項	危険物保安統括管理者の選解任届出義務違反	第44条第８号 30万円以下・拘留	
第13条第１項	危険物保安監督者の選任義務違反	第42条第１項第６号 第45条第３号 ６月以下・50万円以下	

第13条第2項	危険物保安監督者の選解任届出義務違反	第44条第8号 30万円以下・拘留	
第13条第3項	製造所等における危険物取扱者以外の者の危険物の取扱い	第42条第1項第7号 6月以下・50万円以下	
第13条の2第5項	危険物取扱者免状返納命令違反		第44条第9号 30万円以下・拘留
第13条の11第1項	指定試験機関の役員等の守秘義務違反	第41条の2 1年以下・100万円以下	
第13条の14	指定試験機関における帳簿の備付け・保存等義務違反	第43条の2第1号 30万円以下	
第13条の16第1項・第2項	試験事務に関する報告義務違反・立入検査の拒否等	第43条の2第2号 30万円以下	
第13条の17第1項	危険物取扱者試験等実施の無許可廃止	第43条の2第3号 30万円以下	
第13条の18第2項	危険物取扱者試験実施事務の停止命令違反		第41条の3 1年以下・100万円以下
第14条の2第1項	予防規程の無認可	第42条第1項第8号 第45条第3号 6月以下・50万円以下	
第14条の2第3項	予防規程の変更命令違反		第42条第1項第8号 第45条第3号 6月以下・50万円以下
第14条の3第1項・第2項	移送取扱所等保安検査受忍義務違反	第44条第4号 30万円以下・拘留	
第14条の3の2	点検記録の未作成・虚偽の点検記録の作成・点検記録の未保存	第44条第5号 30万円以下・拘留	

第15条	映写室の構造等基準違反	第41条第１項第４号 第45条第３号 １年以下・100万円以下	
第16条	危険物の運搬基準違反	第43条第１項第２号 第45条第３号 ３月以下・30万円以下	
第16条の２第１項	危険物取扱者の無乗車による危険物の取扱い	第43条第１項第３号 第45条第３号 ３月以下・30万円以下	
第16条の２第３項	危険物取扱者免状携帯義務違反	第44条第６号 30万円以下・拘留	
第16条の３第２項	危険物の流出事故等に係る虚偽の通報	第44条第10号 30万円以下・拘留	
第16条の３第３項、第４項	製造所等の応急措置命令違反		第42条第１項第９号 第45条第３号 ６月以下・50万円以下
第16条の５第１項	製造所等の立入・検査等の拒否等	第44条第２号 30万円以下・拘留	
	製造所等に係る資料提出命令等違反		第44条第２号 30万円以下・拘留
第16条の５第２項	移動タンク貯蔵所の停止措置等違反	第44条第７号 30万円以下・拘留	
第17条の３の２	消防用設備等の設置届出義務違反等	第44条第８号 30万円以下・拘留	
第17条の３の３	消防用設備等の点検報告義務違反等	第44条第11号 第45条第３号 30万円以下・拘留	

第17条の4	消防用設備等の設置維持命令違反		第41条第1項第5号 1年以下・100万円以下 第45条第2号 3000万円以下 第44条第12号 第45条第3号 30万円以下・拘留
第17条の5	消防設備士以外の者による設置工事等の制限違反	第42条第1項第10号 6月以下・50万円以下	
第17条の7第2項	消防設備士免状返納命令違反		第44条第9号 30万円以下・拘留
第17条の14	消防用設備等の着工届出義務違反	第44条第8号 30万円以下・拘留	
第18条第1項	望楼等の損壊・撤去	第38条　7年以下	
	火災報知機等の損壊・撤去	第39条　5年以下	
	火災報知機等の濫用	第44条第13号 30万円以下・拘留	
第18条第2項	消防信号等の濫用	第44条第14号 30万円以下・拘留	
第21条第3項	指定消防水利変更等届出義務違反	第44条第15号 30万円以下・拘留	
第22条第4項	火災警報発令時の火の使用制限違反	第44条第18号 30万円以下・拘留	
第23条	たき火または喫煙の制限違反		第44条第18号 30万円以下・拘留
第23条の2	ガス・火薬または危険物の漏えい等事故発生時における火気使用禁止等の制限違反(火災警戒区域)		第44条第19号 30万円以下・拘留
第24条第1項	火災の虚偽通報	第44条第20号 30万円以下・拘留	
第25条第1項・第2項	応急消火義務等の消火活動等に対する妨害	第40条第1項第3号 2年以下・100万円以下	

<table>
<tr><td colspan="2">第25条第３項</td><td>火災現場における消防吏員等からの情報提供要求の拒否・虚偽の情報提供</td><td>第42条第１項第11号
第45条第３号
６月以下·50万円以下</td><td></td></tr>
<tr><td colspan="2">第26条第１項</td><td>消防車の通過妨害</td><td>第40条第１項第１号
２年以下・100万円以下</td><td></td></tr>
<tr><td colspan="2">第28条第１項</td><td>消防警戒区域制限違反</td><td></td><td>第44条第21号
30万円以下・拘留</td></tr>
<tr><td colspan="2">第29条第５項</td><td>消防作業従事者に対する妨害</td><td>第40条第１項第３号
２年以下・100万円以下</td><td></td></tr>
<tr><td colspan="2">第32条第１項</td><td>火災調査のための製造業者等に対する資料提出命令等違反</td><td></td><td>第44条第２号
30万円以下・拘留</td></tr>
<tr><td colspan="2">第33条</td><td>火災による被害財産調査の拒否</td><td>第44条第23号
30万円以下・拘留</td><td></td></tr>
<tr><td colspan="2" rowspan="2">第34条第１項</td><td>火災調査のための立入検査の拒否等</td><td>第44条第２号
30万円以下・拘留</td><td></td></tr>
<tr><td>火災調査のための関係者に対する資料提出命令等違反</td><td></td><td>第44条第２号
30万円以下・拘留</td></tr>
<tr><td rowspan="2">第39条の２</td><td>第１項</td><td>製造所等における危険物の流出等による公共危険の発生（故意）</td><td>３年以下・300万円以下
第45条第３号</td><td></td></tr>
<tr><td>第２項</td><td>上記による致死傷</td><td>７年以下・500万円以下
第45条第３号</td><td></td></tr>
<tr><td rowspan="2">第39条の３</td><td>第１項</td><td>製造所等における危険物の流出等による公共危険の発生（過失）</td><td>２年以下の懲役・禁錮
200万円以下
第45条第３号</td><td></td></tr>
<tr><td>第２項</td><td>上記による致死傷</td><td>５年以下の懲役・禁錮
300万円以下
第45条第３号</td><td></td></tr>
</table>

表2　火災予防条例罰則規定一覧(条例(例)に準拠して制定された場合)

条例条項	違反事項	罰則	備考
第30条	少量危険物の貯蔵取扱遵守規定違反(現に指定数量の1/5以上指定数量未満の危険物を貯蔵取扱った場合)	第49条第1号 30万円以下	
第31条	少量危険物の貯蔵取扱基準違反	第49条第2号 30万円以下	
第33条	可燃性液体類等の貯蔵取扱基準違反	第49条第3号 30万円以下	
第34条	綿花類等の貯蔵取扱基準違反	〃	
第42条の3第2項	屋外催しに係る火災予防上必要な業務に関する計画を提出しなかった者	第49条第4号 30万円以下	

２　告発書の作成要領

⑴　告発書の様式

告発書または告発状の様式については、法定化されていないから、随意の様式でさしつかえないわけであるが、一般に、例示した横書きの様式が用いられている。

様式

○○第○○号
年　　月　　日

○○地方検察庁
検事正○○○○殿

（○○地方検察庁
○○支部長○○○○
○○県警察本部
○○警察署長○○○○　殿）

○○消防本部
消防長○　○　○　○㊞
（○○消防本部
○○消防署長○○○○㊞）

告　　発　　書

下記の犯罪があると思料するので刑事訴訟法第239条第２項の規定により、関係資料を添えて告発します。

記

1　被告発人
2　罪名及び適用法条
3　犯罪の事実
4　証拠となるべき資料
5　参考事項
6　犯罪の情状
7　意見

※「犯罪の情状」と「意見」をまとめて「情状等に関する意見」として記載する方法もある。

⑵　書類作成上の一般原則

告発書等の書類の作成は、一般に刑事訴訟規則に準拠して行われる。

ア　作成名義の表示

原則として、作成年月日を記載して署名押印し、その所属名を表示すること（刑訴規則第58条第１項）。

イ　契印

書類には毎葉に契印を押印すること（同条第２項）。

（押印例）

各葉ごとに、中央部を縦に折り、作成名義者の公印を用いて上部欄外に押印する。

ウ　文字の訂正等

書類の文字を改変してはならない。文字を加え、削りまたは欄外に記入したときは、これに認印をし、その字数を記載すること。ただし、削った部分は、これを読むことができるように字体を残しておくこと（同規則第59条）。

（訂正方法の例）

線２条を引いて押印し、右欄外（縦書きの場合は上部欄外）に何字削除、何字訂正等と記入する。なお、字を加える場合は挿入箇所を表示して何字挿入と記入する。

エ　公務員以外の者が作成した添付書類

告発書に添付する書類で、公務員以外の者が作成したものには、作成年月日を記載し、作成者の署名押印をさせておくこと（同規則第60条）。

オ　写しの取扱い

添付資料に原本がある場合で、この写しを添付する場合は、その余白に謄本（抄本）作成者において、作成年月日を記載し、署名押印をしておくこと。

（記載例）

右は、謄本（抄本）である(注)。

平成　年　月　日

所　　　属　消防署予防課

消防司令補　○○○○　㊞

（注） 横書きの場合は、「以上は、謄本（抄本）である。」とする。

⑶　告発書の記載要領

ア　被告発人

㈠　自然人

被告発人が自然人である場合は、住民票等によって、事実に誤りのないことを確認し、本籍、住所、職業、氏名、生年月日を記載すること。

㈡　法人

被告発人が法人である場合は、商業登記簿謄本等によって事実に誤りのないことを確認し、本店の所在地（違反対象物が本店の所在地と異なるときは、当該対象物の所在地を併記する。）、法人の名称、代表者の職、氏名を記載すること。

なお、代表者が複数である場合には、必ずしもその全員を記載する必要はなく、そのうちの１人を表示すれば足りる。

また、法人格を有しない団体の場合には、法人の場合に準じて記載すればよい。

イ　罪名および適用法条

㈠　罪名

罪名は「消防法違反」または「火災予防条例違反」とすること。

(イ)　適用法条

適用法条としては、消防法令上の実体規定（実体規定の内容を補充する法令・告示を含む。）およびこれに対応する罰則規定を記載すること。

なお、両罰規定の適用があるときは、当該両罰規定も併記すること。

（例１）　消防法第５条命令違反の場合

●消防法第５条第１項
●消防法第39条の３の２第１項
●消防法第45条

（例２）　消防法第10条第１項違反で、法人に対し両罰規定を適用する場合

●消防法第10条第１項
●消防法第41条第１項第３号
●消防法第45条

（例３）　消防法第17条の４の命令違反で、法人に対し両罰規定を適用する場合

●消防法第17条第１項
●消防法施行令第21条第１項第３号
●消防法第17条の４第１項
●消防法第41条第１項第５号
●消防法第45条

（例４）　消防法第22条第４項違反の場合

●消防法第22条第４項
●火災予防条例第29条第１号
●消防法第44条第18号

（例５）　消防法第23条違反の場合

- ●消防法第23条
- ●○○市告示第○○号
- ●消防法第44条第18号

（例６）　火災予防条例第23条違反の場合

- ●火災予防条例（昭和37年東京都条例第65号）第23条
- ●火災予防施行規程（昭和37年７月東京消防庁告示第17号）第７条第１号
- ●火災予防条例第67条第１号

（例７）　火災予防条例第31条違反で、法人に対し両罰規定を適用する場合

- ●火災予防条例（昭和○○年○○市条例第○○号）第31条の２第５号
- ●火災予防条例第49条第２号
- ●火災予防条例第50条

ウ　犯罪事実

犯罪事実というのは、罪となるべき事実、すなわち犯罪構成要件に該当する具体的な事実であるが、消防法令違反の構成要件は消防法第９章各条および火災予防条例第７章の罰則規定に定められている。なお、消防法令違反の構成要件（主要なもの）は**表３**のとおりである。

表３

No.	違反の態様	構　成　要　件
1	防火管理者の選任命令違反（法第８条第３項）	①　防火管理者の選任義務があること。 ②　選任命令を受けたこと。 ③　履行期限内に命令を履行しなかったこと。
2	危険物の無許可貯蔵取扱い（法第10条第１項）	①　指定数量以上の危険物であること。 ②　ただし書の承認がないこと（法定の除外事由がないこと）。 ③　製造所等以外の場所で貯蔵または取扱っていたこと。
3	許可品名以外の危険物の貯蔵取扱い	①　製造所等において行ったものであること。 ②　製造所等の位置、構造、設備の変更を要しないもので

	等（法第10条第３項）	あること。 ③　許可品名以外の危険物または許可数量を超える危険物を貯蔵または取扱っていたこと。
4	製造所等の無許可変更（法第11条第１項）	製造所等の位置、構造または設備を無許可で変更したこと。 ※使用停止命令を受けている場合は、次の要件が付加される。 ①　命令を受けたこと。 ②　履行期限内に命令事項を履行しなかったこと。 （注）　無許可変更と使用停止命令違反は併合罪である。
5	完成検査合格前の使用（法第11条第５項）	①　許可を受けて製造所等を設置し、またはその位置、構造もしくは設備を変更したこと。 ②　ただし書の承認がないこと（法定の除外事由がないこと）。 ③　完成検査合格前に使用していること。 ※本違反について使用停止命令を受けている場合は、次の要件が付加される。 ④　使用停止命令を受けたこと。 ⑤　履行期限内に命令事項を履行していなかったこと。 （注）　完成検査合格前の使用と使用停止命令違反は併合罪となる。
6	製造所等の使用停止命令違反（法第12条の２第１項・第２項）	①　法第12条第2項の命令等または法第13条第１項の規定等に違反したこと。 ②　使用停止命令を受けたこと。 ③　指定期日以降当該施設を使用し、命令事項を履行しなかったこと。
7	製造所等における危険物の貯蔵・取扱基準違反（法第10条第３項）	①　製造所等において、危険物の貯蔵・取扱基準に違反する行為を行ったこと。 （注）　告発前に法第11条の５の基準遵守命令がなされていても、本命令違反には罰則の担保がないから犯罪ではない。したがって遵守命令違反の事実は犯罪構成要件とはならないが悪しき情状の要素なる。
8	危険物保安監督者の未選任（法第13条第１項）	①　危政令で定める危険物保安監督者を置くべき製造所等であること。 ②　危険物保安監督者を定めていないこと。
9	危険物取扱者の同乗義務違反（法第16条の２第１項）	①　移動タンク貯蔵所により危険物を移送したこと。 ②　当該危険物を取扱うことができる危険物取扱者を乗車させていないこと。
10	少量危険物貯蔵取扱所における危険	①　少量危険物を貯蔵、取扱っている場合であること。 ②　条例に定める貯蔵・取扱基準に違反したこと。

	物の貯蔵、取扱基準違反（条例第31条）	※本違反に対し、法第５条第１項の命令がなされている場合は、次の要件が付加される。 ③　命令を受けたこと。 ④　履行期限内に命令事項を履行しなかったこと。 (注)　条例第30条～第31条の７違反と法第５条第１項命令違反は併合罪である。
11	防火対象物に対する火災予防措置命令違反（法第５条第１項）	①　火災危険を排除するための命令を受けたこと。 ②　履行期限内に命令事項を履行しなかった。
12	消防用設備等の設置維持命令違反（法第17条の４第１項）	①　設置命令または改修命令を受けたこと。 ②　履行期限内に命令事項を履行しなかったこと。
13	製造所等からの危険物の漏出等（法第39条の２第１項、第39条の３第１項）	①　故意または過失により製造所等から危険物の漏出をさせたこと。 ②　これによって火災危険が生じ、かつ公共の危険が生じたこと。

㈠　犯罪事実記載上の一般的留意事項

犯罪事実を記載する場合に留意しなければならない事項としては、次のようなものが考えられる。

a　犯罪事実は、簡明、平易な文章で記載すること。

犯罪事実を記載する場合は、まわりくどい表現をとったり、形容詞等によってむやみに文章を飾ることを避け、簡明に、かつ、わかりやすく表現しなければならない。

b　犯罪事実には、構成要件に該当する事実を漏らさないように記載すること。

消防法令違反の構成要件は、前述のとおり、消防法および火災予防条例の罰則規定に定められているから、この罰則規定および罰則規定に含まれている命令規定や実体規定（作為義務や不作為義務（禁止）を定めた規定）――例えば、消防法第10条第１項の規定や同法第10条第３項（危政令第24条以下）など――の内容を検討し、構成要件は、何と何であるかを見極め、違反調査等によって確認された事実を漏らさないように記載しなければならない。

c　犯罪事実は、六何《か》の原則に従って特定すること。

犯罪事実は、日時、場所および犯罪行為等が明確にされることによって特定される。

そのためには、次の「六何《か》の原則」に従って記載するのが最良の方法であるとされている。

○六何の原則

● だれが	犯罪の主体
● いつ・いつから	犯罪の日時
● どこで	犯罪の場所
● だれに・なにに対して	犯罪の客体
● どんな方法で	犯罪の方法
● なにをしたか	犯罪の行為および結果

(注)　消防法違反の犯罪事実は、通常、「だれが、いつ、なにをしたか」または「だれが、いつ、どこで、なにをしたか」の基本的な要素によって殆どまかなうことができ、これに内容を盛り込んでいけばよい。

(イ)　犯罪事実の具体的記載要領

a　犯罪の主体（だれが）

犯罪の主体というのは、犯罪を行った者すなわち犯罪の行為者のことである。犯罪は1人で行う場合もあれば2人以上（複数）で行う場合もある。

(a)　行為者が単数の場合

いわゆる単独犯を告発する場合の一般的記載形式は、次のとおりである。

● 被告発人は、○○○○○したものである。

この場合、被告発人の氏名まで記載する必要はない。

(b)　行為者が複数の場合

○共同正犯

「共同正犯」というのは、２人以上共同して犯罪を実行することである。共同正犯が成立するためには、２人以上の者が協力して犯罪構成事実を実現しようとする意思（主観的要件）と実行の共同（客観的要件）とを必要とするが、判例は、共謀の事実があれば実行を分担しなくとも共同正犯の責を負うものとしている。共同正犯の一般的記載形式は、次のとおりである。

● 被告発人甲、同乙は、共謀のうえ、○○○○○したものである。

● 被告発人甲、同乙は、○○○○○しようと共謀し、○○○○○したものである。

○教さ犯

「教さ」というのは、他人をそそのかして犯罪実行の決意を生じさせることである。すでに犯罪実行の決意をもっている者に対する教さはあり得ない。教さの方法は、明示たると黙示たるとを問わない（大判昭和９年９月18日）。教さ犯は、教さによって相手が現実に犯罪を実行することによって成立する。教さ犯を告発する場合の記載形式の１例は、次のとおりである。

（教さ者だけを単独で告発する場合）

● 被告発人は、○○に対し○○○するよう指示して同人に○○○を決意させ、○○○○○させたものである。

（教さ者と被教さ者を同時に告発する場合）

●

第１　被告発人甲は、同乙に対し○○○するよう指示して同人に○○○を決意させ、よって同人に第２記載の○○○をさせ、 第２　被告発人乙は、同甲の前記教さに基き○○○をしたものである。

○ほう助犯

「ほう助」というのは、例えば、犯罪に使用する器具を貸与するとか、犯罪の方法を教えてやることなど他人の特定の犯罪行為を助けて、その実現を容易にする行為である。ほう助する方を従犯といい、ほう助される方を正犯という。従犯の時期は、正犯の犯罪行為終了前でなければならない（大判大正６年７月５日）。犯罪行為終了後のほう助は、いわゆる事後従犯というべきものであって、特別の規定がない限り犯罪とはならない（大判時13年11月18日）。

従犯もその性質上、教さ犯と同様正犯が成立しなければ犯罪とならないとするのが通説である。したがって、従犯の事実としては正犯の実行行為をも記載しておかなければならない。

ほう助の方法は、精神的なものであると物質的なものであるとを問わない。

ほう助犯の一般的記載形式は、次のとおりである。

（ほう助犯だけを単独で告発する場合）

●

被告発人は、○○が○○○○○する際、○○に対し○○○し、もって、その実行を容易にしたものである。

（ほう助犯と正犯を同時に告発する場合）

●

被告発人甲は、○○○○○し、同乙は、甲に対し○○○○○し、その実行を容易にしたものである。

●
第１　被告発人甲は、○○○○○し、 第２　被告発人乙は、甲に対して○○○○○し、もって 　甲の前記犯行を容易にしたものである。

○その他

被告人がそれぞれ別個の犯罪を行った場合は、一般に次のように記載する。

●
被告発人甲は、○○○○○し、被告発人乙は、○○○○○したものである。

(c)　両罰規定の適用を求める場合

従業者が事業主あるいは業務主体たる法人または人（個人営業の場合）の業務に関して違反行為を行ったときは、その法人等も従業者に対する監督責任を問われ、処罰されることがある。

両罰規定の根拠については、事業主が、従業者の選任監督その他違反行為を防止するために必要な注意を尽くさなかった過失の存在を推定したものと解されている（最判昭和32年11月27日）から、事業主の処罰にあたっては、積極的に過失の存在を立証する必要がない。

両罰規定を適用して法人等の処罰を求める場合の一般的記載形式は、次のとおりである。

(法人等の事業主甲と従業者乙の両者を被告発人とする場合)

●
被告発人甲は、○○○○○に○○○○○を置き○○○○○を営むもの、 　被告発人乙は、○○○○○の○○○○○として○○○○○の業務に従事するものであるが、被告発人乙は、甲の業務に関し○○○○○したものである。

(法人等の事業主甲だけを被告発人とする場合)

● 被告発人甲は、○○○○○に○○○○○を置き○○○○○を営むものであるが、被告発人甲の従業者である乙は、甲の業務に関し○○○○○したものである。

b　犯罪の日時（いつ、いつから）

犯罪の日時は、厳密には、犯罪の構成要件ではないが、犯罪を特定するためには、犯罪の場所と同様、不可欠のものである。ただし、共同正犯の共謀に関する日時については特に記載する必要がない。

また、日時は、公訴時効の起算点の決定や、適用法令適用の判断基準としても重要な役割をもっている。犯罪の日時は、暦日をもって次のように表示する。

- 平成○年○月○日午前（後）○時(ごろ)
- 平成○年○月○日(ごろ)
- 平成○年○月○日(ごろ)から平成○年○月○日(ごろ)までの間（一定期間違反を継続しまたは反覆して行っている場合）

c　犯罪の場所（どこで）

犯罪の場所は、犯罪を特定するためにも、また、検察庁や裁判所の土地管轄を決定するうえにも重要な要素である。

場所の表示は、単に「○○市内において」のようにばく然とした表現ではなく、「○○市○○町○○番地　株式会社○○の敷地において」というように犯罪を特定できる程度に具体的に記載しなければならない。

d　犯罪の客体（だれに、なにに対して）

「犯罪の客体」というのは、犯罪の対象のことであり、それが人である場合と物である場合とがある。消防法令違反の場合人または物を犯罪の客体としている例は極めて少なく、わずかに消防法第18

条第１項違反等（火災報知機の損壊等）などに若干の例がみられる。

なお、消防法第10条第１項違反や同法第10条第３項違反における「指定数量以上の危険物」や「許可品名外の危険物」は犯罪の客体ではなく、後述の犯罪行為の内容を構成する要素である。

e　犯罪の方法

消防法令違反については、その方法・手段が構成要件となっている例は少なく、このような場合には、方法・手段によって犯罪の種類が異なるようなことはない。

例えば、消防法第10条第１項違反は、製造所等以外の場所において指定数量以上の危険物を貯蔵または取り扱った事実があれば成立し、その貯蔵または取扱いの方法のいかんを問わない。

ただ、消防法令のうち、方法・手段について規制しているもの、例えば、消防法第10条第３項（危政令第27条）の危険物の取扱基準に定める危険物の乾燥方法、詰替方法、塗装・焼入・焼却方法、給油方法等や消防法第16条（危政令第29条、第30条）の危険物の積載・運搬基準に定める積載・運搬の方法は構成要件となる。

したがって、この種の違反の犯罪事実には、その方法の内容についても明確に記載しなければならない。

しかし、これらの基準に定める方法に違反することが即違反行為の内容をなすものであるから、ことさらに、方法と犯罪行為とを分けて考える必要がなく、結局、犯罪行為の内容として記載すればよい。

消防法令違反の方法に関する記載例は、次のとおりである。

● 被告発人は、○○○自動車の原動機を停止させずに○○○○したものである。

- 被告発人は、○○○タンクの注入口に給油ホースを緊結しないで○○○○○したものである。

- 被告発人は、○○○運搬容器に危険物の品名、数量等を表示しないで○○○○○したものである。

f　犯罪行為および結果

(a)　犯罪行為

犯罪行為は、犯罪構成要件のうち最も重要な部分であり、行為の内容を具体的に記載し、「被告発人は、○○○○○した（しなかった）ものである。」としてしめくくるのが通例である。

この場合、構成要件となっていない事実については記載すべきではない。例えば、消防法第10条第３項違反のうち、危険物の規制に関する政令第24条第２号にかかるものは、「製造所等において、みだりに火気を使用すること」を構成要件とするから、これによって火災が発生したとしても犯罪事実として記載する必要がない。このような事実は、むしろ情状要素として情状欄あるいは参考事項の欄に記載すべきものである。

(b)　結果

ある一定の結果の発生を構成要件としている犯罪では、発生した結果についても犯罪事実として記載しなければならない。

その一般的記載形式は、次のとおりである。

- 被告発人は、○○○○○し（させ）、よって（もって）○○○○○した（させた）ものである。

なお、消防法令違反のうち、結果の発生を構成要件としているものは、消防法第39条の２（製造所等における故意による危険物の流出等）および消防法第39条の３（製造所等における過失による危険物の流出等）のみであり、その記載例は、次のとおりである。

（法第39条の３第１項の場合）

●

被告発人は、平成○年○月○日、○○において○○○する際細心の注意を払わなければならないのに不注意にも（業務上必要な注意を怠り）○○○○○したため、○○○○○させ、よって火災による公共の危険を生じさせたものである。

（法第39条の３第２項の場合）

前記載例の「よって」以下を次のように記載する。

●

よって、平成○年○月○日、○○において○○を○○により死亡するに至らしめた（死亡させた）ものである。

(注１)　犯罪の動機、原因等の記載の要否　犯罪が人間の行為である以上、通常、誰しも犯罪を犯すに至った動機や原因があるはずである。しかし、消防法令違反には、動機、原因、目的を構成要件としているものがないから、犯罪事実にはこれらの事項を記載する必要がない。これらの事項については、情状や参考事項として記載すればよい。

(注２)　違法性、有責性の記載の要否　犯罪構成要件は、違法有責の行為の定型とされているから、構成要件に該当する事実について殊更に違法性、責任能力のあること、つまり、違法性、有責性の阻却事由を記載する必要がない。

ただ、①消防法第10条第１項ただし書の危険物仮貯蔵取扱の承認、②消防法第11条第５項ただし書の製造所等の仮使用の承認、③火災予防条例第23条第１項ただし書の喫煙等の禁止行為の解除承認を受けている場合のように一定の除外事由があるときは、禁止規定の適用が除外されて適法となる。したがって、このような承認（許可）を受けず、禁止規定の適用を除外されていない場合は、違法となる。そこで、このような場合の違法性を表現する方法として、実務上、一般に「法定の除外事由がないのに」という記載方法がとられている。

(注３)　責任条件（故意、過失）の記載の要否　多くの犯罪は、故意が必要であるが、構成要件に該当する犯罪行為を記載すれば、当然そのなかには故意のあることが含まれているから、特に「故意に」と記載する必要はない。ただし、「未必の故意」の場合には、「○○○結果になっても止む

を得ないと決意し」とか「○○に至ることもあり得ると認識しながら」というように未必の故意の存在を明示しておく必要がある。

また、過失犯については、注意義務の存在を明示したうえで「業務上必要な注意を怠り」とか「○○した過失により」、「不注意にも○○し」、「漫然と○○したため」というように過失の存在を明示しておかなければならない。

◎犯罪事実の記載例（主要なもの）

＜消防法違反関係＞

すでに述べた犯罪事実の記載要領に基づく各種消防法令違反の記載例を掲げると、次のとおりである。

(1)　屋外の火災予防措置命令違反（法第３条第１項、法第44条第１号）

被告発人は、令和○○年○月○日午後２時30分ごろ、○○県○○市○○町１丁目２番３号所在の自宅前空地においてたき火をするにあたり、○○消防署長から、折からの風速○○ｍの西風により、たき火を禁止するとの命令が出されていることを知りながら、その禁止命令に従わずたき火をしたものである。

(2)　立入検査の拒否（法第４条第１項、法第44条第２号）

被告発人は、○○県○○市○○町２丁目３番５号所在の旅館○○を所有し、かつ、経営しているものであるところ、令和○○年○月○日午後１時○○分ごろ、同旅館の玄関において、同旅館の立入検査を実施しようとした○○消防署予防課査察係消防司令補○○○○および同消防士長○○○○に対し、何ら正当な理由がないのに「立入検査に応じられない」旨執拗に申し立て、もって前記両名の立入検査を拒否したものである。

(3)　防火対象物に対する除去命令違反（法第５条第１項、法第39条の３の２第１項）

被告発人は、○○県○○市○○町３丁目４番５号に所在する○○百貨店○○店の店長として同百貨店の管理一切を掌理するものであるが、Ａ

階段の４階階段室に商品の倉庫を設けているため、火災が発生した場合に客の避難上の障害となるので、令和○○年○月○日、○○消防署長から、同年○月○日までに前記倉庫を除去するよう命令を受けたが、同年○月○日にいたるもこれを履行しなかったものである。

(4)　防火管理者の選任命令違反（法第８条第３項、法第42条第１項第１号）

①　個人の場合

被告発人○○は、○○県○○市○○町５丁目６番７号に所在するスーパーストアー○○店の店長として同店舗の管理について権原を有するものであるが、同店舗の収容人員が30人であるところから防火管理者を定める義務がありながらこれを怠っていたため、令和○○年○月○日、○○消防署長から同年○月○日までに防火管理者を定めるよう命令がなされたのに、同年○月○日に至るも防火管理者を定めなかったものである。

②　両罰規定を適用する場合（法人を「甲」とし、店長を「乙」とする）

被告発人甲は、令和○○年○月○日、○○県○○市○○町６丁目７番８号に本店を、同市○○町２丁目３番４号に○○店を設け、物品販売業を営むもの。

被告発人乙は、前記○○店の店長として管理一切を掌理するものであるが、被告発人乙は、同店舗の収容人員が30人であるところから、甲の業務に関し、防火管理者を定める義務がありながら、これを怠っていたため令和○○年○月○日、○○消防署長から同年○月○日までに防火管理者を定めるよう命令がなされたのに、同年○月○日に至るも防火管理者を定めなかったものである。

(5)　危険物の無許可貯蔵（法第10条第１項、法第41条第１項第３号）

①　個人の場合

被告発人は、○○県○○市○○町１丁目２番３号に工場を設け、セルロイド製品の製造販売業を営むものであるが、法定の除外事由がないのに、令和○○年○月○日ごろから同年○月○日ごろまでの間、前記工場倉庫内に指定数量以上の危険物（消防法別表に定める危険物。以下同じ。）であるセルロイド約600kgを貯蔵していたものである。

②　両罰規定を適用する場合（法人を「甲」、その代表取締役を「乙」

とする。)

被告発人甲は、○○県○○市○○町３丁目４番５号に本店を置き、特殊土木工事および建設用各種機械の賃貸業を営むもの、被告発人乙は、甲の代表取締役として甲の業務一切を統括する最高責任者であるが、被告発人乙は、甲の業務に関し、法定の除外事由がないのに、令和○○年○月○日ごろから同年○月○日ごろまでの間、前記会社敷地内の地下に埋設された貯蔵所でないタンクに指定数量以上の危険物（消防法別表に定める危険物。以下同じ。）である軽油および灯油の混合油（第４類第２石油類）約6000ℓを貯蔵していたものである。

③　共謀事犯の場合

被告発人○○○○および同○○○○は、共同で○○県○○市○○町４丁目５番６号に作業所を設け、除草用農薬通称クロレートソーダと呼ばれる塩素酸ナトリウムの小分け販売業を営むものであるところ、両名共謀のうえ、法定の除外事由がないのに、令和○○年○月○日ごろから同年○月○日ごろにかけて、貯蔵所でない前記作業所内に指定数量以上の危険物（消防法別表に定める危険物。以下同じ。）である塩素酸ナトリウム５kgを貯蔵していたものである。

⑹　許可数量を超える危険物の貯蔵（法第10条第３項、法第43条第１項第１号、危政令第24条第１号）

両罰規定を適用する場合（法人を「甲」、工場長を「乙」とする。）

被告発人甲は、東京都○○区○○２丁目３番４号に本社を、同都○○区○○町３丁目４番５号に○○工場を設け、主に医療品、工業薬品等の製造、販売等の業務を営むもの、被告発人乙は、同会社の○○工場長として工場内の業務一切を掌理するものであるが、被告発人乙は、甲の業務に関し、法定の除外事由がないのに、令和○○年○月ごろから前記工場の屋内貯蔵所（許可年月日昭和○○年○月○日、許可番号○○○○、貯蔵できる危険物の品名・数量メタノール○○○ℓ・アセトン○○○ℓ・ヘキサン○○○ℓ）において、許可数量を超える危険物（消防法別表に定める危険物。以下同じ。）であるヘキサン○○○ℓ、メタノール○○○ℓを貯蔵していたものである。

⑺　製造所等の無許可変更（法第11条第１項、法第42条第１項第２号）と製造所等の使用停止命令違反（法第12条の２第１項、法第42条第１項第４号）との併合事犯の場合

被告発人甲は、東京都○○区○○１丁目２番３号に本社を、同都○○区○○町２丁目３番４号に○○給油所を置き、石油類の販売業を営むもの、被告発人乙は、同会社の代表取締役として同会社の業務一切を統括するものであるところ、被告発人乙は、甲の業務に関し、法定の除外事由がないのに、 第１　令和○○年○月○日、前記給油所とその北側に隣接する作業所併用住宅とを区画していた防火塀を約15mにわたって撤去し、 第２　令和○○年○月ごろから同年○月ごろにかけて前記作業所併用住宅を同給油所の事務所に変更し、 第３　令和○○年○月○日、東京消防庁消防長から、前記防火塀を消防法第10条第４項の基準に適合するよう改修するまで同給油所の使用を停止すべしとの命令がなされたのに、これに従うことなく同給油所を使用していたものである。

⑻　危険物保安監督者の未選任（法第13条第１項、法第42条第１項第６号）

両罰規定を適用する場合（法人を「甲」とし、工場長を「乙」とする。）

被告発人甲は、東京都○○区○○１丁目２番３号に本社を、同都○○区○○町２丁目３番４号に○○工場（製造所、地下タンク貯蔵所を併設）を置き、各種印刷用インクの製造業務を営むものであり、被告発人乙は、令和○○年○月○日から甲の○○工場長となり、同工場における業務全般について管理監督する立場にあるものであるが、被告発人乙は、令和○○年○月○日、前記危険物施設の危険物保安監督者が退職したため、新たに危険物保安監督者を定めなければならないのに、これを怠っていたものである。

⑼　危険物の積載・運搬基準違反（法第16条、法第43条第１項第２号、危政令第29条・第30条）

被告発人は、東京都○○市○○4丁目5番6号に事業所を置き、灯油の配送業務を営んでいるものであるが、令和○○年○月○日13時15分ごろ、自動四輪車（いすずエルフ車両番号○○○○）に消防法別表に定める危険物である灯油2,808ℓ（18ℓ入缶156缶）を2段積みにして運搬中、途中でロープがはずれたまま運転したため同日、13時45分ごろ、東京都○○市○○2丁目5番地先の公道上に灯油約20缶を落下流出させたものである。

⑽　消防用設備等の設置命令違反（法第17条の4第1項、法第41条第1項第5号）

両罰規定を適用する場合（法人を「甲」とし、代表取締役を「乙」とする。）

被告発人甲は、東京都○○区○○5丁目6番7号に本社を置き、旅館○○として旅館業を営むもの、被告発人乙は、甲の代表取締役としてその業務を統括するものであるが、被告発人乙は、同旅館の延面積が600㎡であるところから、同旅館全館に自動火災報知設備を設置しなければならないのに、これを怠っていたため、令和○○年○月○日、○○消防署長から、令和○○年○月○日までに同旅館全館に自動火災報知設備を設置するよう命令がなされたのに、令和○○年○月○日に至るもその命令に従わなかったものである。

⑾　無資格者による消防用設備等の設置(法第17条の5、法第42条第1項第10号）

（その1）

被告発人甲は、○○県○○市○○町4丁目5番6号に本社を置き、消防用設備業を営むもの、被告発人乙は、甲の設備部長として消防用設備等の設置工事にかかる業務を監理監督するものであるが、被告発人乙は、令和○年○月○日、甲の業務に関し、同市○○町5丁目6番7号に所在する飲食店○○○に自動火災報知設備を設置するにあたり、消防設備士でない従業員丙にその工事一切を任せ、その間、丙に対し、前記設備の設置工事にかかる指示監督を行わず、しかも、同工事完成後当該設備が消防法施行令に定める技術上の基準に適合しているものであること

について、確認を怠り、もって、消防設備士でない丙をして自動火災報知設備の設置工事を行わせたものである。

（その２）

被告発人は、○○県○○市○○町１丁目２番３号に事業所を置き、電気工事業を営むものであるが、消防設備士でないのに、令和○○年○月○日、同市○○町２丁目３番４号に所在するスーパーマーケット○○○から自動火災報知設備の設置工事を請負い、これを設置したものである。

⑿　火災報知機等の損壊等（法第18条第１項、法第39条）

被告発人は、令和○○年○月○日午後10時30分ごろ、○○県○○市○○町５丁目６番地先道路上において、付近に火災の発生がないのに、同道路わきに設置された火災報知機（○○○号）の発信器のガラスを右手で割り、同発信機の発信ボタンを押し、もって、みだりに火災報知機を使用したものである。

⒀　製造所等における危険物の流出等（法第39条の３）

両罰規定を適用する場合（法人を「甲」とし、移動タンク貯蔵所の運転手を「乙」とする。）

被告発人甲は、東京都○○市○○町１丁目２番３号に本社を置き、移動タンク貯蔵所により石油類の販売業を営むもの、被告発人乙は、甲の従業員として、移動タンク貯蔵所を運転し、石油類の運搬業務にたずさわるものであるが、被告発人乙は、甲の業務に関し、令和○○年○月○日○時○分ごろ、東京都○○市○○２丁目３番４号に所在する○○商事株式会社○○サービスステーション（営業用給油取扱所）において、移動タンク貯蔵所の移動貯蔵タンクからガソリン専用の地下貯蔵タンク（容量10,000ℓ）にガソリンを注入する際、業務上必要な注意を怠ってガソリンを注入すべき地下貯蔵タンクを誤り、残量約5,500ℓのタンクにガソリン6,000ℓを注入したため、地下貯蔵タンクの計量口からガソリン約○○○ℓがあふれ、公共用排水溝を経て付近の○○川に流出し、もって、火災による公共危険を生じさせたものである。

＜火災予防条例違反関係＞

⑴　火災予防条例第30条第３号違反、第31条の２第23号違反（条例第49条第１号・第２号）

（その１）

　被告発人○○は、平成○○年○月○日、東京都○○区○○６丁目７番８号に所在する○○株式会社のボイラーマンとして入社し、少量危険物貯蔵取扱所であるボイラー室における危険物の貯蔵取扱い業務にたずさわるものであるが、令和○○年○月○日○時○分ごろ、○○商店所有の移動タンク貯蔵所から前記ボイラー室の地下専用タンクに重油の給油を受ける際、同地下タンクの重油の残量を確かめることなく、地下タンクの許容量を超える重油○○○ℓの給油を同移動タンク貯蔵所の運転手に依頼したため、同地下タンクの容量を超えた重油が通気管からあふれ、もって、少量危険物の取扱上の基準に違反したものである。

（その２）

両罰規定を適用する場合（法人を「甲」とし、工場長を「乙」とする。）

　被告発人甲は、東京都○○区○○４丁目５番６号に本店および○○工場を置き、家具類の製造業を営むもの、被告発人乙は、甲の○○工場長として前記工場における業務全般を掌理するものであるところ、被告発人乙は、令和○○年○月ごろから同工場内の吹付場において、消防法別表に定める危険物であるラッカーエナメル等の油性の塗料およびラッカーシンナー等の溶剤（指定数量の約0.8倍）を用いて家具類の塗装作業を行っているにも拘らず、隣接する乾燥室を不燃性のもので区画していなかったものである。

告発前に法第５条第１項による改修命令がなされている場合は、

　………不燃性のもので区画していないため、令和○○年○月○日、○○消防署長から同年○月○日までに当該区画を不燃性のものに改修するよう命令を受けたが、同年○月○日に至るもこれを履行しなかったものである。

と記載すればよい。なお、この場合の犯罪事実は、火災予防条例第31条の２第23号違反と消防法第５条第１項命令違反との併合罪となる。

⑵　火災予防条例第34条違反（条例第49条第３号）

第１　被告発人甲は東京都○○区○○町１丁目２番３号に所在する○○株式会社の代表取締役として塩化ビニールおよびポリエチレンの製品および原料の販売、販入および危険物の貯蔵取扱に関する一切の業務を統括するものであるが、合成樹脂○○○kgを貯蔵する倉庫においては、当該合成樹脂を貯蔵している旨ならびに品名、最大数量を記載した掲示板を設けることを知りながら、令和○○年○月○日の火災当日までこの掲出を怠り、

第２　被告発人乙は、東京都○○区○○２丁目３番４号に所在する○○○工業所の従業員として、鉄材等の熔接業務に従事するものであるが、前記第１記載の倉庫において令和○○年○月○日部下の○○とともに火の粉の防護方法を講ずることなく鉄材の熔断作業を行い、もって、みだりに火気を使用したものである。

図１　書類目録

文書の標目	作成者	丁数	摘要

エ　証拠となるべき資料

証拠となるべき資料というのは、犯罪事実の証明および情状の認定に役立つ資料のことであり、次に掲げる資料のうち、事案により必要な資料を作成、収集し、当該資料名を書類目録（**図１**参照）に示して告発書に添付する。本欄における記載事項は、「別添資料のとおり」とする。

㈠　資料の種類・範囲

資料の種類・範囲は、犯罪の態様によって異な

る（同一犯罪であっても個々の事案により一様ではない。）が、一般的なものとしては、おおむね次のようなものが考えられる。

a　違反事実および情状に関するもの

- 違反調査報告書
- 立入検査結果通知書、指導書・勧告書の写し（情状資料）
- 警告書・指示書等の写し（情状資料）
- 命令書および受領書の写し（命令違反の場合の違反関係資料）
- 現場写真（違反・情状資料）
- 実況見分調書（違反・情状資料）
- 質問調書（違反・情状資料）
- 防火対象物の使用届の写し（違反関係資料）
- 建築確認書の写し（違反関係資料）
- 製造所等の許可書の写し（違反関係資料）
- 製造所等の譲渡引渡届出書の写し（違反関係資料）
- 製造所等の完成検査済証の写し（違反関係資料）
- 建物登記簿謄本（違反関係資料）
- 不動産（建物）の賃貸借契約書の写し（違反関係資料）
- 納品書、伝票、請求書、荷送り状、売買契約書等の写し（違反関係資料）
- 鑑定書（違反関係資料）
- 誓約書（違反・情状資料）
- 改修（善）計画書（違反・情状資料）
- 始末書（違反関係資料）
- 答申書（違反関係資料）
- 危険物取扱者免状、消防設備士免状等の資格を証明する資料

（違反・情状資料）

- 陳情書または投書等があればその写し（情状資料）
- 違反に起因して火災が発生、拡大した場合は火災原因調査書の謄本（情状資料）
- 同種の違反に起因して火災等の災害が発生、拡大した事例があればそれらをまとめた資料（情状資料）
- 消防用設備等の構造、機能等を分り易く説明した資料（参考資料）
- 消防用設備等が設置されていたことにより火災の拡大を防止できた事例＝奏功事例（情状資料）
- 消防用設備等が設置されていないことにより火災が拡大した事例（情状資料）

b　身分に関するもの

- 被告発人の住民票、外国人登録原票の謄本（個人―自然人を告発する場合）
- 商業登記簿謄本（両罰規定を適用し、法人を告発する場合）
- 危険物取扱者免状、消防設備士免状等の資格を証明する資料

(イ)　資料の編てつ順序

告発書に添付する資料の編てつの順序は、おおむね次のとおりである。

①　違反調査報告書
②　違反関係資料
③　情状関係資料
④　災害等に関する資料
⑤　身分関係資料

(ウ)　資料の認証

消防機関において作成した書類の写しを資料として添付する場合は、その写しについて、「原本と相違ない（同一である）ことを認証する」旨記載し、消防長または消防署長の署名押印（公印）をするとともに、謄（抄）本の作成年月日および作成者の所属階級氏名を記載し押印しておくこと。

(エ)　身分関係資料の請求方法

a　住民票および外国人登録原票の謄（抄）本については、市町村長、区長に対し、被告発人の住所氏名および謄（抄）本を必要とする理由・必要枚数を明記し、消防長または消防署長名をもって、公用として交付申請を行うこと（無料）。

b　商業登記簿謄本については、法人の本店所在地、法人名および謄本を必要とする理由・必要部数（通常、３部）を明記し、消防長または消防署長名をもって、公用として当該本店を管轄する地方法務局長または出張所長に対し交付申請を行うこと。

オ　参考事項

参考事項というのは、犯罪事実および情状以外の事項で、処分決定上、検察官に知っておいてもらいたいと認められる事項である。その内容は、違反の態様および違反対象物の種類によって一様ではないが、その一例としては、次のような事項があげられる。

(ア)　事業所の組織、事業（作業）概要

(イ)　危険物の性状の説明

(ウ)　製造所等の業務内容、製造所等における危険物の貯蔵、取扱いの態様等

(エ)　消防用設備等の概要説明（構造の図解、機能、効用等の説明）

(オ)　消防用設備等の奏功事例等

(カ)　同種の違反に起因して火災等の災害が発生・拡大した事例があればその概要

なお、これらの参考事項のうち、資料として添付されている場合は、当該事項の末尾に、添付資料○○参照とかっこ書きしておくこととし、内容について記載する必要はない。

カ　犯罪の情状

告発は、捜査機関に対する犯罪事実の単なる申告ではなく、被告発人の処罰を求める意思表示であるから、消防機関の立場から処罰の必要性を十分に説明し、検察官に対し、起訴処分の決意を促すことが必要である。「犯罪の情状」と次に述べる「意見」は、この要請に仕えるものである。

(ア)　情状の意義および内容

ここで、「情状」とは、犯罪行為の責任の軽重にかかわりのあるすべての事情を意味するが、消防法令違反の場合、その性質上、次に掲げる「違反行為の危険性」、「違反に起因する火災等の災害の発生または拡大した事実」、「悪質性」などが主要な内容となり、このほか、事案により「犯罪の動機・目的」も情状の内容を構成する。

a　違反行為の危険性

違反事実が存続することによって火災発生危険、延焼拡大危険または人命危険が予測され、公共の安全上放置できない客観的事情

●　火災発生危険

例えば、火気使用設備等の構造上または管理上の欠陥によって予測される出火危険

違法な危険物の貯蔵または取扱いによって予測される出火危険

●　延焼拡大危険

例えば、火災が発生した場合、防火施設の欠陥またはスプリン

クラー設備の未設置もしくは機能不良によって延焼拡大の危険が予測される事情

- 人命危険

例えば、特定防火対象物に自動火災報知設備等避難上重要な役割をもつ設備が設置されていないことにより火災が発生した場合に人命危険が予測される事情

避難施設の構造上または管理上の欠陥により火災が発生した場合に考えられる避難上の障害事情

b　悪質性

悪質性というのは、違反事実を認識しながら、あえて違反を犯し、または違反の是正を怠って顧みない悪しき態度（法の無視と遵法精神の欠如）をいい、あえて違反を犯したり、その是正を示さない点に非難されるべき事情が認められ、その一例としては、次のようなケースが考えられる。

- 被告発人が違反事実について再三の是正指導等を受け、その事実をよく認識していながら、あえて履行意思を示していない事実
- ひそかに違反行為を行っていた事実あるいは違反事実を陰ぺいしていた事実（無許可で地下にタンクを埋設して指定数量以上の危険物を貯蔵し、地上に出ている通気管をシート等で陰ぺいしているような場合）
- 過去において同様の違反を繰り返している事実または同様の犯罪を犯し処罰されている事実
- 消防法令上、特に法令の遵守義務その他災害の防止義務が課されている者（危険物取扱者、消防設備士など）がこれらの義務を怠った場合

- 被告発人の学歴、職歴、資格または地位等から当然にその行為が消防法令違反となることを知っているものと認められる事情

c　違反に起因して火災等の災害が発生または拡大した事実（結果の発生）

違反行為が直接の原因となって火災等の災害が発生した場合またはその行為が災害拡大の直接の原因となっているときはその災害の状況

このような災害の事実は、犯罪を構成する事実ではないが、結果責任を問うための情状要素として検察官の心証形成に役立つ。

なお、同様の違反によって災害が発生した事例（先例）があれば、これらの事実についても記載する。このような事例は可罰的な要素として高い説得性をもっているからである。

d　動機・目的において社会的影響が大きい事実

消防法令違反は、一定の動機・目的を構成要件要素としていないから犯罪事実としては記載する必要がないのであるが、それが、違反行為の責任の軽重にかかわりの深いものであるときは、情状要素として記載した方がよい。例えば、いわゆるオイルショック時において、石油類の値上りを見越して大量の危険物を違法に買い溜めしたような場合など、その動機は、社会的影響が大であり、可罰性の高い情状要素となる。

キ　意見

ここにいう意見とは、被告発人の犯罪の情状および処分（起訴および処罰）に関する意見のことであるが、その記載要領としては、まず、情状の内容を要約して記載し、これらの事情をよりどころにして処分を要請する旨を記載する。この場合、厳しい処分を要求するためには、通

常、「厳重」、「厳重に」または「厳しく」といった表現をとり、特に厳しい処分を求めるわけではないが、消防行政上の政策的意図あるいは行政取締上の一般予防的効果を期待して告発措置をとるような場合には、「相当」、「相当に」または「然るべく」といった表現をとり、その量刑について検察官の自由な判断に委ねるのが通例である。

なお、意見として「寛大な処分を願いたい」などの表現をとることは、消防機関による告発の場合、通常あり得ないことである。そもそも、寛大な処分を願うべき違反事案については、通常、告発措置をとるようなことがないからである。これに反し、司法警察員が犯罪を捜査したときは、刑事訴訟法第246条により、法律に特別の定めのある場合を除き速やかに書類および証拠物とともに事件を検察官に送致しなければならないことになっている（俗にいう「書類送検」）が、これらの事件のうち、情状酌量すべき事件については、送致書の情状意見欄に「寛大な処分を願いたい」と記載される例がみられる。

意見の記載にあたっては、被告発人に対する偏見や感情に左右されることなく、客観的事実や資料に基づいて冷静に判断し、記載しなければならない。

意見の一般的記載例は、次のとおりである。

- ○○○○○は、極めて悪質な違反行為であり、情状酌量の余地が全く認められないので、厳重に処分（処罰）願いたい。
- ○○○○○は、情状許し難いものであるから、厳しく処分していただきたい。
- ○○○○○被告発人にその社会的責任の重大さを思念させるとともに、この種違反の根絶を図るため厳重処分相成りたい。
- ○○○○○改しゅんの情認められるも、この種違反の取締の必要上相当（の）処分（を）願いたい。

● ○○○○○情状酌量の余地が認められるも、同種違反の再発を防止し、同業者に対する警鐘ともなり得るよう相当（の）処分（を）相成りたい（賜りたい）。

３　告発にかかる捜査機関との打合せおよび告発書の提出

(1) 捜査機関との打合せ

捜査機関との打合せは、所轄消防署が消防法令違反にかかる告発事案について、本部と協議しながら告発書の作成と証拠資料等の整備を完了した場合には、通常、捜査機関に対し、当該告発書を提出することになるが、運用上の手続としては、まず告発書の案および収集した証拠資料等を携えて捜査機関に出向き、特に、犯罪事実の構成とこれに対応する証拠資料、適用法令および情状にかかる事項等を中心として事前の打合せを行い、告発書の内容および証拠資料の不備等について指摘があった場合には、これらを補完して後日、正式の告発書を提出するという手順を踏んだ方がベターな方法と思われる。

なお、告発書の提出先は、刑事訴訟法上、検察庁、警察署のいずれでもよい。

(2) 告発書の提出

提出された告発書はその内容および添付資料等について検討されるが、次のような欠陥が認められる場合以外は、受理されるのが通例である。

① 犯罪を構成しないのが明白であるもの

② 犯罪事実の公訴時効が完成していることが明らかであるもの

③ 被告発人の処罰を求める意思表示が欠落していることが明らかであるもの

④ 記載内容の趣旨、意味内容が全く不明であるもの

⑤ 犯罪事実の特定が不十分で、しかも補正が困難であると認められる

もの

なお、消防機関からの告発には、以上のような欠陥が認められることは通常あり得ないことと思われるが、仮に多少の不備があったとしてもそれが補正できる余地のあるものについては、補正のうえ受理されることになっている。

4　告発後の刑事手続

(1)　捜査機関による被告発人等の取調べ

ア　警察機関に告発した場合

警察機関が消防機関からの告発書を受理すると、当該告発事案について速やかに捜査を行うよう努めることが要請される（犯罪捜査規範第67条）。

捜査の方法は、通常被告発人および参考人について任意捜査の形で行われる（刑訴法第197条第1項、犯罪捜査規範第98条）が、この場合被告発人は、警察機関から任意の出頭を求められることになる。任意出頭を求める方法は日時、場所、用件等を記載した呼出状によって行われる。

警察機関の取調べによって告発書に記載された犯罪事実等が認められた場合、当該警察機関は犯罪の事実、情状、意見等を記載した送致書に告発書を添付して検察庁に送付する。いわゆる書類送検と呼ばれているものである。

なお、警察機関の取調べにあたっては、警察独自の供述調書が作成され、また、消防法令違反の状況、危険性等について担当者が説明を求められることもあり得る。

イ　検察庁に直接告発した場合

検察庁に直接告発した場合も、警察機関に告発した場合とほぼ同様の方法によって取調べが行われる。

⑵　検察官による処分の決定および通知等

ア　処分の決定

検察官が自ら取調べた告発事案または警察機関から送致された告発事案について取調べが終了した場合は、起訴、不起訴のいずれかの処分決定を行い、処分を決定した場合は速やかにその旨を告発人に通知しなければならないことになっている（刑訴法第260条）。

ところで、検察官の行う起訴処分には、公判請求（正式裁判の請求）と略式起訴の２種があり、また、不起訴処分には、「起訴猶予」、「罪とならず」、「嫌疑なし」、「嫌疑不十分」、「その他」の区分がある。

「起訴猶予」とは、犯罪は成立しているが諸般の事情から処罰するにはおよばない（勘弁してやろう）という処分である。すなわち、刑事訴訟法第248条（起訴便宜主義）によれば、「犯人の性格、年齢、及び境遇、犯罪の軽重及び情状並びに犯罪後の情況により訴追を必要としないときは、公訴を提起しないことができる。」と規定されているところから、検察官の判断（裁量）によりこのような決定がなされるわけである。

「罪とならず」とは、犯罪を構成する事実を行ったが犯罪として成立しない場合である。例えば、灯油専用の一般取扱所のタンクに誤って許可品名以外のガソリンを入れてしまった場合、許可品名以外の危険物を貯蔵、取扱ったという犯罪を構成する事実は認められるが（法第10条第３項、第43条第１項第１号）、本違反は故意犯であるから過失によって行われた場合は、犯罪として成立しないことになる。

「嫌疑なし」とは、犯罪として成立するか否かの心証が得られない場合である。例えば、危険物の無許可貯蔵や、危険物取扱者の立合いなしの危険物の取扱いなどの違反にあって、共謀の裏づけがほとんどとれない場合等である。

「嫌疑不十分」とは、犯罪としては一応成立していると認められるが、公判を維持できるだけの証拠資料が十分でない場合である。

「その他」とは、被告発人が死亡した場合、公訴の時効が完成した場合などがこれにあたる。

イ　処分の通知方法

検察官の決定した処分の通知方法については、法令上の規定はないが、通常**図２**に示す処分通知書（事件事務規程第59条―様式第97号）によって通知される。

図２　処分通知書

東地刑第　○　○　号

（様式第九七号）

（注意　事例に応じ該当文字を○で囲むこと）

処分通知書

貴殿から令和○年○月○日付で告訴・発のあった甲野太郎に対する消防法違反被疑事件は、令和○年○月○日左記のとおり処分しましたので通知します。

記

起訴
不起訴
中止
東京区検察庁（略式請求）へ移送
家庭裁判所へ送致

令和○年○月○日

東京地方検察庁　検察官

令和　○　年　○　検第　○○号

ウ　不起訴理由の告知

検察官は、告発のあった事案について不起訴処分を行ったときは、告発人の請求により速やかにその理由を告げなければならないことになっている（刑訴法第261条）。この場合「告発が訴訟条件となっている場合」と否とを問わない。なお、告発が訴訟条件となっている場合というのは、麻薬取締法違反のごとく法令上、取締官の告発がなければ起訴できない場合を言うのであるから消防法令違反の告発は訴訟条件となっていない。したがって、消防法令違反については消防機関からの告発がない場合であっても、検察官が消防法違反ありと思料した場合はいつでも起訴できるわけである。

不起訴の理由の程度については、不起訴裁定の主文（事件事務規程第70条第２項）となっている「罪とならず」、「嫌疑なし」、「嫌疑不十分」、「起訴猶予」等の表現のみでよく、その理由までは必要ないものとされている。

なお、告知の方法についても法令上の定めはないが、通常は不起訴処分理由告知書（事件事務規程第71条第２項）によるものとされている。

⑶　略式手続

ア　略式手続の意義

略式手続というのは、簡易裁判所において公判の手続（公開の公判廷で、検察官、弁護人の立合いのもとに審理を進める裁判手続）を経ないで、非公開の書面審理のみを行い、略式命令により少額の財産刑（100万円以下の罰金または科料—刑訴法第461条）を科す簡易な裁判手続である。

ここで、100万円以下の罰金または科料というのは、法定刑として100万円以下の罰金または科料のみが定められている罰則規定を意味するものではなく、法定刑として懲役や禁錮刑のほかに、100万円以下の罰金や科料が選択刑として定められている場合も含まれる。

したがって、危険物の無許可貯蔵違反（法第10条第１項、第41条第１

項第３号）は１年以下の懲役または100万円以下の罰金となっているから、検察官が100万円以下の罰金を求刑する場合は、略式手続が可能であり、６か月の懲役を求めるような場合は、公判請求（正式裁判）をしなければならないことになる。

なお、消防法令違反に係る告発事案が起訴される場合は、ほとんど略式手続によって処理されているのが実状である。

イ　略式命令の請求

(ア)　検察官は、簡易裁判所に対し公訴の提起（略式起訴）を行う場合は、同時に書面で略式命令を請求することになっているが（刑訴法第462条第１項）、実務上は、起訴状の冒頭に略式命令を請求する旨を表示する方式をとっている（**図３**参照）。

なお、この起訴状には通常求刑および付随処分についての検察官

図３　起訴状（略式命令請求書）

起　訴　状（在宅）

左記被告事件について公訴を提起し、略式命令を請求する。

令和○年○月○日

東京区検察庁

検察官副検事　○　○　○　○　㊞

東京簡易裁判所　殿

本籍

住居

職業

消　防　法　違　反　　甲　野　太　郎

昭和○○年○月○日生

公訴事実別紙のとおり

罰　条

消防法第四一条第一項第二号、第一○条第一項

求　刑

罰金五○、○○○円

（別紙）

被告人は令和○年○月○日午後○時○分ごろ、…………

……………………………………

の意見を記載した書面が添付される。

(イ)　検察官は、略式命令を請求するに際しあらかじめ被疑者に対し、略式手続を理解させるために必要な事項の説明を行い、通常の手続（正式裁判）によっても審判を受けられることを告知したうえで、略式手続によることについて異議がないかどうかを確かめ、異議がないときはその旨を記載した書面の提出を求め（刑訴法第461条の２）、略式請求書に添付する（刑訴法第462条第２項）とともに検察官が被疑者に対し告知手続をとったことを証する書面をも添付することになっている（刑訴規則第288条）。

(ウ)　検察官は、略式起訴と同時に略式命令をするに必要な書類および証拠物を裁判所に提出する。

この場合、消防機関の告発書および添付資料は証拠能力があるものとして裁判所に提出され、証拠資料となる。

ウ　事件の審理および裁判

(ア)　事件の審理は、起訴状に添付して提出された書類および証拠物について、簡易裁判所の裁判官が非公開で審理を行い、検察官、被告人、弁護人が出頭することはない。

(イ)　略式命令は、遅くとも請求のあった日から14日以内にしなければならない。

(ウ)　略式命令には判決と同じように主文のほか罪となるべき事実と法令の適用を示さなければならないが（**次頁図４**参照）、証拠の標目は示す必要がない。しかし、略式命令の告知があった日から14日以内に正式裁判を請求することができる旨を示さなければならない（刑訴法第464条）。

(エ)　被告人が、略式命令の送達があった日がら14日以内に正式裁判を請求しなかった場合、または正式裁判の請求を棄却する裁判が確定

図４　略式命令書

略　式　命　令

本籍、住所、職業、年齢は、起訴状記載のとおり。

消防法違反　　　　甲　野　太　郎

右の者に対する頭書被告事件について、当裁判所は、次のとおり略式命令する。

主　文

被告人を罰金五〇〇、〇〇〇円に処する。

右罰金を完納できないときは金弐千円を一日に換算した期間被告人を労役場に留置する。ただし、端数を生じたときはこれを一日とする。右罰金に相当する金額を仮に納付することを命ずる。

事　実

起訴状記載の公訴事実を引用する。

適　条

消防法第四一条第一項第二号、第一〇条第一項

刑法第一八条

刑事訴訟法第三四八条

令和〇年〇月〇日

東京簡易裁判所

裁　判　官　　〇　〇　〇　〇　㊞

この命令送達の日から十四日以内に正式裁判の請求をすることができ……………………

した場合には、当該略式命令は、確定判決と同一の効力を生ずることとなる（刑訴法第470条）。

㈔　略式命令が確定した場合は、検察庁から告発人に対し既決犯罪通知書が送付され、これによって起訴された告発事案が形式的に決着をみることになる。

⑷　公判請求（正式裁判の請求）

消防機関から告発された消防法令違反事案について、検察庁がその違反内容の重大性、悪質性等の事情から公判請求の処分を決定した場合、おおむね次のような公判手続を経て刑が確定することになる。

ア　開廷前の手続

検察官が公訴を提起してから第１回公判が開かれるまでに行われる手続は、おおむね次のとおりである。

㈠　起訴状謄本の送達

裁判所は、公訴の提起があったときは、遅滞なく起訴状の謄本を被告人に送達しなければならない（刑訴法第271条第１項）。これは、公訴事実の内容を知らしめ、その防禦方法を速やかに講ぜしめようとするものである。

㈡　弁護人選任権の告知等

裁判所は、公訴の提起があったときは、すでに弁護人が選任されている場合を除き、遅滞なく被告人に対し、弁護人を選任することができる旨および貧困その他の事由により弁護人を選任することができないときは、弁護人の選任を請求することができる旨を知らせなければならない（同法第272条）。

㈢　公判期日の指定

裁判長は、公判期日を指定し、その期日に被告人を召喚するとともに、公判期日を検察官および弁護人に通知しなければならない（同法第273条）。

㈣　訴訟関係人の事前準備

検察官、弁護人等の訴訟関係人は、第１回公判期日前に、できる限りの証拠の収集、整理を行い、相手方に対し、公判において尋問を請求する証人の氏名、住居をあらかじめ知る機会を与えたり、公判で証拠調べの請求をする予定の証拠書類をあらかじめ閲覧する機会を与えるなどして公判が開かれてから審理が迅速に行われるように事前準備に努めなければならない（同法第299条第１項、刑訴規則第178条の２、同規則第178条の３）。

㈤　訴訟関係人の出廷

公判を開く場合には、裁判官および裁判所書記官が列席し、かつ、検察官が出席することが必要であり（刑訴法第282条第２項）、また、原則として、被告人の出頭を要する（刑訴法第286条）。必要的弁護事件（死刑または無期もしくは長期３年を超える懲役もしくは禁錮にあたる事件）については、弁護人の出頭が必要である（刑訴法第289条）。

なお、被告人が出席しなくてよい場合というのは、次のような場合である。

① 50万円以下の罰金または科料にあたる事件の被告人は、公判期日に出頭しなくてもよい（同法第284条）。

② 拘留にあたる事件の被告人は、判決宣告の期日以外は、裁判所の許可を得て、出頭しないことができる（同法第285条第１項）。

③ 長期３年以下の懲役、禁錮または50万円を超える罰金にあたる事件の被告人は、冒頭手続および判決宣告以外の期日には、裁判所の許可を得て出頭しないことができる（同法第285条第２項）。

イ　公判期日の手続

公判手続は、１回だけの公判期日で終わることは少なく、多くの場合、数回の公判期日を繰り返して進展していくものであるが、ここではその全体を通じて公判審理の手続を概観する。

(ア)　冒頭手続

公判が開廷されると、最初に次のような手続が行われる。

a　人定質問

裁判長は、まず被告人に対し、人違いでないことを確かめるに足る事項を問わなければならない（刑訴規則第196条）。

通常、氏名、年齢、本籍、住居、職業、生年月日などを質問する方法で行われる。被告人は、公判廷においても黙秘権はあるが、氏名のような事項は不利益な事項でないから、これを黙秘する権利はないものとされている（最判昭和25年12月５日）。

b　起訴状の朗読

人定質問が終われば、検察官は、まず、起訴状を朗読しなければならない（刑訴法第291条第１項）。

c　被告人に対する訴訟上の権利の説明

検察官の起訴状の朗読が終わったあと、裁判長は、被告人に対し、終始沈黙し、または個々の質問に対し陳述を拒むことができる旨並びに陳述をすることもできる旨および陳述をすれば、自己に不利益な証拠ともなり、また、有益な証拠ともなるべき旨を告知し、さらに、必要と認めるときは、被告人が十分に理解していないと思われる被告人保護のための権利を説明しなければならないことになっている（同法第291条第２項、刑訴規則第197条）。

d　被告人および弁護人の被告事件についての陳述

裁判長は、以上の説明が終わったあと、被告人および弁護人に対し、被告事件について陳述する機会を与えなければならない（刑訴法第291条第２項）。いわゆる「罪状認否」といわれるものである。この際に、被告人が公訴事実の全部を承認しても、それだけで有罪を言渡すことはできないが（憲法第38条第３項、刑訴法第319条第３項）、このような被告人の陳述を事実認定の資料にすることは妨げないとされている（最判昭和26年７月26日）。

(イ)　証拠調べの手続

a　検察官の冒頭陳述

以上の冒頭手続が終わると、いよいよ証拠調べの段階に入るのであるが、この証拠調べのはじめに、検察官は、証拠により証明すべき事実を明らかにしなければならない（刑訴法第296条本文）。いわゆる検察官の「冒頭陳述」と呼ばれるものである。略して「冒陳」という。どの程度に冒頭陳述をするかは具体的事案によって異なるが、結局、立証しようとする事項を明確にする程度に陳述すればよく、簡単な事件の場合は、単に起訴状の公訴事実を引用してもよいとされている（最判昭和25年５月11日）。実務上は、通常、複雑な事件の場合、冒頭陳述の要旨を書面に作成して裁判所に提出し、これを読み上げる方法がとられている。

b　被告人および弁護人の冒頭陳述

検察官の冒頭陳述が終わったのち、被告人や弁護人も、裁判所の許可を得て、証拠によって証明すべき事実を明らかにすることができるが（刑訴規則第198条）、実際には、あまり行われていないようである。

c　証拠調べの範囲等の決定

裁判所は、当事者の意見を聞いて、証拠調べの範囲、順序および方法を定めることができる（刑訴法第297条第１項）。

また、裁判所は、適当と認めるときは、当事者の意見を聞いて、証拠調べの範囲、順序および方法を変更することができる（同法第297条第２項）。

d　証拠調べの請求

証拠調べは、当事者の請求に基づいて行われるのが原則であり、職権による裁判所の証拠調べは補充的に行われるに過ぎない（同法第298条第２項）。

ところで、公訴事実の存在や量刑の基礎となる情状等の存在は、すべて原告である検察官に立証責任があるから、証拠調べの請求の順序は、まず、検察官が事件の審判に必要と認めるすべての証拠の取調べを請求しなければならない。被告人、弁護人は、検察官の証拠調べの請求が終わったのち、証拠調べの請求をすることができる（刑訴規則第193条）。

証拠調べの請求は、立証趣旨を明らかにして行わなければならない（同規則第189条第１項）。また、相手方に不意打ちをくわせることなく、あらかじめ準備を整えさせて、訴訟を公正、かつ、円滑に進行させる目的から、証人、鑑定人等の尋問を請求する場合には、あらかじめ相手方に対し、その氏名および住居を知る機会を与えなければならないことになっている。

また、証拠書類や証拠物の取調べを請求する場合には、あらかじめ相手方に閲覧する機会を与えなければならないものとされている（刑訴法第299条第１項）。

e　証拠調べの請求に対する異議・同意

検察官または弁護人は、証拠調べに関して異議の申立てを行うことができるが、異議の申立てがあると、裁判所はこれに対して決定を行わなければならない（同法第309条）。

また、書証や伝聞を内容とする証言は、検察官および被告人が同意すれば、その書面が作成されたときの情況を考慮して相当と認められるときには、伝聞証拠排除の原則にかかわらず証拠能力が認められる（同法第326条）から、書証について証拠調べの請求があると、これを証拠とすることに同意するか否かを相手方に確かめる手続が行われる。消防機関の告発書に添付された質問調書等の書類は、このような手続により証拠とされるか否かが決定されるわけである。

f　証拠の決定

証拠調べの請求に対し、裁判所は、相手方の意見を聞いて、決定で証拠調べを行い、または証拠調べの請求を却下する旨を明らかにすることになっている（刑訴規則第190条）。

g　証拠調べの方式

証拠調べは、原則として、まず、検察官が取調べを請求した証拠で事件の審判に必要と認めるすべてのものを取調べ、その後、被告人または弁護人が取調べを請求した証拠で事件の審判に必要と認められるものを取り調べるものとされているが、取調べの方式は、次のとおりである。

(a)　人的証拠に対する証拠調べ

証人、鑑定人等は、裁判長または陪席の裁判官がまず尋問し、次にその取調べの請求をした当事者（検察官、被告人および弁護人）が尋問し、最後に相手方が尋問するのが原則である（刑訴法第304条第1項・第2項）が、裁判所が適当と認めるときは、当事者の意見を聞いて、その順序を変更することができることになっている（同法第304条第3項）。実務上は、当事者が交互に尋問するいわゆる「交互尋問」の方法で行われている。

交互尋問は、主尋問、反対尋問、再主尋問の順序で行われる（刑訴規則第199条の2第1項）。

●主尋問は、証人尋問の請求者が行い、立証すべき事項およびこれに関連する事項並びに証人の供述の証明力を争うために必要な事項についても尋問する（同規則第199条の3第1項・第2項）。主尋問では、原則として誘導尋問を行うことが許されていない（同規則第199条の3第3項）。

●反対尋問は、主尋問によって現われた事項およびこれに関連する事項並びに証人の供述の証明力を争うために必要な事項について相手方が行うものである（同規則第199条の4第1項）。すなわち、反対尋問は、主尋問によって引き出された積極的供述の価値を減殺することを目的とするものであるから、誘導尋問を行うことも容認されている（同規則第199条の4第2項）。なお、反対尋問の機会を捉え、自己の主張を支持する新たな事項について尋問するためには、その性質上、特に、裁判長の許可を得なければならないことになっている（同規則第199条の５）。

●再主尋問は、再度、証人尋問の請求者が行うもので、反対尋問に現われた事項およびこれに関連する事項について行われる（同規則第199条の７）。

以上のような交互尋問の過程において、裁判長は、必要と認めるときは、いつでも当事者の尋問を中止させ、自らその事項について尋問を行うことができる（同規則第201条第１項）。また、訴訟関係人の権利を侵害しない範囲で、重複尋問や事件に関連のない尋問など相当でない尋問を制限することもできる（刑訴法第295条）。

(b)　証拠書類に対する証拠調べ

当事者の請求によって証拠書類の取調べを行うときは、裁判長は、その取調べを請求した者にこれを朗読させなければならない。ただし、裁判長自らが朗読し、または陪席の裁判官もしくは裁判所書記官に朗読させることができる（同法第305条第２項）。

裁判所が職権で取調べを行うときは、裁判長自ら若しくは陪席の裁判官または裁判所書記官が朗読する（同法第305条第２項）。

(c)　証拠物に対する証拠調べ

当事者の請求によって証拠物の取調べをするには、裁判長は請求者をしてこれを展示させる。

裁判所の職権で取調べをするときは、裁判長自らが訴訟関係人にこれを展示し、または陪席裁判官、裁判所書記官に展示させる（同法第306条）。証拠物の取調べが展示の方法をとっているのは、その存在および状態が重要だからである。したがって、証拠物の中で書面の意義が証拠となるものは、展示と朗読が必要となる（同法第307条）。

証拠調べの終わった証拠書類や証拠物は、裁判所に提出しなければならないが、裁判所の許可を得たときは、原本に代えてその謄本を提出することができる（同法第310条）。

㈦　最終的な手続

証拠調べの手続が終わると、次の最終的手続が行われる。

a　論告

証拠調べが終わった後、検察官は、事実および法律の適用について意見を陳述しなければならないことになっている（同法第293条第１項）。これがいわゆる「論告」といわれるものである。明文の規定はないが、検察官は、この機会に刑の量定についても意見を述べるのが一般である。これを「求刑」という。

b　弁論

検察官の論告ののち、被告人および弁護人にも意見を陳述する機会が与えられる（同法第293条第２項、訴訟規則第211条）。通常、弁護人が先にこの最終陳述を行うが、このことを「弁論」と呼んでいる。

c　最終陳述

一般に、被告人の最終陳述のことである。

d　判決の宣告

判決は、公判廷において宣告により告知される（刑訴法第342条）。判決を宣告するには、裁判長が主文と理由を朗読して行う（**判決書**（その１）および（その２）参照）。ただ、理由については要旨を告げるだけでよいとされている（刑訴規則第35条）。

なお、判決を宣告する場合には、被告人に対して上訴期間および上訴申立書を差し出すべき裁判所を告げることになっている（同規則第220条）が、第１審の判決に対して14日の控訴提起期間内に控訴の申立てをしないで徒過すると、第１審の判決が確定する。

なお、消防法令違反の告発から判決までの手続の大要および判決例は**次頁以降図５**および**判決書**（その１、その２）のとおりである。

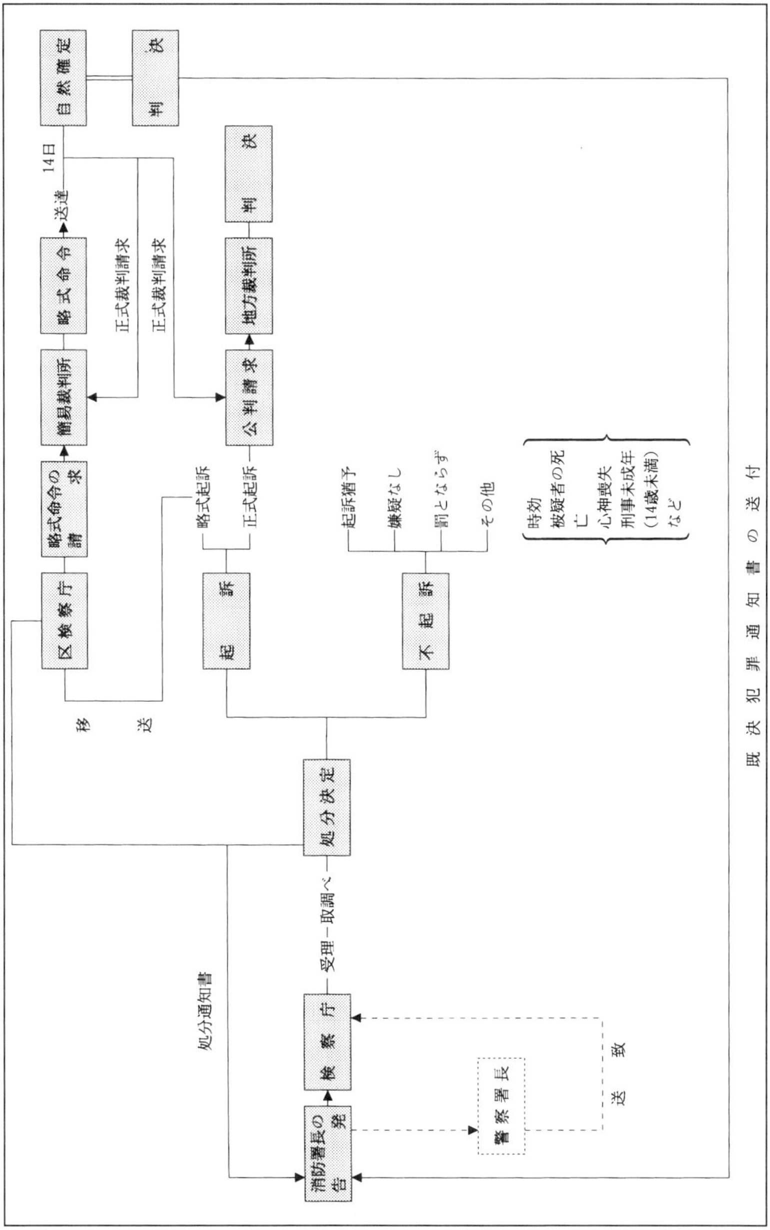
消防署長の告発
警察署長
送致
検察庁
受理－取調べ
処分決定
処分通知書
移送
区検察庁
略式命令の請求
簡易裁判所
略式命令
送達
14日
自然確定
正式裁判請求
正式裁判請求
判決
起訴
略式起訴
正式起訴
公判請求
地方裁判所
判決
不起訴
起訴猶予
嫌疑なし
罰とならず
その他
時効
被疑者の死亡
心神喪失
刑事未成年（14歳未満）
など
既決犯罪通知書の送付

図5　告発から判決まで

判決書（その１）

判　　決

本籍　東京都○○区○○○１丁目○○番地の○

住居　同都同区○○○１丁目○番○○号

職業　会社役員

○　○　○　○

昭和12年１月21日生

上記の者に対する消防法違反被告事件について、当裁判所は、検察官○○○○出席のうえ審理を遂げ、次のとおり判決する。

主　文

１　被告人を罰金20万円に処する。

２　上記罰金を完納することができないときは、金2,000円を１日に換算した期間被告人を労役場に留置する。

３　訴訟費用は全部被告人の負担とする。

理　由

（罪となるべき事実）

被告人は、所謂個人企業である株式会社○○○○（本店所在地は肩書住居地）の代表取締役として、妻と共に、従業員１名を雇用し、一般家庭に対しては灯油を、企業に対しては重油を小売りするなど石油販売業を営み、上記石油類の貯蔵所としては、他から賃借している地下タンク１個所の外、タンクローリー車１台を所有しているものであるが、いずれも法定の除外事由がないのに、

第１　問屋筋から昭和48年９月１日以降出荷分の灯油の仕入価格が若干値上りする旨聞知し、かつ従来秋から冬期に備えようとしたことなどから、かねてより注文していた灯油２万4,000ℓが問屋から配送されるや、同48年８月31日から同年９月８日迄の間、貯蔵所以外の場所である東京都○○区○○３丁目19番地先空地において、同所に搬入していた地下から掘起された石油タンク２基内に、上記配送された危険物である灯油（第４類第２石油類）のうち、指定数量以上の２万ℓを貯蔵し

第２　かねてより、知人の○○○○から同都同区○○２丁目６番13号同人方木造倉庫を賃借し、上記倉庫内にタンクローリー車に取付けられていた古物のタン

ク1基を取外してこれを搬入し、重油を貯蔵していたところ、同48年9月10日、貯蔵所以外の場所である上記木造倉庫内において、上記タンク内に指定数量以上の危険物である重油（第4類第3石油類）と灯油（第4類第2石油類）の混合したもの合計2,500ℓを貯蔵し

たものである。

（証拠の標目）

判示全部の事実につき

1　被告人の当公判廷における供述

1　被告人の検察官に対する各供述調書

1　証人○○○○の当公判廷における供述

1　○○○○作成の昭和48年9月26日付違反調査復命書の写（但し、本文の部分を除く。）

1　○○○作成の違反調査復命書の写

判示第1の事実につき

1　○○○○、○○○○、○○○○、○○○○、○○○○○、○○○○の消防吏員に対する各質問調書謄本

判示第2の事実につき

1　○○○○、○○○の消防吏員に対する各質問調書謄本

（法令の適用）

1　判示各所為　いずれも消防法第41条第1項第2号、第10条第1項
（なお、判示第2の所為につき更に同法第10条第2項）
（いずれも、罰金刑選択）。

2　併合罪の処理　刑法第45条前段、第48条第2項。

3　労役場の留置　同法第18条。

4　訴訟費用　刑事訴訟法第181条第1項本文。

（量刑理由）

本件は、石油販売業者としてこの種違反となることを熟知している被告人が、灯油、重油を貯蔵所以外の場所に不法貯蔵した事案であり、判示第1、第2の事実とも、一応タンク内に貯蔵していたとはいえ、判示第1の違反については、灯油の貯蔵量は20,000ℓと多量であり、タンクのマンホール部分の給油口等にはこれを塞ぐ措置等を構ぜず、シートをかけたのみであって、空地に上記タンクを放

していた関係上、子供の火遊びによる火災の発生や、地震等によるその倒壊、灯油の流出等が考えられ、火災の予防、火災、地震の際のその被害の増大の見地からみて、危険性は大であり、また、判示第２の違反についても、その貯蔵量は比較的少量であったとは言え、貯蔵場所は木造倉庫内であってこれに隣接して民家があり、類焼の際のその被害の拡大など前同様の危険性は極めて大であり、これらの諸事情を考えると、被告人の刑責は決して軽からず、これに対する処罰としては、懲役刑を選択することもあながち考えられない事案ではないけれども、被告人はこの種違反としては初犯であり、反省の色が認められるなど諸般の情状を考慮し、主文のとおりの罰金刑に処するのが相当であると思料した次第である。

よって、主文のとおり判決する。

昭和49年５月８日

東京地方裁判所刑事第18部３係

裁　判　官　〇　〇　〇　〇　㊞

判決書（その２）

判　　決

本籍　東京都〇〇区〇〇町59番地

住居　〇〇県〇〇市〇〇1567—８—406

自動車運転手

〇　〇　〇　〇

昭和18年６月15日生

上記の者に対する消防法違反被告事件につき、当裁判所は検察官〇〇〇〇出席のうえ審理して次のとおり判決する

主　文

被告人を懲役４月および罰金３万円に処する。

上記罰金を完納することができないときは、金1,000円を１日に換算した期間被告人を労役場に留置する。

この裁判確定の日から１年間上記懲役刑の執行を猶予する。

理　由

（罪となるべき事実）

被告人は、

⑴　危険物取扱者でないところ、昭和46年7月6日午後1時30分ごろ、東京都○○区○○町53番地の13先路上において、甲種危険物取扱者または乙種危険物取扱者を立ち会わせないで、危険物の貯蔵所である貨物特殊用途自動車（タンクローリー車）より同所付近の用水堀の水中に危険物であるアルコール類イソプロパノール約65%、同メタノール約26%を含有する工場廃液約4,000ℓを流出させて不法に危険物を取り扱った

⑵　上記同日時、同所において、危険物の貯蔵所である上記貨物特殊用途自動車（タンクローリー車）より、政令で定める技術上の基準に従わずに（災害の発生を防止するための適当な措置を講ずることなく）、前同所付近の用水堀の水中に危険物である前記⑴の各アルコール類を含有する工場廃液約4,000ℓを流出させて不法に危険物を取り扱った

ものである。

（証拠）

1　証人○○○○の当公判廷における供述

1　司法警察員作成の実況見分調書

1　司法警察員作成の昭和46年7月15日付捜査関係事項照会書謄本

1　東京都○○保健所長作成の回答書

1　司法警察員○○○○作成の「資料採取ならびに鑑定結果捜査報告書」と題する書面

1　司法警察員作成の鑑定嘱託書謄本2通

1　警視庁科学検査所長作成の「鑑定結果回答について」と題する書面2通（いずれも添付の鑑定書を含む。）

1　昭和46年7月6日付納品書写

1　同日付物品受領書写

1　○○○○、○○○、○○○○、○○○○の司法警察員に対する各供述調書

1　被告人の司法警察員に対する供述調書4通

1　被告人の検察官に対する供述調書2通

なお、被告人および弁護人は、被告人が本件当時、その流出させた工場廃液が危険物であるとの認識を欠いていたと主張するが、上記各証拠により、本件犯行

時において、被告人が本件廃液をくみとった○○○○株式会社○○工場の廃液貯蔵タンク付近には、危険物たることを示す立札があり、喫煙を禁止されており、且つ、被告人は、上記廃液がアルコール性のもので燃えやすいという意味での危険物であることを了知してこれらを取り扱っていたこと、当時、被告人は、上記廃液を取り扱うためには危険物取扱者の免許を取得する必要があると思料して、その受験を試みていたこと、被告人はそのくみとり且つ流出させた本件廃液の量について正確に認識していたこと等の事実が認められるので、被告人は本件犯行当時、その不法に取り扱った廃液が消防法上の危険物に該当していることを認識していたものと判断する。

（法令の適用）

被告人の判示１の所為は、消防法第42条第１項第５号、第13条第３項に、判示⑵の所為は同法第43条第１項第２号、第10条第３項、危険物の規制に関する政令第27条第５項第３号に各該当するところ、⑴については消防法第42条第２項により⑵については同法第43条第２項により、それぞれ懲役刑と罰金刑とを併科することとし、上記は刑法第45条前段の併合罪であるから懲役刑については同法第47条本文、10条により、重い⑴の罪の刑に法定の加重をし、罰金刑については同法第48条第２項により各罪所定の罰金額を合算し、その刑期および金額の範囲内で、被告人を懲役４月および罰金３万円に処し、刑法第18条により右の罰金を完納することができないときは、金1,000円を１日に換算した期間被告人を労役場に留置し、同法第25条第１項によりこの裁判確定の日から１年間上記懲役刑の執行を猶予することとし、訴訟費用については刑事訴訟法第181条第１項但書により被告人に負担させないこととする。

よって、主文のとおり判決する。

昭和48年５月８日

東京地方裁判所刑事第18部１係

裁　判　官　　○　○　○　○　㊞

第4章 違反処理に係る裁判例等

第4章　違反処理に係る裁判例等

第1　総　　説

消防機関が告発した消防法令違反事案については、通常、検察官による略式命令の請求（略式起訴）の形で処理され、公判請求（正式起訴）によって処理されるケースは、いわば例外的である。

本章では、主として、筆者が東京消防庁に在職中にかかわりをもった告発事案のうち、略式起訴されたものの一部および正式起訴されたものの裁判例について紹介し、執務上の参考に供したい。

第２　告発により略式起訴された事案

○　消防法第10条第１項違反関係（他の違反と併合している場合を含む。）

事例　１

１　犯罪の事実

被告発人甲は、昭和37年６月ごろより、東京都江戸川区平井三丁目2063番地に本社および工場を置き、運動用ゴム製品および工業用ゴム製品一般の製造販売ならびに接着剤の製造販売および原料ゴムの販売を営むもの、被告発人乙は、前記工場長として、消防法別表に定める危険物を含む原材料の発注、諸設備の決定、生産管理および保安管理等の業務責任を有するものであるが、甲の業務に関し、昭和40年ごろより、第四類第一石油類に属するゴム揮発油およびゴムのりのそれぞれ180リットル（指定数量の1.8倍）を無許可で工場内倉庫および事務所前（構内）等に貯蔵し、また、換気設備、標識等のない木造作業場内において、１日につき、ゴム揮発油約18リットルおよびゴムのり約36リットル計54リットル（指定数量の0.54倍）を取扱い、かつ、火気取扱の管理を怠ったものである。

２　災害の概要

昭和43年９月30日14時24分ごろ、当工場の第１作業所内から火災が発生し（作業所内および乾燥台等の清掃に使用し、取扱われたものと思われるゴム揮発油のペーパーに、女子従業員等のたばこの火あるいは付近のガスコンロの火が引火したものと推定される。）、この火災により、作業場にいた女子従業員Ｋ．Ｕ以下６名の焼死者と傷者７名計13名の死傷者を出したほか、木造工場１むね181平方メートルおよび隣家建物２むね151平方メートルを全焼し、更に半焼４むね172平方メートル計全半焼

７むね504平方メートルを焼失し、り災者数20世帯65名に及ぶ火災損害となった。

３　告発結果

被告発人

甲　罰金５万円（江戸川簡易裁判所の略式命令、昭和45年７月９日確定）

乙　罰金５万円（江戸川簡易裁判所の略式命令、昭和45年８月29日確定）

事例　２

１　犯罪の事実

被告発人甲は、東京都港区愛宕町一丁目17番４号に本店を、東京都品川区北品川三丁目６番10号に給油所（品川サービス・ステーション）を置き、石油、燃料礦油および潤滑油の販売を営むもの、被告発人乙は、当該給油所の所長として、販売物品である油類の仕入れ、販売および貯蔵取扱施設全般の管理を行うものであるが、被告発人乙は、甲の業務に関し、法定の除外事由がないのに昭和44年11月16日前記給油所西側に隣接する空地において、消防法別表に定める危険物である第二石油類（灯油）800リットル（指定数量の1.6倍）を貯蔵し、また、前記給油所において許可を受けないで、危険物である第二石油類（灯油）1,200リットルを貯蔵したものである。

２　危険物搬出事件の概要

昭和44年11月16日16時59分ごろ、佐藤総理訪米阻止運動のための学生等のデモ隊が、給油所の前面道路を進行中道路上にバリケードを作る目的で数十名の学生等により、当該給油所裏の隣接敷地に貯蔵されていた灯油200リットル入りドラム缶８本および敷地内南側に置かれた空ドラム缶８本計16本を道路に搬出し、付近の住民に災害発生の恐怖感を与えた。

３　告発結果

被告発人

甲　罰金２万円（大森簡易裁判所の略式命令、昭和45年７月８日確定。）

乙　不起訴（起訴猶予）

事例　３

１　犯罪の事実

被告発人甲は、東京都千代田区岩本町一丁目６番５号に店舗、作業所、倉庫および少量危険物貯蔵取扱所（２か所）を、同岩本町一丁目１番16号に屋内貯蔵所を置き、工業医薬品等の卸売業を営むもの。被告発人乙は、甲の代表取締役として該社における業務一切を統括するもの。被告発人丙は、直接的な責任者として乙の包括的な指揮を受け、工業医薬品および消防法別表に定める危険物等の仕入れ、販売および取扱一切を処理しているものであるが、乙および丙は、共謀のうえ法定の除外事由がないのに、昭和46年１月29日東京都千代田区岩本町一丁目６番５号に所在する取扱所でない作業所および店舗において、指定数量以上の危険物であるベンジン、アルコール類等584.5リットルを取扱い、また、貯蔵所でない少量危険物貯蔵取扱所において、指定数量以上の危険物であるベンジン、アルコール類等319リットルを貯蔵したものである。

２　事故概要

昭和46年１月29日11時58分ごろ、Ｋ商店の従業員Ｈが１階作業所でベンジン500ミリリットル入りのガラスビン25本の束を作業台に置き、レッテルをはろうとしてまん中の１本を抜き取った瞬間、そのビンの底が割れて、ベンジンが作業台の上から床面に流れ出し、近くで使っていた石油ストーブの火に引火して火勢が拡大し、耐火造地上3階地下1階建作業所兼倉庫1むね（建築面積32平方メートル、延面積128平方メートル）のうち、地上階の部分91平方メートルを焼きしたものである。

なお、この火災で従業員2名（男女各1名）が顔面、両腕、両下腿等に火傷（軽傷）を負った。

3　告発の結果

被告発人

甲（K商店）　　　　罰金3万円（昭和46年6月8日確定）

乙（K商店代表取締役K_1）

　　　　　　　　　業務上失火罪として罰金5万円

　　　　　　　　　消防法違反としては起訴猶予

丙（M. A）　　　　罰金3万円（昭和46年6月8日確定）

（注）被告発人乙の消防法第10条第1項違反は成立しているが、すでに所轄警察署から業務上失火罪（刑法第117条の2）として送検され、しかも罰金5万円の刑を受けているので、消防法違反としては起訴猶予処分となったもの

4　本件告発の背景と効果

本件告発事案は、工業医薬品業店舗における危険物の違反であるが、当該違反のあったK商店の付近一帯には、危険物を扱う同業の店舗が数多く存在している（神田消防署管内だけでも約100軒）。

このため、危険物の貯蔵取扱いにかかる火災等の災害の発生危険および災害が発生した場合の公共の危険が予想される。

このような背景のもとに、本件告発は違反者を処罰することにより、当該違反の繰り返しの防止を図るとともに、他の同業者に対する戒めと遵法精神の培養を図るという多面的な行政効果を意図したものであるが、略式命令による罰金刑の確定によって、違反者に対する制裁の効果

はもとより、消防姿勢の滲透とあいまって、同業者の違反の防止に間接的な効果があったものと思われる。

なお、Ｋ商店は告発後、販売取扱所としての許可を受け、昭和46年４月７日完成検査に合格し、適法な施設となっている。

５　参考事項

業務上失火罪として、略式起訴され罰金５万円の刑を受けたＫ商店代表取締役の起訴状のうち、公訴事実の部分を参考までに抜すいすると次のとおりである。

公　訴　事　実

被告人は、東京都千代田区岩本町一丁目６番５号所在、工業医薬品販売を業とする株式会社Ｋ商店の代表取締役であるが乙種危険物取扱主任者の免状を得て、同所所在同社作業所、倉庫として使用していた鉄筋コンクリート１棟（地上３階地下１階、床面積32平方メートル）など設備一切を管理し、同社の営業を統括するとともに、防火の管理を行っていたものであるところ、右作業所においては、同社使用人Ｈらが引火性の強い危険物であるアルコール、ベンジン等の瓶の包装作業等を行っているのであるから、同所に火気のないよう管理するとともに、使用人らに対しても火気の使用を厳禁し、火災の発生を未然に防止すべき業務上の注意義務があるのに、これを怠り、昭和45年12月ごろ同所で右Ｈら使用人に採暖用として石油ストーブを貸与して、これを使用させていた過失により、昭和46年１月29日午前11時55分ごろ、同所において、右Ｈがレッテルばりをしていたベンジン入りのガラス瓶が割れてベンジンが流れ出し、同所で使用していた右ストーブの火に引火して火を失し、よって右Ｈらが現在する右、コンクリート建て１棟の１、２、３階（床面積91平方メートル）を焼きしたものである。

罰　条

刑法第117条の２

事例　４

１　犯罪の事実

被告発人甲は、東京都江東区北砂三丁目１番13号に本店を、東京都江東区南砂五丁目21番１号に支店を置き、本店においてガソリン、軽油、灯油を、支店においてガソリン、軽油の販売業務を営むもの、被告発人乙は、甲の代表取締役として該社におけるガソリン等の購入、販売に関する一切の業務を担当する最高責任者の地位にあるもの、被告発人丙は、支店の長として、支店におけるガソリン、軽油の販売に関し、危険物保安監督者の地位にあるもの、被告発人丁は、前記支店の危険物取扱者としてガソリン、軽油の販売取扱業務にたずさわる者であるが、被告発人乙、丙および丁は共謀して甲の業務に関し、法定の除外事由がないのに昭和46年12月20日一般取扱所でない前記支店の給油取扱所（ガソリンスタンド）敷地内においてドラム缶４本により指定数量以上の危険物である灯油（第四類第二石油類）750リットル（指定数量の1.5倍）を貯蔵したものである。

２　事故の概要

昭和46年12月20日14時02分ごろ、東京都江東区南砂五丁目22番６号に住む店舗併用住宅の主婦（37年）が、K油店に灯油を受け取りに行ったところ、被告発人丁の監督するアルバイト学生から誤ってガソリンの入った缶を渡され、そのまま持ち帰って事務所内で使用中の石油ストーブに給油したため、石油ストーブの火に引火し火災（防火造２階建て店舗併用住宅72平方メートル全焼）となった。

なお、この火災で該主婦は、両足に２度の火傷を負った。

３　告発の結果

被告発人甲　　罰金５万円（東京簡易裁判所の略式命令、昭和47年５月30日確定）

〃　　乙　　罰金３万円（東京簡易裁判所の略式命令、昭和47年５月30日確定）

〃　　丙　　罰金２万円（東京簡易裁判所の略式命令、昭和47年５月30日確定）

〃　　丁　　罰金５万円（東京簡易裁判所の略式命令、昭和47年５月30日確定）

４　参　考

⑴　法令の適用について

指定数量以上の危険物は、その貯蔵、取扱いの態様に対応する許可施設以外の場所で行ってはならないとするのが法第10条第１項の法意であるとし、したがって、給油取扱所の場合、地下タンクへの危険物の貯蔵と自動車への給油以外の指定数量以上の危険物の貯蔵取扱いは許されないとの見解から本件事案に対しては、法第10条第１項を適用したものであるが、本略式命令の確定によってこの見解が肯定され、この種事案に対する一応の判例となっている。

なお、アルバイト学生の行ったガソリンの誤売そのものについては、消防法上の違反は成立しない。

⑵　量刑について

被告発人甲および丁に対する罰金の額については、この種違反事案としてはかなり厳しいものであるが、このことは、危険物の誤売という初歩的かつ重大なミスに対して危険物取扱者および法人の監督責任を厳しく追求したものと思われる。

⑶　失火について

ガソリンを誤売した者の行為は、業務上失火にかかわる問題として所轄警察が捜査にのり出したが、出火の原因がガソリン購買者のミス（石油コンロの火を消さずに給油したこと。）が介在しているため、出火の責任を誤売者に負わせることが困難とされ、不問に付されることになった。

事例　５

１　犯罪の事実

被告発人甲は、東京都中央区日本橋本町四丁目８番地２に店舗および事務所を置き、薬品類の販売業を営むもの、被告発人乙は、甲の代表取締役として、消防法別表に定める危険物（以下「危険物」という。）を含む薬品類の販売、仕入れ、在庫管理等の最高責任者であり、かつ、消防法第13条第１項に定める危険物保安監督者として、該社における危険物の取扱いにかかる保安監督業務にたずさわっているものであるが、

被告発人乙は、法定の除外事由がないのに、甲の業務に関し昭和47年３月27日販売取扱でない前記店舗内において、塩素酸ナトリウム（第一類・塩素酸塩類）、メタノール（第四類・アルコール類）、濃硫酸（第六類）等の危険物を指定数量を超えて（指定数量の約2.8倍）貯蔵したものである。

２　災害の概要

昭和47年３月27日15時05分ごろ、店舗入口付近にあった塩素酸ナトリウムと濃硫酸が従業員の不注意により混触発火、付近のダンボールやアルコール類に次々に着火して急速に延焼し、店舗併用住宅１棟277平方メートルのうち、78平方メートルを焼損、傷者２名を出している。

３　告発の結果

甲（Ｈ薬品株式会社）罰金10万円（略式命令、昭和48年７日19日確定）

乙（H_1）　　　　　　〃

4　本件告発事案に対する量刑について

法第10条第1項違反に対する罰金刑は、10万円以下となっているが、従来の略式手続（簡易裁判所裁判官の書面審理のみによって略式命令「刑罪」を科す簡易な手続）によっては、刑事訴訟法第461条および罰金等臨時措置法第7条第3項により、5万円を超える罰金を科し得ないこととなっていたため、略式手続による法第10条第1項違反の処罰については、罰金が5万円が限度であった。しかも、現実に5万円の罰金が科せられた例は、本条違反に関連して人が死傷するに至った場合、あるいは重大な災害をひき起した等悪しき情状が存在した場合に限られ、通常の場合は、2万円ないし3万円の罰金にとどまっていた。

ところが、本件違反の告発後前記罰金等臨時措置法が改正され、略式手続によっても20万円以下の罰金を科し得るものとされたことにより、法第10条第1項違反については、最高10万円の罰金が科し得る余地ができたわけである。

このような法制上の背景のもとに、本件告発事案が検察当局等によって審理され、罰金10万円の刑が科されたのであるが、本件違反が単純な無許可貯蔵ではなく、混触による火災危険のある危険物をあえて店舗内に貯蔵し、しかも混触に基因して火災等の事故を発生させた事実は、薬品等の危険物の取扱いを業とするものとして、基本的な管理上の欠陥であり、その社会的責任は極めて大きいとする観点から、このような厳しい量刑となったものと思われる。

事例　6

1　犯罪の事実

被告発人甲は、建築用足場材等の塗装を営業内容とするS産業有限会社（東京都江戸川区西瑞江二丁目29番地の10）の代表取締役としてその業務一切を統括するもの、被告発人乙は、昭和46年7月ごろから同会社の従業員として甲の指揮を受け、塗装業務に従事するものであるが、⑴被告発人甲は、法定の除外事由がないのに、昭和48年7月9日、貯蔵所でない同会社塗装作業場物置内に消防法別表に定める指定数量以上の危険物であるラッカーシンナー（第一石油類）96リットル、塗料用シンナー（第二石油類）144リットルおよび塗料（第三石油類）840リットルを、また同作業場内に灯油（第二石油類）100リットルを貯蔵し、⑵昭和47年1月ごろから同作業場内において指定数量未満指定数量の5分の1以上の危険物（以下「少量危険物」という。）を用いて吹付塗装およびドブ漬塗装を行っているため、同作業場内に換気設備を設け、壁、柱、床および天井を不燃材料・準不燃材料でつくるかまたは覆い、さらに吹付塗装を行う場所を防火上有効な隔壁で区画しなければならないのにこれを怠り、もって、火災予防条例の基準に違反し、⑶被告発人乙は、昭和48年7月9日21時35分ごろ、可燃性ガスが充満している同作業場内で喫煙し、もって、みだりに火気を使用したものである。

2　災害の概要

昭和48年7月9日9時35分ごろ、工員　Sが、可燃性ガスの充満している作業場内で喫煙のためマッチをすり、もえさしを投げ捨てたため、ガスに引火して火災となり作業場77平方メートルを焼損（半焼）するとともに近隣の住宅3棟が類焼（ぼや）した。

3　告発の結果

甲　罰金　　5万円（略式命令—確定）

乙　〃　　15万円（ただし、業務上失火として）

事例　7

1　犯罪の事実

被告発人甲は、東京都江東区常盤二丁目13番14号に本店ならびに営業所（営業用給油取扱所）を、同都同区小島町一丁目2640番地に江戸川倉庫を置き、石油製品ならびに切削油、トランス油、動植物油等の廃油の一般販売および精製加工を営むもの

被告発人乙は、同会社の代表取締役として業務全般を統括するもの、被告発人丙は、同会社の支配人として石油製品ならびに廃油の購入販売に関する計画調整等の業務を掌理するものであるが、

被告発人乙および丙は共謀して、甲の業務に関し、法定の除外事由がないのに、昭和48年11月７日、前記江戸川倉庫の貯蔵所でない敷地内空地において指定数量以上の危険物（消防法別表に定める危険物。以下同じ）である廃油（第四類第三石油類）１万7,000リットル（指定数量の8.5倍）を、同区小島町一丁目2461番地の空地に指定数量以上の危険物である廃油（第四類第三石油類）7,200リットル（指定数量の3.6倍）を事務所北側10メートルの江東区常盤二丁目13番19号の空地において指定数量以上の危険物である白灯油（第四類第二石油類）２万2,800リットル（指定数量の45.7倍）を貯蔵したものである。

2　告発の結果

被告発人

甲　　罰　金　　10万円（略式命令―確定）

乙・丙　〃　　各　８万円（　　〃　　）

事例　８

１　犯罪の事実

被告発人甲は、東京都港区西新橋一丁目１番３号に本社を、東京都府中市西原町二丁目３番２号に府中油槽所を置き、石油製品およびその副製品の販売業務等を営むもの、被告発人乙は、前記府中油槽所の支配人として営業の管理および消防法別表に定める危険物（以下「危険物」という。）の管理業務等を担当し、かつ、危険物保安監督者として危険物の取扱いにかかる監督業務にたずさわるものであるが、被告発人乙は、甲の業務に関し、法定の除外事由がないのに昭和48年11月16日から同年11月21日までの間貯蔵所でない前記府中油槽所構内において指定数量以上の危険物である軽油（第二石油類）3,400リットル（ドラム缶17本）、灯油（第二石油類）１万2,000リットル（ドラム缶60本）、コンクリート枠油（第三石油類）2,000リットル（ドラム缶10本）、絶縁油（第三石油類）9,000リットル（ドラム缶45本）、潤滑油（第四石油類）8,000リットル（ドラム缶40本）およびマシン油等の廃油（第四石油類）8,000リットル（ドラム缶40本）を貯蔵したものである。

２　告発の結果

被告発人

甲	罰　金	８万円	略式命令—確定
乙	罰　金	３万円	

事例　９

１　犯罪の事実

被告発人は、東京都八王子市戸吹町154番地および同町156番地に所在するＯ商店の店主として石油製品販売業を営み、かつ、消防法第13条第

１項に定める危険物保安監督者として同店における危険物の取扱業務にたずさわるものであるが、法定の除外事由がないのに、

(1)　昭和48年11月15日から同年12月20日までの間東京都八王子市戸吹町154番地所在の営業用給油取扱所敷地外の

ア　北側空地に指定数量以上の危険物である潤滑油（第四石油類）3,400リットル（200リットル入りドラム缶17本）を、

イ　北側プレハブ建物内に指定数量以上の危険物である２号灯油（第二石油類）9,400リットル（200リットル入りドラム缶47本）を、

ウ　西側空地にある移動タンク貯蔵所（廃車）用の容量8,000リットルタンク２基にそれぞれ指定数量以上の危険物である２号灯油（第二石油類）4,000リットルおよび2,000リットル、同容量4,000リットルタンク２基にそれぞれ指定数量以上の危険物であるＡ重油（第三石油類）4,000リットルおよび2,000リットルを、

エ　西側空地内に危険物である２号灯油（第二石油類）400リットル（200リットル入りドラム缶２本）を、

オ　南側公道の南側道路端にあるトラック（廃車）の荷台に指定数量以上の危険物である２号灯油（第二石油類）1,600リットル（200リットル入りドラム缶８本）を貯蔵し、

(2)　昭和48年11月17日から同49年１月17日までの間、東京都八王子市戸吹町156番地所在の営業用給油取扱所地下タンク（許可品名ガソリン１万リットル）内に許可品名以外の危険物である２号灯油（第二石油類）600リットルを貯蔵したものである。

２　告発の結果

被告発人　　罰金８万円（略式命令―確定）

３　参考事項

本件は、石油類の欠乏期における大量の買い占め事案として話題を呼

んだものであるが本件事案の起訴状および略式命令は、次のとおりである。

起　訴　状

左記被告事件につき公訴を提起し、略式命令を請求する。

昭和49年４月24日

八王子　区　検　察　庁

検　察　官　事務取扱検事　　氏　名　省　略

八王子簡易裁判所殿

本　籍　宮城県名取市下増田字広浦167の４

住　居　東京都八王子市川口町2802番地の１

職　業　石油製品販売業

Ｓ．Ｏ

昭和７年11月23日生

公　訴　事　実

被告人は、東京都八王子市戸吹町154番地の１において、石油製品販売業を営むものであるが、法定の除外事由がないのに、昭和48年12月20日、貯蔵所以外の場所である右営業所に隣接する空地、道路端、及びプレハブ建物内に、指定数量以上の危険物である２号灯油（第四類第二石油類）約１万7,400リットル、Ａ重油（第四類第三石油類）6,000リットル、及び潤滑油（第四類第四石油類）約3,400リットルを貯蔵したものである。

罪名及び罰条

消防法違反

同法第41条第１項第２号・第10条第１項

昭和　年（検）第　　号

昭和49年（い）第1901号

略　　式　　命　　令

本籍、住居、職業、年令は、起訴状記載のとおり。

消　防　法　違　反　　　　　　　　　　　　　Ｓ．Ｏ

右の者に対する頭書被告事件について、当裁判所は、次のとおり略式命令する。

主　　　文

被告人を罰金８万円に処する。

右罰金を完納することができないときは、金1,000円を１日に換算した期間被告人を労役場に留置する。

但し、右罰金に相当する金額を仮に納付すべきことを命ずる。

事　　　実

起訴状記載の公訴事実を引用する。

適　　　条

起訴状記載の罰条のほか

刑法第18条　刑事訴訟法第348条　罰金等臨時措置法第２条

昭和49年４月24日

八王子簡易裁判所

裁　判　官　　　　氏　名　省　略　㊞

訴訟関係人は、この命令送達の日から14日以内に正式裁判の請求をすることができ、いつでも弁護人を選任することができる。貧困その他の事由で弁護人を選任することができないときは、弁護人の選任を裁判所に請求することができる。

事例　10

１　犯罪の事実

被告発人甲は、東京都中央区銀座五丁目４番３号に本店を、小樽および横浜に支店をおき、石油製品類および液化石油ガス等の販売を営むもの、被告発人乙は、同社の業務課長として本社区域における石油製品類の購入に関する計画、調整を含む仕入れ業務を掌理するもの、被告発人丙は、東京都中央区新川二丁目29番４号に所在する越前堀倉庫主任として被告発人乙の指揮を受け、石油製品類の保管管理にたずさわるものであるが、被告発人乙および丙は、共謀して甲の業務に関し、法定の除外事由がないのに、昭和49年１月17日前記越前堀倉庫敷地内の貯蔵所ではない空地において指定数量以上の危険物である灯油（第二石油類）7,800リットル、ソルベント（第二石油類）1,000リットル、Ａ重油（第三石油類）2,000リットルおよび機械油・潤滑油（第四石油類）1,000リットルを貯蔵したものである。

２　告発の結果

被告発人

甲・乙	罰金	５万円	（略式命令—確定）
丙	〃	３万円	（〃）

３　参考事項

本件被告発人Ｋ商会の本店（中央区銀座五丁目４番３号）は、告発当時建物を取壊中であったため、港区六本木七丁目13番１号に仮事務所を設け、実際の営業を行っていた。この場合、被告発人Ｋ商会の住所を取壊中の場所、あるいは仮事務所の所在地のいずれにすべきかが問題となったのであるが、本店としての現実の業務が仮事務所で行われているとしても法律上Ｋ商会の住所は、あくまでも登記されている本店の所在地である（商法第54条第２項、第57条）ところから取壊中の建物の所在地をＫ商会の住所として特定したものである。この場合、現実の営業を行っている仮事務所の所在地を会社住所とすることは間違いとなるから今後、この種事案のような被告発人を特定する場合は、現実面のみに捉われることなく法律上、どこの誰を特定するのが妥当であるかを検討して行うことが必要である。

事例　11

1　犯罪の事実

被告発人甲は、東京都練馬区高松五丁目５番５号に本店を置き、特殊土木工事および建設用各種機械の賃貸業を営むもの

被告発人乙は、甲の代表取締役として甲の業務一切を統括する最高責任者としての地位にあるものであるが、

被告発人乙は、昭和49年１月11日、甲の業務に関し、法定の除外事由がないのに同会社敷地の地下に埋設された貯蔵所でないタンクに指定数量以上の危険物（消防法別表に定める危険物。以下同じ）である軽油および灯油の混合油（第四類第二石油類）約6,000リットルを貯蔵したものである。

2　告発の結果

被告発人

甲
乙 } 罰　金　　各５万円（略式命令—確定）

3　参考事項

本件は、不法貯蔵を隠ぺいする意図をもって角型のタンクを作り、これを敷地内の地下に埋設して違反を継続してきたことの悪質性に対処し、告発措置をとったものである。

事例　12

1　犯罪の事実

被告発人甲は、東京都台東区今戸一丁目18番14号に本店を、同都葛飾区堀切七丁目５番２号にＥ製靴株式会社堀切工場を設け、革靴の製造を営むもの、被告発人乙は、前記工場の工場長として同工場の製靴用原材料の購入、靴の製造、出荷等一切の業務を統括するものであるが、甲の業務に関し、法定の除外事由がないのに、昭和48年12月22日、

(1)　同工場内において消防法別表に定める危険物（以下「危険物」という。）であるベンジン（第二石油類）108リットル、灯油（第二石油類）72リットルおよび潤滑油（第四石油類）72リットルを貯蔵し、

(2)　同工場倉庫内において危険物である接着剤（第一石油類）198リットル、硝化綿クリヤーラッカー（第二石油類）54リットルおよびラッカーエナメル（第二石油類）36リットルを貯蔵していたものである。

２　災害の概要

昭和48年12月22日12時06分ごろ、前記堀切工場の倉庫１階から出火、同工場および住宅等３棟延485平方メートルを全焼、さらに、隣家等９棟延154平方メートルを全半焼するなど計639平方メートルを焼損した。

なお、本件火災において、危険物の無許可貯蔵が火災の拡大を速め、住宅の２階部分に寝たきりの乙の老母（88歳）が逃げおくれて焼死したほか、消火作業にあった消防隊員10名が危険物容器の破裂により負傷した。

３　告発の結果

甲
乙　各罰金８万円（略式命令—確定）

４　参考事項

(1)　危険物の量の算定にかかる場所的単位は、同一場所となっているが、同一場所とは、どのような範囲を指すものか法上明定されていない。

したがって、本件事案のように危険物が工場、倉庫および敷地内空地に貯蔵されている場合、同一場所とは、同一の管理下にある工場、倉庫および敷地内空地のすべてを指すのかあるいは工場、倉庫および敷地内空地を個別的に同一場所とみるべきか議論の分れるところであるが、後者の見解に立ち、それぞれの場所において指定数量以上の危険物が貯蔵されている場合においてはじめて個別に法第10条第１項違反が構成されると解するのが妥当と思われる。

なお、検察当局もこのような見解をとっている。

(2)　本件事案のように火災により物的証拠となるべき危険物の一部が焼失してしまった場合、違反の認定は関係者等の質問調書によるほかないのであるが、この場合、誰が、どのような方法で危険物であることおよびその量を認定したか聞きもらさないよう注意するとともに録取のメモ（原本）はこれを保存しておくよう要望があった。

事例　13

1　犯罪の事実

被告発人甲は、昭和11年１月東京都中央区日本橋本町三丁目３番地の13に本社を置いて主として医薬品、工業薬品、肥料等の製造販売等の業務を営み、さらに、昭和30年秋ごろから東京都中野区東中野一丁目30番地に中野工場を設け、医薬品の研究および製造を行ってきたもの、被告発人乙は、前記会社の中野工場の責任者として原材料の発注、生産管理および保安管理等の業務を統括しているものであるが、被告発人乙は、甲の業務に関し、法定の除外事由がないのに、昭和48年２月15日、(1)東京都中野区東中野一丁目30番地、Ａ化学工業株式会社中野工場第二工場の精製室において、消防法別表の危険物であるメタノール（アルコール類）661.5リットル、アセトン（第１石油類）101リットル、ヘキサン

（第1石油類）80リットル、氷酢酸（第2石油類）20リットルを、また同作業場内において燃料用の灯油（第2石油類）540リットルをそれぞれ使用し、もって、指定数量以上の危険物を取り扱い、⑵前記中野工場敷地内の屋内貯蔵所（許可年月日昭和42年12月12日、許可番号43～21、貯蔵できる品名最大数量メタノール187リットル、アセトン200リットル、ヘキサン200リットル）において許可数量以上の危険物であるヘキサン600リットル、メタノール750リットルを貯蔵したものである。

2　災害の概要

昭和48年2月15日16時36分ごろ、前記作業場内で使用していたメタノールのペーパーに休憩室のストーブの火が引火して火災となり、工場1棟495平方メートルおよび隣接家屋8棟635平方メートル全焼、同家屋1棟134平方メートル半焼、傷者4名、り災世帯39世帯88名におよぶ被害があった。

3　告発の結果

⑴　処　分

ア　犯罪事実⑴については不起訴

イ　犯罪事実⑵については略式起訴

⑵　略式命令

法　人 }
工場長 } 各罰金2万円—確定

4　参考事項

本件犯罪事実⑴の法第10条第1項違反について不起訴となったのは、次のような理由によるものと思われる。

⑴　物的証拠である危険物が火災により焼失していること。

⑵　伝票等があっても危険物の貯蔵違反の場合と異り、取扱量との関連づけが困難であること。

⑶　関係者に対する質問調書の内容が本件違反を認定する唯一の資料であるが、他の従業員の供述と符合せず、したがって、正式裁判の場合公判の維持が困難であること。（注　質問調書の内容は、公判廷において簡単に覆えされる危険がある。）

○　消防法第10条第３項違反関係

事例　１

１　犯罪の事実

被告発人甲は、W興業株式会社の子会社として、東京都板橋区舟渡一丁目１番22号に本店を置き、W興業株式会社の業務のうち、油送部門を担当しているもの。被告発人乙は、東京W油送株式会社に勤務し、ガソリンスタンドにおける給油その他のサービス業務にたずさわるかたわら、油送業務の助手として、タンクローリーの運転業務に従事するものであるが、甲の業務に関し、昭和44年10月20日11時ごろ、新宿区柏木二丁目423番地の天神湯において、危険物取扱主任者でないにもかかわらずタンクローリーにより危険物を取り扱い、その際コックの操作を誤って重油約50リットルを道路上に流出させたものである。

２　告発結果

被告発人

甲　２万円（豊島簡易裁判所の略式命令、昭和45年８月１日自然確定）

乙　起訴猶予

事例　２

１　犯罪の事実

被告発人甲は、神奈川県横浜市西区高島二丁目12番６号に本社を置き、Ｉ営業所（千葉県市川市柏井町二丁目1438番地）のほか、８営業所を設け、主として石油類、油脂類、Ｌ．Ｐ．Ｇ等の運輸事業を営むもの。被告発人乙は、Ｉ営業所長として、当該営業所の危険物の取り扱い業務ならびに従業員の指揮監督にあたっているもの。被告発人丙は、Ｉ営業所の運転手として、乙の指揮監督のもとに危険物の取り扱い業務にたずさわっていたものであるが、被告発人乙および丙は、いずれも危険物取扱主任者でないのに、両名共謀のうえ、被告発人甲の業務に関し、危険物取扱主任者を立ち合わせないで、被告発人丙において、昭和45年１月12日東京都荒川区南千住八丁目１番１号、Ｎ石油株式会社隅田川油そう所から危険物であるＡ重油4,000リットルを積載した移動タンク貯蔵所（車両番号千８こい27、許可番号市消本第1984号、許可品名・数量、第四類第三石油類、重油8,000リットル。以下「タンクローリー」という。）を東京都墨田区菊川二丁目23番２号、Ｓ冶金工業株式会社まで運転し、さらに同会社の地下タンク貯蔵所（許可番号、東消70―32号）に前記タンクローリーからＡ重油4,000リットルを給油するに際し、地下タンク貯蔵所の注入口にタンクローリーの給油ホースを緊結しないまま給油を行ない、もって、危険物を取り扱うとともに、その取り扱いに際し、政令で定める技術上の基準に従わなかったものである。

２　事故の概要

昭和45年１月12日、被告発人丙がタンクローリーからＳ冶金工業株式会社の地下タンク貯蔵所にＡ重油を給油する際、給油口のノズルを固定しなかったため、ノズルが振られ給油口から約3.5メートルの所で作業していた同会社の従業員Ｕ（39歳）および熱鋼材、その他周囲にＡ重油約10リットルが飛散した。このため、Ａ重油が加熱鋼材に引火して、一瞬のうちに燃え広がり、上野の顔面、背部、両上肢、両下肢に２ないし３度の熱傷（約２か月）を負わせたものである。

３　告発の結果

甲・乙　罰金１万円（墨田簡易裁判所の略式命令、昭和45年10月17日確定）

丙　　　不起訴

４　参考事項

本件、違反事実のうち、危険物取扱主任者でない丙が、上司である乙の職務命令によって危険物取扱主任者の立ち会いなしに危険物を取り扱ったことについては、本判決によって刑法第60条にいう共同正犯の関係が認められたものと考えられる。けれども、被告発人丙については、すでに業務上過失傷害罪（刑法第211条）として、所轄警察署から送検され、２万円の罰金刑に処せられているため、観念的競合（刑法第54条）により消防法違反としては処罰されず、乙のみが消防法第13条第３項違反として処罰されることになったわけである。

事例　３

１　犯罪の事実

被告発人甲は、東京都葛飾区西新小岩三丁目５番１号に本社および危険物の製造所である西新小岩工場を置き、カラーチップ、アクリル樹脂、塗料およびボーリングピンの製造、販売業を営むもの、被告発人乙は、甲の化成品生産部次長ならびに危険物保安監督者として、製品のうちカラーチップおよびアクリル樹脂製造の技術面における最高責任者の地位にあるもの、被告発人丙は、化成品製造一課課長補佐ならびに危険物保安監督者として乙の指揮を受け、カラーチップ製造の監督にあたっているもの、被告発人丁は、班長ならびに危険物取扱者としてカラーチップの製造業務に従事するもの、被告発人戊は、丁の指導のもとにカラーチップの製造業務に従事するものであるが、被告発人乙・丙・丁および戊は、昭和47年7月1日甲の業務に関し、東京都葛飾区西新小岩三丁目5番1号のT化工株式会社ロール工場（製造所）において、カラーチップの半製品を乾燥するに際し、蓄熱等による発火の危険を防止するため、冷却台を用いて冷却してから積み重ね、危険物の危険性が増大しないように措置を講じなければならないのに共謀してこれを怠り、もって政令で定める技術上の基準に従って危険物を取扱わなかったものである。

2　災害の概要

昭和47年7月1日ミキシングロールでシート状にしたカラーチップの半製品を準備室で自然冷却により乾燥するため4枚折りにし、ボール紙を敷いたスノコの上に12段積みにして置いたところ、余熱が放熱されないため、混合物の硝化綿が分解発熱し、火災となったものである。この火災により、簡易耐火造1階建て工場1棟273平方メートルのうち、床10平方メートル、屋根小屋組35平方メートル、カラーチップ約400キログラムを焼損（部分焼）した。

なお、本工場は、昭和21年4月11日のぼや火災以来、本件火災まで実に28件の火災を発生させている。

3　告発の結果

被告発人甲
〃　　乙 } 罰金　　2万円（略式命令―確定）

被告発人丙
〃　　丁
〃　　戊 } 起訴猶予

4　参考事項

本件は、告発後約2か月余ののちに略式命令が出るという異例ともいえる告発事案であるが（従来は早いもので6か月、通常1年ないし1年

６か月)、発火危険のある危険物の取扱作業を行っているにも拘らず、故意に法第10条第３項に定める危険物の取扱基準に違反して火災を発生させた悪質性と過去において28件もの火災を発生させているという工場管理面での不利な情状とが相まって稀にみるスピード判決となったものと思われる。

なお、被告発人丙・丁・戊の３名が起訴猶予となっているが、危険物の製造にかかる技術面での最高責任者は乙であり、しかも危険物保安監督者の地位にもある乙が本件違反について最終的な断を下しているところから、検察官は、違反行為者である乙および甲（会社）の責任を追及することをもって法に定める処罰の目的を十分に果し得ると判断したものであろう。被告発人を特定する場合のあり方について示唆するところが大きい。

事例　4

1　犯罪の事実

被告発人甲は、東京都板橋区坂下三丁目35番58号に本社を、東京都板橋区板下三丁目35番58号ほか11箇所に工場を置き、主として色素化学工業のワニス染料、顔料、工業薬品（添加剤)、合成樹脂、可塑剤、農薬原料および樹脂原料の製造・販売業務を営むもの、

被告発人乙は、甲が経営する東京都板橋区新河岸一丁目３番１号に所在する徳丸工場において甲の業務に関し、顔料製造一部二課中間物製造係員として甲の指揮監督を受け、顔料中間物であるアニライドの製造にたずさわるものであるが、被告発人乙は、甲の業務に関し、昭和47年９月20日16時39分ころ、前記徳丸工場構内の新添加剤工場のアニライド製造設備において、アニライド製造するにあたり、本来、オルソトルイジン（第４類第三石油類）およびトルオール（第４類第一石油類）の入っ

た反応釜（冷却およびかくはん装置がある。）に滴下タンクからトルオールおよびジケテン（第４類第二石油類）の混合液を滴下して混触（混合）反応させるべきところ仕込み配管のバルブの操作を誤り、反応抑制装置のない滴下タンク（すでにトルオール390リットル、ジケテン390リットルが入っていた）に極めて短時間内に多量のオルソトルイジンを送入したため急激な反応をおこし、もって、危険物の危険性を増大させたものである。

２　事故の概要

前記のような誤った危険物の取扱いにより、滴下タンクが爆発し、この爆発火災によって鉄骨スレート造平家建工場１棟795平方メートルのうち、216平方メートルを焼損、従業員Ｎ（41歳）が死亡、同Ｋ（21歳）が顔面および背部に第２度〜第３度の熱傷、前額部に裂創を負った。

３　告発の結果

被告発人甲　不起訴（嫌疑不充分）

４　参考事項

過失による消防法令違反を処罰することができるか否かの問題は従来からの法解釈上の懸案事項ではあったが本件告発はこの点について、具体的な事案を通して検察庁の法解釈を打診する意味あいも含めて行われたものであるが、本件過失事案に対する法第10条第３項（危政令第24条第９号）の適用については、消極的な判断が示された。つまり危政令第24条第９号違反は故意犯（故意に違反した場合のみ罰則の適用を受けるもの）であるから過失による場合は処罰し得ないというわけである。けだし、過失犯の本質は、注意義務の懈怠にあるから過失をも処罰し得るためには、いわゆる注意義務規定（過失による行為のみが予定されている場合、それを防止するための規定たとえば危政令第24条第８号第14号等）に違反する場合でなければならないが危政令第24条第９号の規定は一定の危険性増大の防止策を講ずるようにとの作為義務規定であって注意義務規定とみることができないと判断されたからであろう。

なお、検察庁の見解は、法務省刑事局等と連絡をとったうえで決定されたようである。

事例　５

１　犯罪の事実

被告発人甲は、東京都墨田区墨田四丁目54番10号に本店および営業用給油取扱所を、東京都江戸川区船堀五丁目９番１号に地下タンク貯蔵所（10基）および一般取扱所を設置し、石油製品の販売業を営むもの、被告発人乙は、前記一般取扱所の従業員かつ危険物取扱者として危険物の取扱業務に従事するものであるが、被告発人乙は、甲の業務に関し、昭和48年３月11日前記一般取扱所（通称Ｆ油槽所）において、移動タンク貯蔵所詰用電動ポンプを使用し、消防法別表に定める危険物であるガソリン（第１石油類）を地下１号タンクから地下２号タンクに移し替えを行なう際、注入口でない地下２号タンクの予備ソケットに結合金具および静電気除去装置の取り付けていないビニールホースを差し込んで注油したことによりみだりにガソリン蒸気を発生させるとともに、静電気の火花を発生させ、もって危険物の取り扱いに関する技術上の基準に違反したものである。

２　災害の概要

昭和48年３月11日13時01分ごろ、前１に記載の違反行為により、静電気の火花がガソリンに引火して火災（小火）となり、ガソリン約20リットル、ビニールホース１メートルおよび移動タンク貯蔵所のフロントマスク、フロントグラスを焼損した。

３　告発結果

被告発人

甲　起訴猶予

乙　罰金　　２万円（略式命令―確定）

４　参考事項

被告発人甲が起訴猶予となった理由について考えてみるに、本件会社は、形式上株式会社の形態をとっているが、その実態は、個人営業と同視できるから会社の監督責任を追及し、これを処罰する実質性に乏しい（可罰性の欠除）ものと判断したからであろう。

○　消防法第13条第１項違反関係

事例

１　犯罪の事実

被告発人甲は東京都中央区京橋二丁目６番地67号に本社を、東京都板橋区加賀一丁目21番１号に十条工場（危険物製造所４箇所、地下タンク貯蔵所19基、移動タンク貯蔵所２基）を置き、各種印刷用インクの製造業務を営むものであり、被告発人乙は、昭和47年４月１日から甲の十条工場長の地位にあり、該工場における最高責任者として、印刷インクの製造およびこれにかかわる危険物（消防法別表に掲げる危険物、以下同じ。）の貯蔵取扱等の業務全般について管理監督すべき立場にあるものであるが、被告人乙は、昭和47年４月１日前記十条工場第２工場の危険物保安監督者であるＨを第３工場に配置替えをし、第２工場における危険物取扱い作業の保安監督が不能となったことにより、これを解任したことになるのに、昭和47年11月１日まで解任の届出を怠り、しかも、新たに第２工場の危険物保安監督者を定めなかったものである。

２　事故の概要

昭和47年10月26日９時21分ごろ従業員Ｍ（23歳）が十条工場の練肉工場内に設置されているボールミル内部を危険物であるトルエンにより洗浄作業中静電気の帯電したトルエン搬送用ドウコかんが同じく静電気を帯電していたボールミルマンホール金属部に接触し絶縁破壊による火花放電があり、該ミル内のトルエン蒸気に引火して火災（ぼや）となった。

なお、この火災により、前記Ｍが全身火傷（重傷）を負い入院後死亡した。

３　告発の結果

被告発人甲 ｝起訴猶予
〃　　乙 ｝

４　参考事項

本件は、危険物保安監督者が配置替により、危険物の取扱いにかかる保安監督が事実上行い得なくなった場合には、当該配置替えを解任の意思とみなし、新たに危険物保安監督者が選任されなければ法第13条第１項違反が成立するものとして、告発したものであるが、この見解が検察当局によっても容認された。けれども次のように情状理由により起訴猶予となったものである。

①　本件違反と従業員の事故死については因果関係が認められないこと。

②　該工場には、本件違反のほかに取り立てる程の違反がなかったこと。

③　会社側が事故発生後、危険物保安監督者の選任をはじめ危険物の保安について前向きの改善策をとったこと。

○　消防法第16条違反関係

事例　1

1　犯罪の事実

被告発人甲は、東京都三鷹市大沢二丁目14番７号、M物産株式会社の灯油配送の下請として、同会社内に事務所を置き、従業員２名とアルバイト10名を雇い、運搬車両５台をもって灯油の配送業務を営んでいるものであるが、昭和44年12月26日車両（自動四輪車）で消防法別表で定める危険物（灯油）を指定数量以上運搬させているにもかかわらず、当該車両に危険物の運搬標識および消火設備を設けていなかったものであり、被告発人乙は、昭和44年12月26日15時30分ごろ自動四輪車（いすゞエルフ積載量2,000キログラム）に消防法別表で定める危険物（灯油18リットル入156缶計2,808リットル、指定数量の5.6倍）を積載（二段積み）して運搬中、途中でロープをはずしたまま運転したため、同日、15時45分ごろ東京都日野市多摩平二丁目５番地先の公道上に灯油約20缶を落下流出させたものである。

（注）危険物が流出した場所は、国鉄中央線豊田駅北口の商店街路上で、流出した道路側には、木造モルタルの商店が立ち並んでいた。商店街は年末の買物客でにぎわい、各商店とも石油ストーブ等の器具を使用していたため、火災発生の危険性が認められた。

2　告発結果

被告発人

甲　罰金8,000円（八王子簡易裁判所の略式命令、昭和46年３月21日確定）

乙　罰金5,000円（　　〃　　）

３　本件の考察

本件違反については、関係者の供述のみによって立証することを余儀なくされ、立証手段として多少の懸念があったわけであるが、第三者（商店街の住民）の供述を得られたことおよび危険物の洗じょうのため消防隊が出場したこと、（この結果、実況見分調書によって違反事実の現認がなされた。）ならびに公道上に起った事故であることから、当事者の反証の余地がないであろうこと、すなわち、公知の事実に準ずるものとして捉えられるとの判断から、告発に踏み切りこれが認められた。今後の問題としては、この種違反にかかる事故の場合、現場到着時において、必ず違反事実の状況を撮影しておくことが要請される。

事例　２

１　犯罪の事実

⑴　被告発人甲は、埼玉県上尾市浅間台一丁目４番地10に本店を置き、食品等の運送業を営むもの、被告発人乙は、甲に所属する小型貨物自動車の運転手として食品等の運送業務に従事するものであるが、被告発人乙は、昭和46年７月９日正午ごろ、東京都千代田区神田鍛冶町２の２Ｓ商会神田営業所において、消防法別表に定める危険物（以下「危険物」という。）である二硫化炭素25キログラム（500グラム入ビン50本）を小型貨物自動車に積載する際、容器を破損しないよう積載することを怠って帰途についたが、同日13時15分ごろ、中央区銀座一丁目15番地先路上において停止信号のため急ブレーキをかけたところ、二硫化炭素入りのビンが破損し、もって政令で定める危険物の積載基準および運搬基準に違反したものである。

⑵　被告発人丙は、埼玉県上尾市大字平塚字西原760番３号に本店を置き、食料品、甘味料の製造販売を営むもの、被告発人丁は、丙の代表

取締役として該社業務全般の管理責任を有するもの、被告発人戊は、丙の会社員として営業部門を担当しているものであるが、被告発人丁は、該社における営業の責任者として二硫化炭素の危険性について認識しており、以前から当該危険物を従業員に積載させていたにもかかわらず、危険物の周知徹底および破損防止等の積載上の注意がなされず、その結果、二硫化炭素容器を破損させ、被告発人戊は、昭和46年７月９日正午ごろ、丙の業務に関し、危険物である二硫化炭素25キログラムを事務所内から乙の運転する小型自動車まで運び、その際、乙に対し二硫化炭素を段ボール箱に入れるよう指示したが、段ボール箱の容積から当然２段積となることを承知しながら緩衝物を入れる等の破損防止の処置をせず、もって政令で定める危険物の積載基準に違反したものである。

２　事故の概要

昭和46年７月９日13時15分ごろ、被告発人乙が、二硫化炭素ビン50本をダンボール二段重ねに収納して運搬中、中央区銀座一丁目15番地先路上において停止信号のため急ブレーキをかけたところ、その衝撃により、荷台の囲板に衝突してビンが割れ、荷台の隙間から車体の下部に流出した二硫化炭素が排気管の熱により出火（ぼや）したものである。被災車両には、消火器が積載されていなかったので、現場北東側にあるＩ興産京橋給油所の従業員等数名で消火器をもってかけつけ、消火にあたったが効果なく消防隊の放水により鎮火した。

３　告発の結果

被告発人甲　　起訴猶予

〃　　乙　　罰金１万５千円（東京簡易裁判所の略式命令、昭和46年５月24日確定）

〃　　丙　　罰金１万５千円（東京簡易裁判所の略式命令、昭和46年

5月24日確定）

〃　　丁　　嫌疑不十分

〃　　戊　　罰金１万５千円（東京簡易裁判所の略式命令、昭和46年

5月24日確定）

４　被告発人丁に対する処分について

被告発人戊の行った危険物の積載基準違反の管理監督責任は、法人である丙自体に負わされ、社長である丁個人には及ばない。したがって、丁個人の犯罪が成立するためには、前記違反について丁と戊が共謀して行った事実が認められなければならない。

ところで、丁が戊に対し、貨物自動車への危険物の積載を行わせた事実は認められるものの、違法な方法による危険物を積載させたことについての立証がきわめてむずかしいものと判断し、このような処分決定がなされたものと思われる。

けれども、戊の行った前記違反の監督責任については、法人が処罰され、その代表者たる社長の名において罰金が納付されているので、消防上の告発の実質的な意義は十分に果し得たものと思われる。

なお、所轄警察では、丁について危険物の積載基準違反の実行行為者として送検している。

○　消防法第17条の４の命令違反関係

事例

１　犯罪の事実

被告発人甲は、東京都新宿区下落合一丁目15番８号に本社を置き、旅館（通称Ｓホテル）を営むもの、被告発人乙は、甲の代表取締役としてその業務を統括するものであるが、被告発人乙は、当該用途および規模

から自動火災報知設備、避難口誘導灯および通路誘導灯を設置しなければならないのにこれを怠っているため、昭和48年８月17日淀橋消防署長から本館（浴場むね１階を除く。）、新館、別館およびホールむねに自動火災報知設備、避難誘導灯および通路誘導灯を昭和48年10月16日までに設置するよう命令がなされたのに、昭和48年10月26日にいたるも命令に従わなかったものである。

２　証拠となるべき資料

別添え書類目録のとおり（省略）

３　犯罪の情状

⑴　被告発人甲は、昭和27年12月19日旅館として設立されて以来、主として、修学旅行および研修会等のために上京する者を対象として宿泊させていることから、法人として当然に消防法令に定める自動火災報知設備、避難口誘導灯および通路誘導灯を設置し、有事の際における宿泊者の安全を図るよう指導監督すべき義務があるにもかかわらず、これらの設備が設置されていないことは、その業務に関し、当該違反の防止について万全の注意を払ったものとは認められない。

⑵　被告発人乙が代表取締役として統括する本件旅館は、老朽した木造ラスモルタル塗り建物であるため、火災が発生した場合には、急速に拡大する危険が考えられ、しかも、そこに宿泊する不特定多数の客は、その内部に不案内であるから避難上の支障を生ずる。したがって、被告発人乙は、営利行為として宿泊客をとっている以上、消防法令に定める前記設備を積極的に設置して有事の際、火災の発生を早期に覚知し、すみやかに避難できるよう宿泊者の安全を図らなければならないのに、そのような客に対する配慮を怠り、消防署の再三にわたる指導ならびに再度の設置命令に従わず、これを放置していることは、旅館という用途上の危険性を考えるとき、単に遵法精神の欠如と

いうより、むしろ法を無視するものとして悪質である。

４　参考事項

(1)　査察経過

（省略）

(2)　違反処理状況

（省略）

(3)　火災事例

ア　出火日時

昭和43年８月20日０時30分ごろ

イ　出火箇所

本館２階北西部客室の北西角の鴨居上部

ウ　原　因

老朽化した３相200ボルト屋外線が、ラスモルタル塗り外壁に取り付けた碍子の破損により鉄製ボルトに接触漏電したため、モルタルラス部分で発熱し、木ずりに着火したものと認められる。

エ　焼損程度

ぼや（木ずり、柱、野地板各若干焼損）

(4)　宿泊状況

（省略）

５　意　見

本件旅館にかかる違反については、災害発生時における宿泊者の人命にかかわるものであり、前記被告発人の情状および昭和43年８月20日当該旅館において発生した漏電火災（ぼや）の事例を考えるとき、これを放置することは公共の安全上到底許し難いので、被告発人に宿泊者の安全を図る者としての社会的責任を思念させるとともに、同業者に対する戒めともなり得るよう厳しく処分していただきたい。

６　告発結果

被告発人

甲｝罰金　　３万円（略式命令―自然確定）
乙

７　告発の効果

行政法規違反にかかる告発は、単に刑罰が科されることのみを目的とするものではなく、これによって違反の是正という行政目的の実現を期待するものであるが、この種の違反は、通常違反を是正する費用よりも罰金の方がはるかに少額であるところから、違反者が罰金を完納しても当該違反を是正するとは限らない。

そこで、告発後の関係者の動向が注目されたのであるが、関係者は、告発によって違反の重さを自覚し、告発の結果をまつことなく、積極的に違反是正について具体的な指導を受ける姿勢を示した。結局、本館および食堂部分のみを残し、他の建物はすべて取り壊すことになったが、残存建物には、すでに自動火災報知設備が設置され、（昭和49年３月19日検査済み）取り壊しが決った建物は、現在取壊作業が進行中である。

このように本件告発事案については、刑の確定によって処罰の目的が達せられるとともに自動火災報知設備等の設置によって行政上の目的をも達成するという行政効果があった。

なお、本件事案にかかる起訴状および略式命令は、次のとおりである。

起　　訴　　状（在宅）

左記被告事件につき公訴を提起し、略式命令を請求する。

昭和　　年　　月　　日

新　宿　区　検　察　庁

検察官　副検事　氏名　　省　　略

新　宿　簡易裁判所殿

本店の所在地　東京都新宿区下落合二丁目855番地

法人の名称　　　　　株式会社　　Ｓ

代表者の住居　　　　　東京都新宿区戸塚町三丁目896番地

代表者の氏名　　　　　　　　　　Ｋ．Ｋ

本　　　籍　東京都新宿区下落合一丁目855番地

住　　　居　同区戸塚町三丁目896番地

職　　　業　会社役員

Ｋ．Ｋ

明治34年５月25日生

公　訴　事　実

被告人会社株式会社Ｓは、東京都新宿区下落合二丁目855番地（新町名は同区下落合一丁目15番８号）に本店を置き旅館業を営むもの、被告人Ｋ．Ｋは同会社代表取締役としてその旅館営業全般の業務を統括しているものであるが、同会社が被告人Ｋ．Ｋから借り受け旅館として使用中の木造２階建ラスモルタル塗瓦葺の建物はその延面積が約1,637.288平方メートルあるから、避難口誘導灯、通路誘導灯および自動火災報知設備を設置すべきであるのにこれを設置しなかったので、昭和48年８月17日東京消防庁淀橋消防署長から被告人会社代表取締役Ｋ．Ｋ宛に右各消防用設備等を同年10月16日までに設置すべき旨命ぜられたので、被告人Ｋ．Ｋにおいてその命令に従って右期間内にこれらを設置すべきであるのに、右被告人会社の業務に関しその命令に違反して前記各消防用設備等を右建物に設置しなかったものである。

罪名および罰条

消防法違反　　同法第42条第１項第７号、第45条、第17条の４、第17条第１項、消防法施行令第21条、第26条、消防法施行

規則第23条第５項

昭和49年（検）第215、216号　H検察官

昭和49年（〃）第43号

略　式　命　令

本店の所在地、代表者氏名は、起訴状記載のとおり

消防法違反　株式会社　S

本籍、住居、職業、年令は、起訴状記載のとおり

消防法違反　K．K

右の者らに対する頭書被告事件について

当裁判所は、次のとおり略式命令する。

主　文

被告会社　Sを罰金３万円に

被告人　Kを罰金３万円に

各処する。

但し、それぞれ右罰金に、相当する金額を仮に納付すべきことを命ずる。

被告人K．Kが右罰金を完納することができないときは、金1,000円を１日に換算した期間

同被告人を労役場に留置する。

事　実

起訴状記載の公訴事実と同一であるからこれを引用する。

適　条

起訴状記載の罰条（被告人K．Kについては、消防法第45条を除く。）のほか刑事訴訟法第348条

被告人K．Kについては、更に刑法第18条

昭和49年２月13日

新宿簡易裁判所裁判官　　氏　名　省　略　㊞

訴訟関係人は、この命令送達の日から14日以内に正式裁判の請求をすることができ、いつでも弁護人を選任することができる。

困窮、貧困その他の事由により、弁護人を選任することができないときは、弁護人の選任を裁判所に請求することができる。

右は謄本である。

昭和50年10月20日

新宿区検察庁

検察事務官　　氏　名　省　略　印

○　火災予防条例第23条違反関係

事例

１　犯罪の事実

被告発人は、昭和37年10月５日20時30分ごろ、東京都青梅市青梅42番地に所在する映画館「青梅キネマ」内階下客席において映画を観賞中、喫煙が禁止されているのに、煙草「ピース」にマッチで点火し、喫煙したものである。

２　火災の概要

(1)　出火日時

昭和37年10月５日20時30分ごろ

(2)　出火建物の名称

青梅キネマ（映画館）

(3)　出火建物の構造、収容人員

木造２階建て延522.43㎡、収容人員384名

(4)　出火原因

煙草に点火したマッチの燃えさしを投げ捨てたため、床上の紙片に着火し、客席の椅子に延焼したもの

(5)　火災の程度

ぼや（客席の椅子1脚焼損）

3　告発の結果

罰金3,000円（略式命令―自然確定）

なお、本告発事案にかかる略式命令は、次のとおりである。

昭和38年（検）第12号

昭和38年（い）第2号

検察官　氏名省略

略　式　命　令

本　籍

住　居　荒川区南千住2丁目77番地朝日荘内

職　業　左官　Y．I

火災予防条例違反　昭和6年7月31日生

右の者に対する頭書被告事件について、当裁判所は次のとおり略式命令する。

主　文

被告人を罰金3,000円に処する。

右罰金を完納することができないときは、金500円を1日に換算した期間被告人を労役場に留置する。

事　実

被告人は、昭和37年10月5日午後8時30分頃青梅市青梅42番地所在映画館「青梅キネマ」内階下客席において開演中にも拘わらず煙草「ピース」1本にマッチで点火し喫煙したものである。

適　条

火災予防条例（昭和37年２月21日東京都条例第65号）

第23条第１項第67条第１号

刑法第18条　　　　　　　　　　　　　　罰金等臨時措置法第２条

昭和38年１月９日

東京北簡易裁判所

裁　判　官　　氏　名　省　略

訴訟関係人は、この命令送達の日から14日以内に正式裁判の請求をすることができ、いつでも弁護人を選任することができる。貧困その他の事由で弁護人を選任することができないときは、弁護人の選任を裁判所に請求することができる。

氏　名　省　略　㊞

○　火災予防条例第30条違反関係

事例　1

1　犯罪の事実

被告発人は、昭和40年12月10日東京都台東区上野二丁目１番２号Ｍ興業株式会社のボイラーマンとして入社し、同社の少量危険物貯蔵取扱所（暖房ボイラー用燃料として消費する消防法別表第四類第三石油Ａ重油1,800リットルを貯蔵）の貯蔵取扱い業務に従事しているものであるが、昭和44年２月10日16時40分ごろ、Ｈ商店所有の移動タンク貯蔵所から少量危険物貯蔵取扱所の地下専用タンク内に重油1,000リットルの給油を受ける際、警報装置の故障のため重油の給油状況を看視して、重油の漏れ、あふれ等を防止すべき責任を有しながらこれを怠って、地下タンク室に許容数量をこえた給油をさせ、もって当該タンクの通気管から重油をあふれさせたものである。

２　災害の概要

地下タンク室の通気管からあふれ出た重油の飛沫が、北隣りのＫ所有の建物の付近で使用されていた煉炭の火に着火し、火勢が拡大して、Ｋ所有の防火造２階建（建築面積68.475平方メートル、延面積136.125平方メートル）のうち、２階部分61平方メートルが焼損した。

なお、この火災により、当該建物の占有者であるバー“クール”Ｅ、会社員Ｓは火災損害を、すしやＫ、料理店“Ｂ”Ｋは水損を受けた。

３　告発結果

罰金２万円（足立簡易裁判所の略式命令、昭和45年５月30日確定。）

事例　２

１　犯罪の事実

被告発人甲は、東京都葛飾区新小岩一丁目28番７号に事業所をおき、特殊公衆浴場「Ａ」を営むもの

被告発人乙は、特殊公衆浴場「Ａ」の営業責任者として、同浴場の営業を統括するもの

被告発法人丙は、東京都江東区枝川一丁目１番４号に本店燃料販売業を営むもの

被告発人丁は丙の運転手として、移動タンク貯蔵所により危険物の運送をしていたものであるが、

(1)　被告発人乙は、甲の業務に関し昭和47年７月10日16時10分ごろ、同社屋上に設置された少量危険物貯蔵所である貯蔵タンク（容量1,800リットル）において被告発人Ｎをして消防法別表の危険物である重油（第三石油類）を同貯蔵所に給油させるにあたり、同貯蔵所内に少なくとも200リットル以上の重油が残存していたにもかかわらず、空間容積以上の1,000リットルの重油を圧送させ、さらには、これらの油

の漏れあふれに備える油流出止めの水抜きバルブを開放したままにしておくなどして、少なくとも、400リットル以上の重油を公共下水に流出させ、

⑵　被告発人丁は、丙の業務に関し、前同日、同場所において移動タンク貯蔵所から重油（第三石油類）1,000リットルを前⑴の少量危険物貯蔵所に給油するにあたり少なくとも400リットル以上の重油を重油タンクの計量管から噴出させ、これらを公共下水に流出させたものである。

２　告発結果

甲・乙　不起訴（起訴猶予）

丙・丁　罰金１万5,000円

丙（墨田簡易裁判所の略式命令、昭和48年４月29日自然確定）

丁（墨田簡易裁判所の略式命令、昭和48年５月５日自然確定）

３　参考事項

被告発人乙の行為は、条例第30条第７号違反となるけれども、乙が新入社員であるため当該施設の危険物の取扱いについて不なれであったこと等の理由から、本件の場合は、危険物取扱者により給油作業を行なったＯ商会側が危険物の流出についてその責めを負うべきものであるとして起訴猶予処分となったものと思われる。

○　火災予防条例第31条違反関係

事例

１　犯罰の事実

被告発人Ｔ．Ｈは、塗装業を営む有限会社Ｈ塗装工業の代表取締役として、同社の業務全般を管理する責任を有しているものであるが、昭和45年４月17日東京都文京区白山一丁目４番15号に所在する同社の材料置場（壁、柱、床および天井が木造、開口部が普通ガラス戸となっている。）において、消防法別表で定める指定数量の５分の１以上（0.39倍）指定数量未満である第四類の危険物（ガソリン18リットル、ラッカーシンナー18リットル、塗料用シンナー11.8リットル、アルコール18リットル）を自動車燃料および塗料材として貯蔵取り扱い、もって、火災予防条例第31条の技術基準に従わなかったものである。

２　事故の概要

昭和45年４月17日14時40分ごろ、１階材料置場のガソリン容器付近から出火（原因不明）し、これが媒介となって火勢を強め、火元建物が裸木造であったことと、折からの気象条件（風速14.8メートル、気温21.9度、湿度53パーセント）と相まって一気に延焼拡大し、近隣の家屋16むね（31世帯）に被害を及ぼしたものである。

３　告発結果

起訴猶予（昭和46年３月30日決定）

４　起訴猶予となった理由

担当検事の言によれば、本件違反の成立は認められるものの、危険物の貯蔵取扱量が少なく、業務内容が小規模であったことが主な理由となって起訴猶予となったものとされている。

なお、本件違反については、査察員によって事前に指摘されていなかったが、このことは起訴猶予の理由となっていない。また、火災発生の事実は、処分を決定する場合の情状的要素とはなっていないようであるが、このことは、火災の発生が本件違反に起因したものでないこととあわせ、出火建物の構造および気象条件のもとでは、違反の有無にかかわらず、火災の拡大が推定されたからであろう。

５　本件の考察

(1)　危険物の量が少ないからとか、あるいは業務の規模が小さいからという理由で起訴猶予となったことについては、主として、担当検事の考え方によるものと思われる。

したがって、この種の違反（一般住宅内における少量危険物の貯蔵取扱基準違反）については、常に起訴猶予となるとはいえないけれども、少なくとも告発措置をとる場合の一応の目やすとなることは否定できない。

(2)　違反の事実が災害（事故）の発生に直接関連がなくとも、災害の拡大の大きな要因となっているならば通常処分決定の際には有利な情状として参しゃくされるはずである。

けれども、本件の場合、災害拡大の原因が他にも存在し、違反事実のみが災害拡大の要因であると断定できないところに情状としての弱さが見出される。

したがって、本件の結果だけを捉えて、違反事実が災害拡大の要因となっているだけでは処分決定上の有利な材料とはならないものと即断することは妥当でない。

第３　告発により正式起訴された事案

事例　１

Ｔ薬品工業㈱における危険物の無許可貯蔵違反

（消防法違反被告事件、東京地裁昭和42年11月15日判決―確定）

１　事件の概要

昭和41年６月12日午後３時30分頃、東京都昭島市内に所在するＴ薬品工業㈱の攪拌工場内において、攪拌機にゴム揮・生ゴム等を入れ、回転中のものに、さらに150～200℃で溶かした松ヤニを加える作業中、引火性蒸気が攪拌工場から流れ出し、約15m先にあったコンロの炭火により引火し火災となった。

この火災で、工場を全焼するとともに、死者１名、重軽傷者７名が出たが、同工場には次のような消防法違反があった。このため、所轄立川消防署長は昭和41年10月４日、同会社甲および社長乙を東京地検八王子支部に告発したものである。

⑴　攪拌工場内、同工場南側敷地および屋内貯蔵所空地内におけるガソリン等の無許可貯蔵（法第10条第１項違反）

⑵　危険物取扱主任者（現行の危険物保安監督者）の未選任（法第13条第１項違反）と無資格者による危険物の取扱い（法第13条第３項違反）

２　告発後の経過

⑴　東京地検八王子支部は、本件違反事案を捜査したのち、略式起訴処分を決定し、武蔵野区検に移送した。

⑵　同区検は、同会社攪拌工場南側に貯蔵され、焼失を免れた危険物

（指定数量の4.8倍）についてのみ公訴事実とした。

⑶　昭和42年１月26日、武蔵野簡裁から被告人甲および乙に対しそれぞれ罰金20,000円に処する旨の略式命令があった。

⑷　被告人乙は、自己に対する略式命令を不服として、同簡裁に正式裁判を請求した。

⑸　公判は、同年４月から10月まで４回にわたり開かれ、証人尋問、証拠調べ等が行われた。被告人側の主張は、消防法第10条第１項違反の事実は認められるが、犯罪行為は、工場長（死亡）もしくは工員が行ったものであって被告人は関知していないというものであった。

３　判　決

⑴　主　文　　　罰金20,000円

⑵　理　由

ア　罪となるべき事実

被告人は、昭島市内のＴ薬品工業㈱の代表取締役として危険物の保管等の業務を統括していたものであるが、同会社の業務に関し、法定の除外事由がないのに、昭和41年６月12日頃前記会社において、危険物であるガソリン、トルオール等合計480リットルを保管するに当り法定の貯蔵所以外の場所である同会社の事業所敷地内に所在する攪拌工場に接近した南側の空地に貯蔵していたものである。

イ　証拠の標目

判示事実は次の各証拠を総合して、これを認定することができる。

㋐　証人Ａの当公判廷における供述（Ａは消防職員）

㋑　証人Ｂの当公判廷における供述（Ｂは工員）

㋒　Ａの作成した調査復命書

(エ)　立川消防署長作成の危険物等判定申請書

(オ)　消防機関作成の判定書

(カ)　被告人の検察官に対する供述調書

(キ)　被告人の当公判廷における供述

4　判決後の被告人の動向

被告人は、本判決を不服として、昭和42年11月26日、東京高裁に控訴を提起したが、翌43年1月4日、控訴を取り下げたため、本件判決が確定した。

5　参考事項等

(1)　被告人が有罪となった理由について

被告人の無罪主張にもかかわらず、有罪とされたのは、証拠の標目に示された各証人の供述内容等から、次のような理由によるものと思われる。

ア　過去数回にわたって、所轄消防署から立入検査結果通知書により違反事実を指摘され、被告人は違反危険物に直接手を触れなかったとしても危険物の存在を認識していたこと。

イ　法廷での検察官の証人B（工員）尋問における証言によれば、屋内貯蔵所と危険物使用場所が離れているために、その日の使用量のみを小缶で持ち出す不便から、ドラム缶で持ち運び使用場所近くに置くことを証人Bが申し出た折に、被告人は拒否することなく、黙認していたこと。

ウ　被告人は、社長業務の多忙から、違反と認められた危険物を直接取り扱っていないと陳述しているが、週に1～2回出社する際、違反危険物貯蔵場所を通り、危険物が存置されていることを視認していたこと。

(2)　危険物の判定申請等について

危険物貯蔵違反において、当該製品の危険物の認否に関して判定しておく必要性がしばしば生ずるが、危険物等の判定申請をする場合は、違反現場にあった旨を明記する必要があり、かつ、二種類以上にわたるときは、それぞれの収去物品と収去場所の関係を明記すべきである。

事例　２

大阪・Ｙ荘（共同住宅）に対する使用禁止命令違反等

（消防法違反・建築基準法違反被告事件、大阪地裁昭和48年４月10日判決―確定）

１　事件の概要

大阪市阿倍野区内に所在するＹ荘旧館（部屋数72、居住者数130名）とＹ荘新館（部屋数19、居住者数44名）は、共同住宅（実質は簡易宿泊所）として使用されていたが、①いずれも木造３階以上の建築物であり、３階以上の階に賃借人が居住していたこと、②防火管理者が選任されていなかったこと、③消防用設備等が不備であったこと、④消防活動上、地利、水利の状況が悪く、かつ、木造家屋が密集していたこと、⑤木造３階建て等の建築基準法違反があったことなどの理由により、昭和46年２月10日、旧館についてはＹの内妻である所有者Ｈおよび管理者Ｙを名宛人とし、新館については所有者Ｙを名宛人として、阿倍野消防署長から、消防法第５条に基づく使用禁止命令（履行期限同月28日）が発動された。しかし、ＨおよびＹは、命令を無視してＹ荘の使用を継続していたため、昭和46年11月22日、阿倍野消防署長から阿倍野警察署長に告発されたものである。

なお、同Ｙ荘のＨおよびＹは、建築無確認（建基法第６条第１項）、木造３階以上の共同住宅（建基法第27条第１項）などの理由により、大阪市長から建築基準法９条に基づく使用禁止命令を受け、同命令違反として告発されている。

２　告発の結果

⑴　告発の結果、被告発人２名のうち、Ｙについては、昭和46年12月６日、正式起訴の決定があったが、Ｈについては、同年10月19日、受命者適格を欠くものとして不起訴処分となっている。

⑵　Ｙの公訴事実および罪名等は次表のとおりである。

公訴事実		罪名	罰条
第１の事実	建築基準法に基づき建築確認を受けずに新館を新築したたこと。	建築基準法第６条第１項第１号違反	建築基準法第99条第１項第２号
第２の事実	新館および旧館の３階以上の居室について大阪市長の発した建築基準法第９条第１項に基づく使用禁止命令および除去命令を無視してこれを履行しなかったこと。	建築基準法第９条第１項命令違反	建築基準法第98条
第３の事実	新館および旧館３階以上の居室を使用し、または使用させてはならないとの阿倍野消防署長の消防法第５条に基づく命令を無視してこれを履行しなかったこと。	消防法第５条命令違反	消防法第41条第１項第１号

３　判決

⑴　主文

懲役４月（執行猶予２年）、罰金３万円

⑵　理由

ア　罪となるべき事実

被告人は、

① 法定の除外事由がないのに、昭和45年７月ごろ、大阪市阿倍野区において、木造スレート葺３階建て共同住宅１棟（床面積191.49平方メートル）を建築するに際し、建物が建築の敷地、構造および建築設備に関する法律ならびにこれに基づく命令および条例の規定に適合するものであることについて、大阪市長に対し、確認申請書を提出し、同市建築主事の確認を受けることなく建設工事に着手した。

② 前記①の木造スレート葺３階建て共同住宅１棟（以下新館と称する。）および五筆の土地に、昭和37年ごろから昭和45年12月ごろまでに逐次建築した木造一部鉄骨建て５階共同住宅１棟（床面積793.07平方メートル。以下旧館と称する。）の所有者でありかつ管理者であるが、昭和46年１月29日ごろ、大阪市長から新および旧館の３階以上の居室について、使用禁止およびこれらを除去すべき旨の命令を受けたのにかかわらず、命令に違反し、同命令の使用禁止の猶予期間の経過した同年３月30日以降同年11月26日ごろまで、新館の３階以上の居室にＳほか延べ13名位、旧館の３階以上の居室にＦほか101名位を居住させて使用させ、かつ、命令部分を除去しなかった。

③ 新館および旧館の３階以上の居室につき、その位置、構造、設備または管理の状況からみて大阪市阿倍野消防署長から火災が発生したならば人命に危険であるとして、同年２月２日、３階以上の居室を使用し、または使用させてはならない旨の命令を受けたにもかかわらず、命令に違反して同命令の猶予期間の経過した同年２月28日以降同年11月26日までの間、前同様居室として使用させていたものである。

イ　弁護人の主張に対する判断

弁護人は、①被告人は、建築基準法第９条第１項、消防法第５条に基づいて発せられる使用禁止命令、除却命令の受命者適格がないから本件命令は無効である。②本件猶予期間は余りに短期間に過ぎ、本件命令を履行することは事実上不可能であり、また、現に多数の賃借人の居住する本件建築物につき猶予期間内に居住者を立退かせることは借家法の規定に照らし、同人らの任意の立退きがない限り法律上不可能であるから本件各命令は無効である。③除却命令の履行は、刑法第262条に規定する他人に賃貸中の自己の物を損壊することとなり、同法第260条の建造物損壊罪に該当する行為を行うことになるから、かような犯罪行為を命ずる本件除却命令は無効である旨主張するので以下検討してみるに

(ア)　被告人に受命者適格がない旨の主張について

建築基準法第９条第１項、消防法第５条に基づく措置命令の受命者適格を有するものは、消防法第５条に規定する特に緊急の必要があると認める場合を除き、一般的には当該措置命令の内容に応じて具体的に特定されてくるものと解せられるものであるところ、違法建築物の除却命令の名宛人は除却行為をなし得る権限を有する当該建築物の所有者であり、使用禁止命令の名宛人は現に当該建物を使用している占有者のほか当該建築物の所有者もしくは管理者であると考えられる。本件の如く建築物が共同住宅である場合、当該建築物の入居者も建築基準法第９条第１項にいう占有者として、また、消防法第５条にいう権限を有する関係者として使用禁止命令の受命者適格を有することは明らかであるが、入居者が受命適格者であるからといって、当該建築物の所有者、管理者の受命者適格が否定される筋合いのものではなく、使用禁止

命令については、所有者、管理者、入居者はいずれも受命者適格を持つというべきであって、ただ、使用禁止命令の履行方法に差異を生ずるに過ぎない。

旧館の登記簿謄本によれば、その所有名義人が被告人の内妻H名義になっていることが認められるが、Hの司法警察員に対する供述調書、被告人の司法警察員および検察官に対する各供述調書によれば、その建築、増築は被告人の出損と注文においてなされており、その実質上の所有者は被告人であるか、少なくともHとの共有であると認めるのが相当である。しかして、新館の所有者が被告人であることは新館の登記簿謄本およびH、被告人の各供述調書によって明らかであるし、新旧両館につき被告人がHとともに管理者たる地位にあることも各供述調書によってこれを肯認するに充分である。だとすると被告人が本件各措置命令の受命者適格を有しない旨の弁護人の主張は理由がない。

(イ)　本件各措置命令の履行は事実上および法律上不能である旨の主張について

①　建築基準法第９条第１項、消防法第５条に基づき、一定の措置（使用禁止、除却等）を命令する場合の猶予期間がどの程度をもって相当するかは、社会通念に基づき、措置命令が出されるまでの経過、当該措置命令の内容、違反建築物の種類、形態、構造、使用状況等を考慮し、客観的に判断されるべきである。本件において使用禁止命令の猶予期間は建築基準法違反の点につき１か月、消防法違反の点につき26日、除却命令のそれは約２か月となっているが、本件各建物は、鉄骨建の一部を除きすべて木造建築物であって堅固な建物ではないこと、本件使用禁止および除却命令の出された部分の利用方法は後記②の如

くいわゆる簡易宿泊所的利用方法であること、本件各措置命令の出された日よりはるか以前の旧館増築工事中の昭和39年、同43年頃、被告人は、既に大阪市阿倍野消防署長より、建築基準法の規定に基づく確認申請書を大阪市建築主事宛提出し確認を受け、その計画どおり是正するよう口頭による指示を受けたのを始めとして、同44年９月18日頃には口頭で違法増築工事停止の指示を受け、同年12月24日頃にも同消防署員および大阪市建築局係員より当該工事の中止と是正方の口頭指示を受け、翌45年２月３日頃には既に共同住宅として使用していたため、消防署員より３階以上の階を居室として使用し、または使用させないよう口頭指示を受けたが、被告人がこれら再三にわたる口頭指示を無視して依然３階以上の階を居室として使用し、または使用させているため、前記消防署長は、同年12月25日「火災が発生したら人命の危険が大であるから建築法令に適合するよう是正されるまでの間は３階以上の部分を居室として使用し、または使用させないこと、なお、命令事項は同46年１月31日までに履行されたい。」旨の指示書を被告人に手交するとともに、併せて３階以上の階が居室として使用されなくなるまでの間、火災が発生した場合の人命危険緩和のため具体的な消防用設備等を設置するよう口頭指示を与えたが、被告人は期日に至っても指示書の内容を履行せず、その後も、さらに本件猶予期間経過後も依然として新たな多数の入居者に３階以上の階を使用させていること等の事実が本件各証拠によって認められる。以上のような事実と本件措置命令が出されるまでの経過に示された被告人の態度を併せ考えると本件猶予期間が余りに短期間に過ぎ本件各措置命令の履行が事実上不可能である旨の弁護人の主張は採用できない。

② 本件各措置命令が、その内容において被告人をして本件各建物の３階以上の階の入居者を退去せしむべき義務を負担させることとなり、入居者の権利（賃借権）との関係で問題がないわけではない。しかしながら、本件各証拠によれば、本件当該入居者は若干名を除きほとんど長期にわたって居住するつもりはなく、その出入りはかなり頻繁であって、家具、寝具さえ持たないものも少なくなく、賃料は日払いかもしくは10日ないし半月の比較的短期間払いであり、敷金、権利金等は一切支払っていないことが認められるところであり、以上のような本件建物の利用態様からすると、本件建築物はその実質においていわゆる簡易宿泊所に類似するものであって、その入居者のほとんどは借家法第８条にいう一時使用のための賃借権を有するに過ぎないものと考えられる。

のみならず、そもそも建築基準法は、当該建物の入居者自身はもちろん付近住民との関係においても、その生命、健康、財産の保護を図り、もって公共の福祉に資することを目的として建築物の敷地、構造、設備および用途に関する最低の基準を定めたものであって、同法第９条第１項に基づく措置命令もまさにその見地から違反建築物等の是正措置を命ずるものにほかならず、消防法は、当該入居者自身はもちろん付近住民の生命、身体、財産を火災から保護するとともに火災等による被害を軽減し、もって安寧秩序を維持し、公共の福祉の増進に資することを目的とするものであり、同法第５条に基づく措置命令もまさにその目的を達するため、建築物等の位置、構造、設備または管理の状況について火災の予防上必要があると認める場合または火災が発生したならば人命に危険であると認める場合に出されるものであって、かかる措置命令の公益性、緊急性に鑑みれば、入居者の賃借権は当該措置命令の名宛人が当該建物の所有者、管理者であっても、その内容に応じその履行に必要な限度で制限をうけるものと解するのが相当である。（入居者の蒙る損害は、当該違法建築物を建築、所有している賃貸人との間において私法上別個に解決せらるべき筋合のものである。）したがって、本件各措置命令が法律上履行不能である旨の弁護人の主張も理由がない。

(ウ)　本件除却命令の履行は刑法第260条の建造物損壊罪に該当する行為を行うことになるから、かような犯罪行為を命ずる除却命令は無効である旨の主張について

本件除却命令の履行が刑法第260条に定める建造物損壊罪の構成要件に該当することは弁護人指摘のとおりであるが、しかし、それが本件除却命令の履行として行われる限り、それは刑法第35条にいう正当行為として違法性を欠き、罪とならないことは明らかであるから、この点に関する弁護人の主張も理由がない（傍線は引用者）。

４　参考事項等

(1)　事件の確定

本件第一審判決について、被告側から控訴が提起されたが、控訴趣意書（控訴の理由を明示する書面）の提出が期限内に行われなかったため、控訴棄却となり、事件の確定をみた。

(2)　本件事件の争点

本件公判において争点となったのは、①消防法第５条命令等の名宛人の適法性、つまり、受命者適格の問題、②命令の猶予期間（履行期

限と同義）の定め方の妥当性の問題、③命令と居住権との関係であった。

いずれも行政上重要な問題であるが、裁判所の判断は行政側に理解を示した有益な内容を含んでおり、この種違反事案に対する適正な違反処理の遂行上貴重な判例となろう。

なお、判決の一部について若干補足的な解説をしておきたい。

ア　受命者適格に関する判文の中で、「使用禁止命令については、所有者、管理者、入居者は、いずれも受命者適格を持つというべきであって、ただ、使用禁止命令の履行方法に差異が生ずるに過ぎない。」としているが、ここにいう「履行方法の差異」の意味については次のように考えられる。すなわち、使用禁止命令は、「建物を使用してはならない。」または「使用させてはならない。」ことを規制内容とするものであるから、現実に建物を使用している占有者も、建物を使用させている所有者、管理者も、受命者としての適格性を有しているが、入居者については、使用の禁止を命ぜられた建物から他に転居することが命令の履行であり、また、所有者、管理者の場合は、多数の居住者との賃貸借契約を解除して当該居住者を他に転居させることが命令の履行ということになる。

ところで、これらの受命者適格を有する者のうち、現実に誰を命令の名宛人として特定すべきかについては、建物全体についての支配、管理権は誰が持っているのかという観点のほか、受命者の命令違反に対して懲役を含む刑罰を課している法意に鑑み、個々の居住者を相手とするのが妥当であるのか、それとも建物を居住者に賃貸している所有者、管理者側を相手とすべきかの観点から考えるべきことである。とすれば、建物の所有者、管理者を名宛人とするのが妥当な考え方ということになろう。所轄消防署長の考え方もこのような観点から名宛人を特定したものであろうし、裁判所もこれを肯認している。

イ　入居者の賃借権と措置命令との関係について、判文は、「措置命令の公益性、緊急性に鑑みれば、入居者の賃借権は、当該措置命令の名宛人が当該建物の所有者、管理者であっても、その内容に応じ、その履行に必要な限度で制限を受けるものと解するのが相当である。」としているが、このことは、換言すれば、措置命令は、その公益性、緊急性から入居者の賃貸借契約に基づく権利すなわち居住権に優先して履行されるべきであることを意味し、その限りにおいて、強行規定である借家法といえども、措置命令の履行があるまでは適用されないことになる。

⑶　本件判決後の居住状況

本件判決後、３階以上の階に入居していた者は、順次転居し、昭和60年ごろ、市街地開発計画に基づき、本件建物が取り壊されることになった時点では、入居者がほとんどいなかったとのことである。

事例　３

タンクローリーからの危険物の流出と火災事故

（消防法違反、業務上失火・業務上過失致死被告事件、
東京地裁昭和48年５月７日判決―確定）

１　事件の概要

横浜市神奈川区内所在のＮ運輸倉庫㈱子安事業所の自動車運転手乙は、同事業所長甲の意を受けて、昭和44年３月29日午後５時過ぎごろ、無資格で約5,000リットルの重油を積載したタンクローリーを運転し、配送先の東京都新宿区内のソープランド「Ｓ」に到着し、前記タンクローリーの２号タンクに在中の約1,000リットルの重油を同店燃料室のメ

インタンク（容量約1,600リットル）に給油する際、タンクローリーの１号タンク（重油約2,000リットル在中）のバルブが緩んでいるのに気付かず、２号タンクのバルブを開けて給油した過失により、同２号タンクに在中の約1,000リットルの重油のみならず前記１号タンクから約1,400リットルの重油を過剰給油したため、前記メインタンクからあふれた約100リットルの重油を隣接のボイラー室内に流入させ、折から点火中のボイラーの火に引火させて火災となり、前記ソープランド「Ｓ」の店舗約358㎡のうち323㎡を焼毀し、この火災により同店女子従業員５名を焼死させたものである。

この火災事故で、乙は無資格者による危険物の取扱い（法第13条第３項）のほか、業務上失火（刑法第117条の２）および業務上過失致死（刑法第211条）の罪責を問われたほか、甲は乙との共犯、ソープランド「Ｓ」の店主丙は、前記ボイラー室の構造違反等（条例第31条第１項第５号）、支配人丁は、乙からボイラー室のメインタンクに重油の給油を受ける際、給油状況を確認できる場所から立ち去り、重油流出の一因をつくった違反（条例30条７号）の罪責により、昭和44年４月４日、所轄淀橋消防署長から東京地検に告発されたものである。

２　告発後の経過

告発の結果、被告発人乙については、東京地検の公判請求がなされ、甲及び丙については、新宿区検から新宿簡裁に略式起訴がなされ、それぞれ罰金５万円および罰金２万円の略式命令を受けている。しかし、甲は、これを不服として東京地裁に正式裁判の請求をしたため、先に公判請求されていた乙の事件と併合裁判となったが、結局略式命令と同様の刑罰を受ける結果となった。

なお、丁については、嫌疑不十分として不起訴となっている。

３ 判　決

⑴ 主　文

被告人乙　　禁錮10月（執行猶予３年）

被告人甲　　罰金５万円

⑵ 理　由

ア　罪となるべき事実

被告人乙は、Ｎ運輸倉庫株式会社子安事業所にタンクローリー車の運転手として勤務し、重油の移送および給油の業務に従事していたもの、被告人甲は、同会社の運輸部次長兼子安事業所長として同会社の運送業務および同事業所における業務全般を担当処理していたものであるが、

①　被告人乙は、昭和44年３月29日午後５時頃、約5,000リットルの重油（第四類第三石油類。Ａ重油1,000リットル、Ｂ重油4,000リットル）を積載したタンクローリー車（１号から３号までのタンクを具備）、２号タンクに在中の約1,000リットルのＡ重油を同店玄関付近の給油口から同店地下室にあるメインタンク（容量1,600リットル）に給油しようとしたのであるが、このような場合、危険物である重油を取り扱うにあたっては、過剰給油をして重油を同店の燃料タンクからあふれさせないよう、タンクローリー車の各タンクのバルブの開閉状態を点検するとともに給油量の監視を行いつつ慎重に給油し、過剰給油に伴う漏油による火災およびこの火災による人の死傷等の危害の発生を未然に防止しなければならない業務上の注意義務があるにもかかわらずこれを怠り、前記タンクローリー車の１号タンク（Ｂ重油約2,000リットル在中）のバルブが緩んでいることを看過ごしたまま２号タンクのバルブをあけて給油を開始した過失により、同２号タンク在中

の約1,000リットルのＡ重油のみならず１号タンクから約1,400リットルのＢ重油を過剰給油したため、「Ｓ」方メインタンクを満杯にしたうえ、これにパイプで接続しているサービスタンク上部にあるフロート棒（直径約９ミリメートル）部隙間（直径約12ミリメートル）から重油をあふれさせ、そのうちの一部を同所から長さ約1.7メートル幅約0.9メートルで約200分の５の下り勾配のあるコンクリート床面の吹き抜け部分を経てボイラー室内に流入させたうえ、スチームボイラーの第二次空気取入口付近床面に滞留させ、折から点火中の同スチームボイラーの火に引火させて火を失し、よって同店従業員等の現在する前記ソープランド「Ｓ」防火造２階建て延面積約365（地下タンク室も含む。）平方メートルの店舗の大半を焼毀し、その際、火災により同店女子従業員５名を焼死するに至らしめ、

②　被告人両名は共謀のうえ、被告人乙において危険物取扱主任者（引用者注・現行の「危険物保安監督者」。以下同じ。）でなく、かつ、法定の除外事由がないのに、前記日時場所において危険物取扱主任者の立会いなくして消防法所定の危険物である第四類第三石油類（重油）合計約5,000リットルを積載した移動タンク貯蔵所である前記タンクローリー車から前記のとおり約2,400リットルを給油し、もって危険物を取り扱ったものである。

イ　弁護人の主張に対する判断

㈠　訴因不特定（公訴棄却）の主張について

本件業務上失火、同過失致死の公訴訴因は「・・・被告人乙は・・・約5,000リットルの重油を積載するタンクローリー車・・・の２号タンクに在中の約1,000リットルの重油を同店（「Ｓ」）燃料室のメインタンク（容量1,600リットル）に給油し

ようとしたが、・・・前記タンクローリー車の１号タンク（重油約2,000リットル在中）のバルブをあけて給油した過失により、同２号タンク在中の約1,400リットルの重油を過剰給油したため、前記メインタンクからあふれた約100リットルの重油を隣接のボイラー室内に流出させ、折から点火中のボイラーの火に引火させて、火を失し・・・」というのであって、被告人の過剰給油と本件出火との因果記載として格別欠けるところはない。

本件の出火は、所論も指摘するように、かなり複雑な経過をたどっており、「Ｓ」方メインタンク以外に、これと連なるサービスタンク、同サービスタンク近辺の床面状況、サービスタンク室とボイラー室との関連状況等種々な要因が介在するものであり、本件訴因にこの点の言及がないことは否めないが、本来訴因は立証命題であって、できる限り日時場所および方法等を具体的に明示すべきものであるとはいえ、当該事件に関係するすべての事情を逐一具体的に明示しなければならないものではない。

本件において検察官は、その冒頭陳述において、本件出火に至る経緯につきかなり詳細な補足をしているのであり、これによって前記訴因の内容はさらに具体化されているのであって、本件審理において被告人側の防禦に格別の支障が生じたとも認められない。

(イ)　被告人の過剰給油と本件火災との因果関係について

ａ　本件の火災が消火されて間もない時点において、「Ｓ」方ボイラー室のスチームボイラーのバーナーに付属設置されているストレーナーは、その上部蓋（カバー）の部分（金属性のもの）が若干歪んだ状態になっており、この歪みの隙間からゴムパッキング（ブナゴム製）の一部が幅約10ミリメートルにわたって露出し、過熱によるとみられる損傷を受けていることが認められ、サービスタンクからスチームボイラーに通ずる送油管のコック（本件事故発生のため閉鎖されていた。）を全開すると、このパッキングの露出部分を重油が棒状に放物線を画いて漏洩したことが認められる。また、ストレーナーの蓋の部分を取り外してみると、このストレーナーの下部本体上面周囲には、前記パッキングの露出部分を除いてパッキングが火熱密着されて生じたとみられる輪状の痕跡があるが、露出部分にはそれが存しなかったことが認められる。本件ストレーナーをバーナーに付設する段階ではこの蓋に格別の異常がなかったことは第５回公判調書中証人Ｔの証言記載により肯認し得るところであり、ストレーナーの付設後本件火災発生までの間にこの蓋に損傷が生じた形跡も認められないから、この蓋の前記歪みは本件火災による火熱の影響で生じたものと思われる。

b　念のため付言するに、被告人乙の本件過剰給油により「Ｓ」方サービスタンクのフロート棒部隙間からどの程度の重油が漏出し、そのうちどの程度のものがボイラー室に流入して滞留したかは本件全証拠をもってしても正確にその数量を確認することができない。しかし、本件過剰給油によりともかく相当量の重油がサービスタンクフロート棒部隙間から漏出し、そのうちの相当量のものが傾斜床面を下ってボイラー室に流入し、スチームボイラー空気取入口付近に滞留中ボイラーの火熱で気化して引火し、本件火災に至ったという因果の基本的経緯はこれを肯認するに十分であって、被告人乙の本件業務上失火罪等の成立を認めるに格別の支障はないものと解せられる。

(ウ)　過失の成否について

被告人乙が本件において取り扱った重油は、消防法上危険物とされ、その取扱いには格別の注意が必要とされるものであって、このような危険物をみだりに過剰給油すれば出火その他不測の生じ得べきことは経験則上容易に肯認し得るところである。消防法がこの種危険物の取扱いに危険物取扱主任者の立会いを義務づけている（昭和46年法律第97号による改正前の同法第13条第３項）のも、このような危険性をも配慮したことによるものと解されるのであって、被告人乙が前判示のような不注意（タンクローリー車１号タンクのバルブの安全不確認）により約1,400リットルに及ぶ多量の重油を過剰給油するにおいては、これにより本件のような事態が生じ得べきことはその予見可能の範囲内に属するものと解されるのであり、このように解してもこの種作業の従事者に不当に重い予見義務を課するものとはいえない。「Ｓ」方重油貯蔵施設に所論の指摘するような点があって、そのうちには法律上の見地から問題となるものがないでもなく、また、本件においては給油受入側の管理態勢にも問題の余地がないとはいい難いけれども、これらは情状の問題として考慮し得るのは格別、被告人乙の本件過失の成立に格別の消長を及ぼし得るものではない。

(エ)　消防法違反について

所論は、本件タンクローリー車は消防法にいう貯蔵所に該当するものであり、このような貯蔵所についてする同法第13条第３項（昭和46年法律第97号による改正前のもの。以下同様）所定の危険物（本件では重油）の取扱いとは、当該危険物（重油）の積み入れ又は積み下ろしに限られるのであって、重油を積載したタンクローリー車を運転移動させることは同条項にいう取扱いには該らない。また、同法において重油が危険物とされ、その取扱いに危険物取扱主任者の立会いを必要とするのは、それが同法にいう指定数量（本件の重油では2,000リットル）を超える場合に限られるのであって、本件「Ｓ」における積み下ろしは注文量が指定数量に満たない1,000リットルであったのであるから、未だ前記条項にいう取扱いには該当しない。もっとも、本件において、被告人乙は、注文量の1,000リットルを超えてさらに約1,400リットルの重油を過剰に給油しているが、これは過失によるものであって、本件故意犯の対象とはならない。

なお、被告人甲は、被告人乙が本件当日前記のタンクローリー車で「Ｓ」へ重油を運送供給した事実を事前には知らなかったのであり、本件事故後はじめてこれを知ったものであるから、被告人両名の間に本件消防法違反についての共謀が成立する余地はなく、被告人甲において本件の共犯責任を負うべきいわれはない。と主張する。

よって、所論に鑑み関係証拠を総合して按ずるに、

ａ　先ず、本件のタンクローリー車が消防法にいう貯蔵所（同法10条にいう「車両に固定されたタンクにおいて危険物を貯蔵し、又は取り扱う貯蔵所」に該当し、このような貯蔵所（タンクローリー車）においてする同法第13条第３項所定の危険物（重油）取扱いとは、所論の指摘するように、当該危険物の積み込みまたは積み下ろし（給油行為を含む。）を指称するものであって、危険物（重油）を積載したタンクローリー車を運転移動させること（運送）自体は同条項にいう取扱いに該当しないと解せられる。

本件公訴訴因（変更後の訴因）の記載をみるに、被告人両名

は「・・・共謀のうえ、被告人乙において危険物取扱主任者でなく、かつ、法定の除外事由がないのに、危険物取扱主任者の立会いなくして、昭和44年３月29日神奈川県川崎市内所在のＴ石油川崎精油所から東京都新宿区内の「Ｓ」までの間移動タンク貯蔵所であるタンクローリー車に、消防法所定の危険物である第四類第三石油類（重油）合計5,000リットルを積載運送したうえ、同所において、同車のタンクに在中の重油約2,400リットルを給油し、もって危険物を取り扱ったものである」というのであって、「運送」が消防法第13条第３項にいう取扱いに当たるという趣旨であれば、この点は前記説示したところに照らしこれを肯認することができない。しかし、本件のタンクローリー車が貯蔵所のうちでもいわゆる移動貯蔵所という特殊な性質を有するものであるところから、この車に積載してある重油を本件「Ｓ」において積み下ろし（給油）して取り扱うに至った経過的事情として言及した趣旨とも理解されるのであり、現に検察官は、本件公判審理においてそのような見地に立脚して公判維持にあたっている（検察官の論告要旨等）のであって、このような見地からすると、本件訴因事実の一部に法律上の非違が存するとまで断ずるのは相当でない。

b　次に、消防法第13条第３項は、危険物貯蔵所における当該危険物の取扱いについて危険物取扱主任者の立会いを義務づけているが、この場合の取扱い数量については格別の規制を設けてはいない。それは、同法所定の危険物はその性状自体に危険性を包含しており、このような貯蔵所（そこには通常指定数量以上の量を貯蔵することが予定されている。）から出し入れして取り扱う場合の危険性は、当該取扱数量の大小によってさしたる差はないとする法意によるものと解されるのであって、所論のように、指定数量未満の取扱いであれば危険物でなく、前記条項の適用はないと解すべき理由はない。なお、本件のタンクローリー車は１号から３号までの３個のタンクを有するものであるが、法律上はこれらを包括して１個の移動貯蔵所と観念すべきであって、各個のタンクを別個独立の貯蔵所とみるのは相当でない。

c　次に、被告人両名の捜査官に対する各供述調書によれば、被告人両名は、Ｎ運輸倉庫株式会社子安事業所の組織のうえから、業務につき指揮監督をする立場（被告人甲）とこれを受ける立場（被告人乙）の相違はあっても、同じ職場で共に勤務していたのであって、被告人甲は、被告人乙が危険物取扱主任者の資格を有していないことを熟知しながら被告人乙をして単独で重油タンクローリー車の運転とこの積載重油の取扱作業に従事させていたものであり、被告人甲がこの方針を本件当時撤回ないし取り消していた形跡は認められない。一方、被告人乙にあっては、自分が危険物取扱主任者でないことを承知しながら、被告人甲の指示に従って単独でタンクローリー車による重油の運送、取扱（給油）行為を反復継続して本件に至っているのであって、このような包括的背景事情が認められる以上、たとえ両者の間に本件の重油取扱いにつき具体的な意思の連絡がなかったとしても、両者に対し本件共謀の罪責を肯認するに十分である（傍線は引用者）。

４　参考事項等

⑴　罪数と量刑

被告人乙の行為のうち、業務上失火（刑法第117条の２）と業務上過失致死（刑法第211条）の行為は、一個の行為にして数個の罪名に触れる関係にあるから観念的競合となり、科刑上は、法定刑の重い業務上過失致死罪の一罪として処断される（刑法第54条第１項前段）。一方、業務上過失致死罪と消防法違反（法第13条第３項）とは、併合罪を構成する（刑法第45条前段、第47条）。したがって、刑法上、刑の加重が可能であったにもかかわらず、執行猶予付きの禁錮刑にとどまったゆえんは、①本件事故の原因が被告発人乙の過失による過剰給油のみでなく、「Ｓ」側の重油貯蔵施設の構造、設備面ならびに給油受け入れの管理態勢にも欠陥が認められること。②被害者側とＮ運輸倉庫側（タンクローリー側）との間に円満な和解が成立していること。③被告発人に特段の前科前歴がなかったこと。④被告発人が自己の過失行為を反省悔悟していること等酌量すべき情状があったことによる。

⑵　被告発人丁の不起訴の理由

被告発人丁の行為が嫌疑不十分として不起訴処分となった理由については、明らかにされていないが、おそらく、次のような理由によるものと思われる。

少量危険物貯蔵取扱所において危険物の流出等があった場合、条例第30条第７号違反として責任を問うためにはその結果に対し、何らかの原因行為がなければならないが本件の場合、危険物を流出させた原因は被告発人乙の過剰給油によるものであり、しかも条例の規定では、被告発人丁には、給油状況を常時監視すべき義務がない（給油状況の監視を行うことは望ましいことではあるが、このことと法的責任とは別個の問題である。）ことから、これに対し、危険物流出の刑事責任を負わせることはできないと判示されたものと推測できる。もし、被告発人丁が危険物の流出にかかる法的責任を問われる場合があるとすれば、メインタンクの危険物の残量を確かめず、タンクローリーの運転手に対し、危険物の過剰給油を指示したような場合で、このような場合は危険物の流出について明らかに一つの原因力を与えたことになるからである。

(3)　消防法令違反にかかる共謀共同正犯の成立について

消防法令違反の中には、上司等の一般的な命令、指示等に基づいて違反が繰り返されている例が多いが、本判決は、このような形で違反が反復され、しかもそれぞれに違法の認識が認められるという包括的な背景がある限り、個々の違反行為について具体的な意思の連絡がなかったとしても当該違反にかかる両者の共謀共同正犯の成立は充分に考えられることを示唆している。（もっとも、この種事案を共謀共同正犯として告発し、略式命令によって刑の確定をみた消防法令違反事件がなかったわけではないが、正式裁判における判決によってその理由が明示されたのは本件が初めてのケースである。）

ことに、本件のような消防法第13条第３項違反をはじめ、同法第10条第１項違反、同法第16条違反等にはこの種の共犯関係が考えられるので、その認定に際しては本件判決に示された共犯理論の活用が望まれる。

事例　４

タンクローリーからの危険物の不法投棄

（消防法違反被告事件。東京地裁昭和48年５月８日判決―確定）

１　事件の概要

廃油業者であるＮは、危険物取扱主任者ではないのに、移動タンク貯蔵所により単独で工場廃液を移送中、搬送先が見つからないため、昭和

46年7月6日午後1時30分ごろ、東京都足立区内道路上において、移動タンク貯蔵所から同所付近の用水堀の水中に危険物である工場廃液を不法に投棄し、付近一帯に公害を発生させた。このため、所轄の西新井消防署長から西新井警察署長に告発措置がとられたが、東京地検では消防法違反に関連する公害事犯として東京地裁に対して公判請求（正式裁判の請求）の措置をとったものである。

2　判決

⑴　主文

懲役4月（執行猶予1年）、罰金3万円

⑵　理由

ア　罪となるべき事実

被告人は、

㋐　危険物取扱主任者（引用者注・現行の「危険物保安監督者」。以下同じ。）ではないところ、昭和46年7月6日午後1時30分ごろ、東京都足立区内道路上において、甲種危険物取扱主任者または乙種危険物取扱主任者を立ち会わせないで、危険物の貯蔵所である特殊用途貨物自動車（タンクローリー車）より同所付近の用水堀の水中に危険物であるアルコール類イソプロパノール約65パーセント、同メタノール約26パーセントを含有する工場廃液約4,000リットルを流出させて不法に危険物を取り扱った。

㋑　同日時、同所において、危険物の貯蔵所である特殊用途貨物自動車（タンクローリー車）より、政令で定める技術上の基準に従わずに（災害の発生を防止するための適当な措置を講ずることなく）、前同所付近の用水堀の水中に危険物である前記㋐の各アルコール類を含有する工場廃液約4,000リットルを流出させて不法に危険物を取り扱った。

ものである。

なお、被告人および弁護人は、被告人が本件当時、その流出させた工場廃液が危険物であるとの認識を欠いていたと主張するが、各証拠により、本件犯行時において、被告人が本件廃液をくみとったＳ化学株式会社平塚工場の廃液貯蔵タンク付近には、危険物たることを示す立札があり、喫煙を禁止されており、かつ、被告人は、廃液がアルコール性のもので燃えやすいという意味での危険物であることを了知してこれらを取り扱っていたこと、当時、被告人は、廃液を取り扱うためには危険物取扱主任者の免状を取得する必要があると思料して、その受験を試みていたこと、被告人はそのくみとりかつ流出させた本件廃液の量について正確に認識していたこと等の事実が認められるので、被告人は本件犯行当時、その不法に取り扱った廃液が消防法上の危険物に該当していることを認識していたものと判断する。

イ　法令の適用

被告人の判示㈠の所為は、消防法42条１項５号、13条３項、判示㈡の所為は、同法43条１項２号、10条３項に該当する。

３　参考事項等

⑴　所轄警察署への告発

本件は、消防法令違反にかかる初めての公害事犯（廃油業者である被告発人が、廃油の運搬先が見つからなかったため、前記場所に不法投棄したもの）であるが、公害事案については、警察側において取り締まりにあたっていたところから、例外的措置として警察に告発したものである。

⑵　公判請求の理由

本件は、危険度の高い危険物を故意に水中（用水堀）に投棄して付近一帯に公害（悪臭の発散とめまい症状）を発生させるという悪質性と危険性から公判請求となったものと思われる。

(3)　危険物についての認識について

違反行為者が、違反事実の認識を欠くときは、故意が阻却され、したがって犯罪が成立しないのであるが、本件、投棄物件につき、被告人側は公判廷において危険物であることを知らなかったと主張し、違反事実の認識を欠くものとして犯意（故意）を否定しようとした。

これに対し、検察側は、次のような理由により危険物の認識があったものと断定し、これが裁判所によって肯定された。

ア　本件、危険物を積載した工場の廃液タンク付近には、危険物である旨の立札があり、喫煙が禁止されていたこと等

イ　廃液がアルコール類に該当することを知っていたこと。

ウ　危険物を取り扱うためには、危険物取扱主任者免状を取得する必要があると考え、その試験を受験していること。

このことからわかるように、危険物については、第○類○○○等というようにその品名を正確に認識していなくとも行為の状況から消防法でいう危険物であることをばく然と知っている場合あるいは知っているはずだといえる場合にも事実の認識があったものとして、犯意の存在が肯定される。これは、この種違反事案の犯意の認定に示唆を与える重要な判決である。

(4)　罪数

本件無資格者による危険物の取扱い（法第13条第３項違反）と危険物の不法投棄（法第10条第３項違反）は、併合罪（刑法第45条）を構成する。

事例　５

大量危険物の無許可貯蔵

（消防法違反被告事件、東京地裁昭和49年５月８日判決—確定）

１　事件の概要

東京都世田谷区内に所在するＭ商会㈱は石油製品の販売業を営んでいるものであるが、同会社の代表取締役で、かつ、危険物取扱者であるＭは、石油ショック時における石油類の大量買溜めを意図し、①昭和48年８月31日から同年９月８日までの間、同区内空地に置かれたタンク（貯蔵所の許可をとっていないもの）２基に計20,000リットルの灯油（第四類第二石油類）を貯蔵し、②同年３月31日から９月８日までの間、世田谷区内に所在するＫ所有の木造倉庫内の散水車（廃車）のタンクに重油（第四類第三石油類）2,500リットルを貯蔵していた。このため、所轄成城消防署長は大量危険物の無許可貯蔵等の社会的影響を重視し、昭和48年10月24日東京地検に告発措置をとったものである。

２　判決

⑴　主文

罰金20万円

⑵　理由

ア　罪となるべき事実

被告人は、所謂個人企業である株式会社Ｍ商会（本店所在地は肩書住居地）の代表取締役として、妻と共に、従業員１名を雇用し、一般家庭に対しては灯油を、企業に対しては重油を小売りするなど石油販売業を営み、右石油類の貯蔵所としては、他から賃借している地下タンク１個所の外、タンクローリー車１台を所有しているものであるが、いずれも法定事由がないのに、

(ア)　問屋筋から昭和48年９月１日以降出荷分の灯油の仕入価格が若干値上りする旨聞知し、かつ、従来秋から冬季にかけて灯油の仕入に困難を来たすことがあり、予め夏期にその仕入量を多くして問屋筋に実績を作り、右仕入難に備えようとしたことなどから、かねてより注文していた灯油24,000リットルが問屋から配送されるや、同48年８月31日から同年９月８日までの間、貯蔵所以外の場所である東京都世田谷区内空地において、同所に搬入していた地下から掘起こされた石油タンク２基内に、右配送された危険物である灯油（第四類第二石油類）のうち、指定数量以上の20,000リットルを貯蔵し、

(イ)　かねてより、知人のＫから同区内同人方木造倉庫を賃借し、右倉庫内にタンクローリー車に取り付けられていた古物のタンク１基を取り外してこれを搬入し、重油を貯蔵していたところ、同48年９月10日、貯蔵所以外の場所である右木造倉庫内において、右タンク内に指定数量以上の危険物である重油（第四類第三石油類）と灯油（第四類第二石油類）の混合したもの合計2,500リットルを貯蔵したものである。

イ　量刑理由

本件は、石油販売業者としてこの種違反となることを熟知している被告人が、灯油、重油を貯蔵所以外の場所に不法貯蔵した事案であり、判示(ア)、(イ)の事実とも、一応タンク内に貯蔵していたとはいえ、判示(ア)の違反については、灯油の貯蔵量は20,000リットルと多量であり、タンクのマンホール部分の給油口等にはこれを塞ぐ措置等を講ぜず、シートをかけたのみであって、空地に右タンクを放置していた関係上、子供の火遊びによる火災の発生や、地震等によるその倒壊、灯油の流出等が考えられ、火災の予防、火災、地震の際

のその被害の増大の見地からみて、危険性は大であり、また、判示(イ)の違反についても、その貯蔵量は比較的少量であったとはいえ、貯蔵場所は木造倉庫内であってこれに近接して民家があり、類焼の際のその被害の拡大など前同様の危険性は極めて大であり、これらの諸事情を考えると、被告人の刑事責任は決して軽からず、これに対する処罰としては、懲役刑を選択することもあながち考えられない事案ではないけれども、被告人はこの種違反としては初犯であり、反省の色が認められるなど諸般の情状を考慮し、主文とおりの罰金刑に処するのが相当であると思料した次第である。

３　参考事項等

(1)　本件違反事案のように災害の発生と関連のない違反のみで告発され、公判請求（正式裁判）によって刑が確定したのは東京消防庁として初めてのケースである。

(2)　本件公判の冒頭において、被告人は、犯罪の事実を認めており、したがって、裁判上の争点は、犯罪の情状特に危険性の有無にしぼられたわけであるが、危険物の無許可貯蔵そのものの危険性を具体的に説明することは困難であるので、消防側としては、次のような点を主張することとした。すなわち、消防は、常に最悪の事態を考えて防災上の措置をとらなければならないという立場に立って①多量の灯油の入ったタンクを蓋もせずしかも不安定な状態で空地に無管理のまま放置していたことは、子供等の火遊びによる火災の発生危険または地震等による倒壊およびこれに伴う危険物の流出等が考えられ、そのためにタンクのマンホールの配管を塞いだり、タンクを安定させるための補強措置をとったものであること。②木造民家の近接した木造倉庫内散水車（廃車）のタンクに重油2,500リットルを貯蔵したことは、火災が発生した場合の拡大危険が大であること。そしてこれらの主張がすべて判決の中にとり入れられたことは、この種違反の危険性の認定に一つの方向を示唆するものとして評価される。

(3)　本件違反の灯油20,000リットルの無許可貯蔵と重油2,500リットルの無許可貯蔵とは併合罪を構成するため、法定罰金刑の最高額（当時）20万円にその半数10万円を加えた額30万円の範囲内において処断されたものである（刑法第45条前段、第48条第２項）。

事例　6

家具販売店舗に対する使用禁止命令違反

（消防法違反被告事件、甲府地裁昭和50年12月26日判決―確定）

1　事件の概要

家具類販売業のＡは、昭和50年８月30日から山梨県西八代郡内に新築した家具販売店舗（鉄骨造８階建）の使用を開始しようとしていたが、立入検査の結果、同店舗には防火区画の欠落等の構造違反、自動火災報知設備の未設置および防火管理者の未選任等の重大な違反が併存していることが認められた。このため、同50年８月29日甲府地区広域行政事務組合消防長から消防法第５条に基づく店舗の使用禁止命令を受けた。しかし、Ａはこれに従わず、同50年８月30日に同店舗を使用したため、同50年９月１日命令違反として甲府地検に告発されたものである。

なお、特定行政庁は、本件店舗が確認した計画に相違し、建築基準法に違反しているため、昭和50年９月６日同法９条７項の規定に基づき店舗の仮使用禁止命令を発動している。

2　告発後の経過

(1)　地検の対応

告発を受けた甲府地検では、本件違反の危険性と命令を無視して約

１か月半の長期間にわたって営業の継続を強行した犯情を重視し、あえて正式裁判を請求したものと思われる。

⑵　公判

本件違反に係る公判は、昭和50年12月12日の第１回公判と同月22日の第２回公判で結審となっているが、この種の裁判では異例の早さといえよう。

３　判決

⑴　主文

懲役６月（執行猶予３年）

⑵　理由

ア　罪となるべき事実

被告人は、家具類販売業を営むものであるが、昭和50年８月29日、甲府地区広域行政事務組合消防長から、自己が営業用店舗等として新築した鉄骨８階建建築物の構造、設備の状況について、火災の予防上必要があり、かつ、火災が発生したならば人命に危険であると認められて同建築物の使用の禁止を命ぜられたのに、同月30日から同年10月13日までの間、同建築物を前記用途に使用し、もって命令に違反したものである。

イ　弁護人の主張に対する判断

弁護人は、本件建物は、既に県の建築許可を受けており、また、被告人には本件建物が火災発生の危険性のある欠陥建築物であることの認識もなかったとして被告人は、無罪である旨主張するので、関係各証拠によって検討する。

本件建築物は、県の建築許可を受けたものであるが、その建物の構造、設備用途は許可条件に違反したもので、ひとたび火災が発生した場合には、人命に多大の危険を及ぼすものであることが明らかであり、これに対し判示の様に使用禁止命令が出されたのは当然のことであって、この使用禁止命令に違反して営業を継続した被告人には消防法５条違反の犯罪が成立することは明らかである。

なお、弁護人主張の建築許可による犯罪不成立の点も、本件建築物が許可の前提となった建築物の設備構造を完備していないので、同法５条ただし書を適用する余地のないことは明らかである。

また、弁護人主張の被告人に火災発生の危険性について認識がなかったので犯罪不成立とする点も、被告人にはかかる危険性の認識がなかったとはいえないのみならず、被告人には使用禁止命令違反の認識があったのであるから同法５条違反の犯罪が成立することは明らかである。

ウ　量刑の事由

被告人は、８階（５階建て屋上３階）建の家具店を建築して家具類販売業を営んでいる者であるが、多数の人々の出入りする高層店舗等において、ひとたび火災が発生すると大惨事に至ることは経験則上必至なので、かかる店舗の建築に際しては、防火耐火避難の設備構造において安全性確保に万全を期すべきであるが、被告人は、許可条件に違反して手抜き工事による明らかな欠陥店舗という極めて危険な状態で建物完成の届出も検査も受けずに営業を開始せんとし、これに対し使用禁止命令がだされたにもかかわらずこれを無視して約１か月半の長期間にわたって強行に営業を継続したものであって、この犯情罪質態様は悪質危険であり、これが社会的にも法律的にも重い罪に当ることは多言を要しないところである。

しかし、被告人は、深く反省後悔していること、現在改修工事をなし使用禁止命令も取消されるに至ったこと、既に社会的経済的制裁も受けていること、今までの生活態度も比較的真面目で今までに業務上過失傷害罪で罰金刑に処せられたことが１回ある以外には前科前歴もないこと、再犯のおそれもないことなど量刑上被告人に有利に斟酌すべき事情もかなり多く見られる。そこで、これら被告人に有利不利な一切の事情を総合考慮して前記刑の量定をなし、なお、その刑の執行を猶予することとした次第である。

４　参考事項等

(1)　本件消防法第５条命令の要件の認定

甲府地区広域行政事務組合消防本部では、本件命令の要件となる具体的な拡大危険や火災が発生した場合における具体的な人命危険が認められる理由として、下記のような要素を掲げて受命者に明示しているが、この考え方は、昭和58年７月に設置された全国消防長会予防委員会おいて検討され、同59年12月に策定された「行政措置命令の運用要領等に関する研究」の考え方とその軌を一にする。したがって、本命令は、「大阪・Ｙ荘」に対する使用禁止命令の事例とともに、消防法第５条命令に係る先駆的、かつ、適正な行政執行事例として評価される。

①　建築基準法の規定により耐火建築物でなければならないが、耐火建築物となっていない。

②　同法の規定により直通階段は２以上とし、避難階段としなければならないが、階段は１であり、避難階段ではない。

③　同法の規定により階段とその他の部分を防火的に区画しなければならないが、これが区画されていない。

④　同法の規定に基づく排煙設備、非常用照明設備および非常用進入口がない。

⑤　消防法第17条第１項の規定に基づく自動火災報知設備、非常警報設備、避難器具、誘導灯および連結送水管設備を設置しなければな

らないが、全く設置されていない。

⑥　消防法第８条の規定に基づく防火管理者の選任がなされず、消防計画も作成されていない。

なお、火災が発生した場合における人命危険等の認定資料として、本件店舗と用途的に類似する大阪千日デパートビル火災（昭和47年５月、死者118名）、および大洋デパート火災（昭和48年11月、死者103名）の事例を掲げているが、このことは、人命危険等の実証的情状資料として極めて有効なものであり、この種消防法第５条命令の場合に限らず、同法第17条の４の設置命令違反の場合に活用されしかるべき立証手法である。

⑵　本件命令違反と消防法第５条ただし書との関係

本件公判において、弁護人は被告人の無罪理由の一つとして、本件店舗が建築主事の確認を得ていることをあげている。すなわち、本件店舗が建築確認を受けている以上、事情の変更がない限り消防法第５条ただし書の適用を受け、本件命令は行い得ないのであるから、命令違反は成り立たない。したがって、本命令違反は無罪であるとの主張と思われる。

たしかに、本件店舗は、昭和50年６月４日、山梨県建築主事の確認を得ているが、当該確認は、消防法第７条第１項および建築基準法第93条第１項の規定による消防長（消防署長）の同意を得ていない。建築確認は、消防同意を得ることを前提、かつ、有効要件としているから、消防同意を得ない建築確認は、重大かつ明白な瑕疵ある行為として無効とされ、公定力が働く（公定力によって保護される。）余地がない。

仮に本件確認が有効であるとしても所定の建築構造に欠陥があり、建築設備や消防用設備等が設置されていないことは事情の変更にあたると解される。

したがって、いずれにしても本件店舗については、消防法第５条ただし書の適用はなく、裁判所もこれを認めている。

事例　7

悪質な危険物の無許可貯蔵

（消防法違反被告事件、昭和51年10月29日判決―確定）

1　事件の概要

東京都足立区内に所在するＳ株式会社代表取締役は、①昭和49年５月17日、法定の除外事由がないのに、前記会社の敷地内において、ドラム缶により危険物であるガソリン（第四類第一石油類）、灯油（同第二石油類）、重油（同第三石油類）および廃油約52,950リットルを貯蔵し、②同年５月18日、消防法16条の４（現行法16条の５）に基づき東京消防庁消防総監から、同会社倉庫内西側のトタン塀で囲まれた部分に貯蔵されている危険物の品名、数量及び貯蔵開始年月日について報告を求められたが、報告期限が経過しても報告を怠ったため、同年７月12日、西新井消防署長から西新井警察署長に告発されたものである。

2　所轄警察による犯罪の捜査

告発状を受理した西新井警察署は、保安係が内偵を進めていたが、西新井消防署と連絡をとりながら、昭和49年７月19日９時30分強制捜査を実施した。この際警察側の要請により査察指導係長以下係員５名が捜査に立ち会った。

捜査の結果、告発当時の貯蔵量は大幅に減少していたが、消防法第10条第１項違反の成立には十分であったので、西新井警察署から足立区検察庁に書類送検された。

なお、消防法違反につき、所轄警察署に告発したのは、立入検査の拒否等によって消防法上の権限では行い得なくなった危険物の貯蔵の実態を警察の強制捜査によって補完してもらうためのもので、いわば異例の措置である。

３　区検察庁の略式起訴の結果

所轄西新井警察署から書類送検を受けた足立区検察庁では、その犯罪事実の成立を認め、足立簡易裁判所に略式起訴の手続きをとったが、書類審理の結果、同裁判所から昭和49年12月17日、被告人に対し罰金20万円の略式命令があった。これに対し、被告人は、略式命令を不服として昭和50年１月９日同裁判所に対し正式裁判の請求手続きをとった。請求の理由は、犯罪事実の誤認、つまり、危険物（灯油）の貯蔵量の算定に誤りがあるというものであるが、ガソリンの無許可貯蔵については、すでに動かし難い事実として固まっているので、犯罪の成立を否定することはむしろ不可能に近かった。したがって、灯油を含めた危険物全体の貯蔵量を少なくすることによって情状面から刑の軽減を図ろうとする点にねらいがあったものと思われる。

４　検察官の意見

本件公訴事実については、取り調べられた関係各証拠を総合するとその証明は十分と思料する。

なお、弁護人および被告人から貯蔵および取扱いの意義、起訴状記載の危険物の数量およびその内容について疑義がある旨の主張がなされているので、右主張に対する意見および情状等について意見を申し述べる。

(1)　貯蔵、取扱いの意義について

ア　適法な貯蔵とは、消防法別表に定める危険物を許可された貯蔵場所に許可された数量を許可された容器に収納保管する行為であり、適法な取扱いとは、消防法別表に定める指定数量以上の危険物を許可された条件のもとで、危険物取扱者が立会いのうえ、最小限の必要とされる取扱い（例えば、貯蔵のための出し入れ等）の行為である。

イ　しかるに、関係証拠を総合すると被告人に対する公訴事実記載の油類についてはいずれも右の適法な貯蔵あるいは取扱いには該当せず、違法な貯蔵もしくは取扱いであることは明らかであって、被告人に対する公訴事実記載の油類が適法な貯蔵場所以外の場所に貯蔵されていたことが認められる。

(2)　公訴事実の油類の数量およびその内容について

ア　被告人の当公判廷における油類の数量に関する供述を検討すると、例えば、第８回公判調書では「検証の日、地下タンクには油が満杯であった」旨供述したかと思うと、第９回公判調書では「地下タンクには油は零の状態であった」旨供述するなど矛盾が多く、措信し難いところ、反面、被告人の被疑者段階における司法警察員、検察官に対する供述は、検証調書、証人Ｏ、同Ｓ等の証言とも合致するなど客観的にも合理性があり、真実性が認められ、信用度が高いのであり、前述の公訴事実の数量の油類を被告人が違法に貯蔵していたことは明らかである。

イ　被告人は、当公判廷において右違法に貯蔵していた油類に水が混入していた旨供述しているが、同人は昭和49年７月23日西新井警察署の司法警察員に対し、同油類については、いずれもＫ商事から購入したもので、ガソリンについては、Ｋ商事から買い入れた1,000リットルと繰越残量の合計、軽油については、Ｋ商事から購入したものの残量、Ｂ重油についてもＫ商事から購入したもの、Ａ重油については地下タンクの灯油を混合したものである旨供述していることから水分の混入があったとは到底考えられないところであるが、

仮に被告人主張のとおり混入があったとして、その可能性を検討すると、

(ア)　抽象的には、地下貯蔵タンクは消防法所定の規定に従い、その規格に合致したものでなければならず、まず水分の混入する可能性はないといわなければならないが、具体的には、被告人経営会社の設計施工を担当したSは同地下貯蔵タンクの設置にあたっては、厳しい消防署の数回の検査を受けつつ完成したものであり、水分混入の可能性は全くなく、さらに被告人から右タンクに欠陥があったから補修をして欲しい旨の連絡等を受けた事実はない旨供述している。

(イ)　検証当日、右地下貯蔵タンク内の油類の量の測定にあたったS1,S2の証言によると雨水が仮に混入するとすれば、最も可能性の強いと推定される右タンクのマンホールを覆っていた蓋は変形等の事実はなく、正常であった旨述べているところから右タンクのマンホール内にさえ雨水が混入することがなかったことも明らかである。

(ウ)　また、被告人と同様の営業を行っているKの昭和51年8月19日付検察官に対する供述によれば、地下貯蔵タンク内に水分が混入することはまず考えられず、仮に水分があるとすればそれは油類の化学反応による自然発生の水分で、極めて微量であり、通常いわゆる油量として取引されるものである。

(エ)　次に、昭和49年7月の東京気象表によれば、違反当時前後頃、多量の降雨のため右地下貯蔵タンクが浸水するような事実があったことは認められない。

(オ)　これらのことから、公訴事実記載の油類に自然発生的な水分を除いた他の水分の混入の可能性はなかったと言わなければならな

い。

(3)　情状について

以上を総合すると、被告人が、公訴事実記載のとおりの違反事実は明白であるのに、反省の色なく、責任回避のため、いわゆる出まかせの供述を繰り返したことは誠に残念である。

ア　特に本件は消防署の告発を待って捜査のうえ、公訴の提起をなされたものであるが、証人Ｙの証言によれば、告発に至るまでの段階として、口頭指導、結果通知、警告等告発前に是正改善を勧告し、右勧告に応じた場合は必ずしも告発の措置を採るものではなく、再三の勧告に対し、これに応じない悪質者のみを告発するものであって、被告人が告発を受けたということはいかに悪質な行為を繰り返し、かつ、頑迷に勧告に応じなかったか看取されるものである。

イ　また、被告人が違法な貯蔵をした動機原因について、司法警察員の取調べに対し、需要が増加し、これに応ずるため本件に及んだ旨供述しており、要するに自己の利益の追及のためであり、他の迷惑を全く顧慮しない態度は、その取り扱う対象物が危険物であることを考えれば許し難いものがある。被告人は一体自己の行為が他にいかなる危険を及ぼすかということを考慮したことがあるだろうか。仮に付近に火災が発生したり、あるいは最近問題となっている地震等により火災が発生した場合、被告人の行った違法の行為が近隣に極めて重大な結果をもたらす可能性があることを知るべきである。

ウ　被告人が遵法精神の欠ける人物であることは、さきにも述べたとおりであるが、公判廷の態度を通じて感じることは、遵法精神の欠如が認められるかかる被告人に危険物を取り扱わせることにつき、検察官としては危惧の念を禁じ得ないものである。

エ　これら諸般の事情を考慮すると、本来ならば移送のうえ、地方裁判所において自由刑の求刑を行うのが妥当ではなかったと思料するものであるが、すでに略式手続を採った経緯もあるので、特に被告人に対し、

罰金20万円

を求刑するものである。

５　弁論要旨

公訴事実のうち、ガソリン940リットルならびに重油600リットルについては争いません。

まず、ガソリン1,040リットルのうち100リットルについては自家用であるので違反ではありません。その他のドラム缶に入っている油類については弁護人の意見として証拠不十分で無罪であると信じます。

この点につき弁護人の意見を述べますと、まずドラム缶に油類が入っていたか否かについては、本来であるならばドラム缶１本１本に番号をつけて、１本１本から何番のドラム缶にはこれこれの油があると抽出検査すべきであるのに本件ではそれがなされていないのであります。

第６回公判廷における証人Ｓ１の証言によれば、廃油の入っているドラム缶も確認されているのでありますから、なおさら１本１本詳細に確認点検すべきなのであります。

被告人は、ドラム缶には水と油の混合されたものが入っており、これに両者分離するために放置しておいたものであるというのであり、この供述の如何は別としても油の地下タンクに水が入り、それがドラム缶に入れてあることもあり得るわけであるから、これらの点をも十分考慮して、捜査を行うべきなのである。なお、付言すれば、本件捜査は非常に不完全であって、このことは公判中に検察官が補充捜査をされ証拠を追々提出しておられることからも明白なのであります。

したがって、単に被告人の言のみで（これさえもはっきりなされたか

否か定かではないのであります。）単にドラム缶に重油あるいは軽油が入っていると速断し、これで十分であるとして公訴事実のとおり主張することは、証拠がないに等しいといわざるを得ないのであります。

そこで、本件各ドラム缶についてはたして水と油とが混合されて入れてあったかといいますと、それは前提として地下タンクに水が入っていたか否かの問題となるわけです。

地下タンクに水が入る場合としては、①化学変化、②雨水の流入、③その他水で清掃する場合が考えられるわけです。被告人は雨水の流入であると申しており、当初検察官はこのようなことは絶対ないという趣旨のご主張であり、後日水が入っている場合もあるかの如きご主張でありますが、まず、地下貯蔵タンクの注油口は確かに頑丈にできています。しかし、相当な重量のときには30トンぐらいのタンクローリーが来るのです。このような場合注油口上部の蓋はその重みで凹んでしまう可能性があります。

注油口上部の蓋が凹んだ結果、注油口に雨水が流入します。特に前記写真でもおわかりのように注油口の周囲が黒くなっているのは水のたまった跡を示すものであり、同写真第15の右下部分に写っている注油口もそのことを示しているものです。

このように注油口内部に雨水が流入する結果、注油口内部に雨水がたまりそこから毛細管現象によりあるいは他の原因で地下タンク内部に雨水が流入する結果となることはほとんど常識的に考えられることなのであります。毛細管現象が起こるのも注油口の器具にゴム製のパッキン等使用されていないことからも容易に考えられることなのであります。

以上のことを証拠上検討してみます。

第一に、検察官提出の気象庁の記録７月１日～19日迄のものによれば、降水量零は４日のみ、30ｍｍ以上５日以上もあったわけです。

第二に、また、Ｋ氏の検面調書からも、地下タンクについて７月19日直前の状況は明らかにされていないものがあります。

第三に、検察側の証人Ｙによれば、貯蔵タンクについては調査していないという趣旨の証言がありながら、後日、Ｓ１証人が計量棒で測ったが不明であると証言し、上司のＳ２証人が一方のタンク容量12,000リットルの方に9,600リットル、もう一方の8,000リットルの方には4,450リットル入っていたと証言しているものであります。そして、その際の計量棒は被告人のところにあったものを使用して検査したというのであります。しかし、被告人の公判廷における供述では、計量棒は現場にはなく、証人等は使用しないと述べているのであります。したがって、貯蔵タンクに当時どの位の油が入っていたかは不明であるというものであります。

検察官は、貯蔵タンク内には油が相当入っていたから、被告人がこれを汲み出したはずがないということを主張されたいのかもしれませんが、この点以上の証拠は信用性がないものであります。

本件は貯蔵違反でありますから、真先に貯蔵タンクにある油を測り、それ以外にドラム缶にいくらいくらあったという捜査を行い、それを検証調書に記載すべきなのではないでしょうか。

仮に、以上の弁護人の主張が認められないとしても、重油のドラム缶２本半分約500リットルについては、これが水との混合油であり、このような方法で水と油を分離させることは正当に認められてしかるべきでありますから、この分については無罪は当然であります。

更に、以上の主張が認められないとしても、被告人は本件につき十分反省を行い、新しい地下貯蔵タンクの許可を得てほとんど完成させており、もはや再犯のおそれはありません。このことは、被告人の父Ｋ１の証言にもあるとおりであります。

また、本件は、たまたま本件を起こした頃いわゆる石油ショックの時期であったことから、本件が新聞にデカデカと報道され、この点でも十分な制裁を受けております。本件は消防署がもっと十二分な行政指導をなせば、あるいはこのような事件にならなかったのではないかとの感もありますので、何卒御寛大な判決を賜りたいとお願いするものであります。

６　被告人の最終陳述

単に違反の摘発をするというのではなく、もっと親切な行政指導をして欲しかったです。

７　判決

⑴　主文　　罰金20万円

⑵　理由

ア　罪となるべき事実

被告人は、石油類の販売等を営業するＳ株式会社の代表取締役として、同社の業務一切を管理しているものであるところ、法定の除外事由がないのに、昭和49年７月19日、消防法に定められた貯蔵所以外の場所である東京都足立区内所在の同社敷地内に、指定数量以上の危険物であるガソリン（第一石油類）1,040リットル、重油（第三石油類）4,400リットル、軽油（第二石油類）3,800リットルを貯蔵していたものである。

イ　被告人の主張に対する判断

被告人ならびに弁護人は、公判廷において、被告人が判示日時に判示場所に保管していた判示危険物の数量に正確性がないだけでなく、判示危険物は、正規に許可を受けている貯蔵所（地下タンク）に判示日時、近接した時期にあった降雨のため、破損していた注油口からタンクに雨水が流入していたので、雨水と危険物を分離するため一時的にドラム缶に入れて判示のように保管していたものであるから、法定の貯蔵所以外の貯蔵にあたらないと主張するのであるが、各証拠や東京管区気象台長作成の「気象資料の照会について（回答）」ならびに検面調書と当公判廷における各証人の供述を総合すれば、被告人らの主張を認めるわけにはいかない。

○　罰条　消防法41条１項２号、10条１項、危険物の規制に関する政令２条４号

８　参考事項等

⑴　公判審理における行政上の問題点

本件公判は、昭和50年３月14日の第１回公判から同51年10月29日の第11回判決公判まで約１年半余に渡って争われた。問題となった主な事項は、危険物の貯蔵と取扱いの相違点および危険物の品名・数量の特定や算定方法の適否であるが、これらについては、次のように考えられる。

ア　危険物の貯蔵と取扱いについて

㋐　危険物の貯蔵

危険物の貯蔵とは、保管の意思をもって、継続的に危険物を容器に収納しておく状態をいい、その場所および量のいかんを問わない。

たとえば、運搬の目的をもって、一時、容器に収納した危険物をある場所において程なく運搬されることが明らかな場合は、これを貯蔵とみることは妥当でないであろうし、運搬のために置かれているとはいっても、その形跡がなく、危険物が継続して置かれている場合には、その長短を問わずここにいう貯蔵として捉えられる。

ところで、本件違反については、指定数量以上の軽油を運搬の

ためと称して少なくとも１日以上施設外の空地に置いてあったのであるが運搬の形跡がなかったのであるから、これを危険物の貯蔵とみたことは適法である。

(イ)　危険物の取扱い

危険物の取扱いとは、その意思をもって、危険物の製造・詰替え、消費、廃棄、給油、注入、汲み上げ、容器入りのままの販売等危険物の動的状態をいい、行為の時間、場所、量のいかんを問わない。

イ　危険物の品名の特定および量の算定について

(ア)　危険物の品名の特定

危険物の品名を認定する場合は、関係者等からの質問調書の作成および伝票等の書証の収集または容器に表示された品名の文字の撮影等によって裏づけておくこと。ただし、前記の方法によっても品名を認定することができないときは、危険物を収去し、鑑定によって認定すること。

なお、危険物を収納したドラム缶等の数が多数にのぼる場合（主に危険物の無許可貯蔵の場合にその例がみられる。）において、当該危険物の仕入先が同一で、危険物の品名が同一であると認められるときは、そのうちの１本から収去して鑑定に付するだけでよいが、仕入先が異なり、雑多な危険物が混ざっているものと認められるときは、少なくとも指定数量以上となる範囲内の本数のドラム缶から危険物を収去して鑑定に付し、品名を確認するよう配意すること。

(イ)　危険物の量の認定

危険物の量を認定する場合は、品名を認定する場合と同様、関係者等からの質問調書の作成および伝票等の書証の確保、容器に表示された数量の文字の撮影または現認（実況見分、実査）の方法によって認定すること。現認の方法は、製造所等のタンクにおける貯蔵量（実際には、問題となるケースは少ない。）については、固有の検尺棒または油量計等の機器によって確認し、その目盛りの状況等を撮影しておくこと。

なお、ドラム缶等に貯蔵された無許可危険物の量が多量にわたり、そのすべてについて現認することが困難であるときは、少なくとも指定数量以上となるに必要な本数のドラム缶の蓋を開け、それぞれ検尺棒等により満杯であることを確認しておくこと（犯罪事実の貯蔵量は「少なくとも○○○リットル以上貯蔵していたものである」と表現する。)。

⑵　正式裁判の結果

本件事案については、昭和51年10月29日、罰金20万円（執行猶予４年）の判決があった。罰金刑の執行猶予については異例のこととされているが、被告人は、罰金刑の執行を免れるために４年間違反を行ってはならない足かせをかけられたことになるので、見方によっては、行政上、より実効が期待できる味のある判決として評価できよう。

なお、本判決に対する控訴の可否について考えてみると、刑事訴訟法上、控訴申立ての理由には、法令違反（第377条～第38条）、量刑不当（第381条）、事実誤認（第382条）等があるが、本件裁判の判決には、法令違反、事実誤認の事実がなく、また、執行猶予を付すことは量刑の問題ではないから、その不当を云々することはできない。

したがって、本件判決に対する控訴の申立ては法的に行い得ないことになる。

第４　違反是正に関する事例

事例　1

移動タンク貯蔵所完成検査前使用に係る違反処理事例

1　違反概要

一般取扱所の許可を受けて工事に着工した後、当該取扱所の関係者（取締役）が、施工業者（申請代理人）に屋根の追加設置工事や配管及びバルブの位置の変更などを依頼したため、当初、完成検査を予定していた日に完成できない状況となった。その後、関係者が、当該一般取扱所の工事の進捗状況から使用できると判断し、完成検査を受けないまま配送会社に移動タンク貯蔵所へガソリンの荷積みを行わせたため、消防法第11条第５項違反（完成検査前使用）となったもの。

2　違反処理経過等

⑴　A消防署管内において消防職員が出向途上、まだ、工事中であるはずの充填の一般取扱所から移動タンク貯蔵所へ危険物を荷積みしているのを発見。

⑵　翌日、消防本部主管課と連携し当該危険物施設付近で監視を行い、移動タンク貯蔵所への指定数量以上の危険物の注油行為の違反事実を現認。

⑶　違反調査のため立入検査を実施し、違反者と違反事項を特定。

また、本社へ出向し、配車表を入手するとともに法人の代表者（設置者）の事情聴取を行った。

⑷　後日、設置者及び危険物保安監督者の供述を録取するも、法人の代

表者である設置者の指示等はなく、当該危険物施設全般に詳しい関係者（取締役）が独断で委託配送業者に移動タンク貯蔵所への危険物の荷積みを指示したことが判明。

(5)　立入検査結果通知書を交付するとともに、法人の事業主に対し警告書を交付。なお、警告事項不履行の場合は使用停止命令を予定していたが、速やかに完成検査を受けたため命令は行わなかった。

(6)　同種違反の再発防止を期すため、法人の事業主に対し警告書を交付した。

３　違反処理の要点

(1)　本事例につき、消防法第10条第１項違反を問えるか否かが問題となった。すなわち、消防法第10条第１項は、製造所等以外の場所（設置許可を受けていない場所）で、指定数量以上の危険物の貯蔵、又は取扱い行為であるのに対し、同法第11条第５項は、許可を受けて製造所等の設置又は変更を行った者が、完成検査を受け、消防法第10条第４項の基準に適合していると認められる前（製造所等の変更の場合で変更工事に係る部分以外の部分について仮使用承認を受けている場合を除く。）に当該施設を使用することによって成立する。

ここでいう「使用」とは、製造所等の区分に従って危険物の貯蔵、又は取扱いを行うことで、その量のいかんを問わない。したがって、本事例の場合、許可を受けていることから消防法第10条第１項違反は成立しない。

(2)　本事案は、消防職員の発見により、早期に違反是正が進められたものであり、出向途上においても常に問題意識を持って潜在的危険性を排除するなど職務の適正執行にあたることが重要である。

事例　２

移動タンク貯蔵所単独横転、危険物流出、炎上事例

１　違反概要

平成○年○月○日○時○○分頃、Ａ運輸株式会社が管理する被けん引式移動タンク貯蔵所を従業員Ｂがガソリン、灯油及び軽油、合計20,000リットルを貯蔵して、○○県○○市から××県××市にあるガソリンスタンドに向けて危険物を移送中、東京都○○区○○町○番先首都高速○号線下り○○カーブ付近において、当該移動タンク貯蔵所を横転させ、ガソリン約11,000リットル、灯油及び軽油約3,500リットルを流出させ、火災となったもの。

２　告発先、被告発者等

告発年月日、告発先	違反場所・名称
・平成○年○月○日 ・警視庁高速道路交通警察隊長宛て	・東京都○○区○○町○丁目○番先 ・首都高速○号線下り車線、通称「○○カーブ」

被告発者　甲（法人）	被告発者　乙
・事業所所在地：東京都○○区○○町○丁目○番○○号 ・法人名称：Ａ運輸株式会社（代表取締役社長　○○　○○） ・業種：一般区域貨物自動車運送事	・本籍地：○○県○○市○○町○○番地 ・住　所：○○県○○市○○町○番○号 ・職　業：Ａ運輸株式会社　従業員（運転手） ・氏名等：Ｂ、昭和○年○月○日生

業、海上運送事業	（当時・○○歳） （平成○年○月○日　事故直後自損死）

3　適用法条

甲に対して	乙に対して
・消防法第39条の３第１項 ・消防法第45条	・消防法第16条の２第２項 ・消防法第16条の３ ・消防法第39条の３第１項

4　処分結果

甲に対しては起訴猶予処分、乙に対しては被疑者死亡により不起訴処分となった。

5　違反の事実

被告発人甲は、東京都○○区○○町○丁目○番○○号に本社を置き、Ａ運輸株式会社の代表取締役社長であり、危険物の保安や安全移送に関して、具体的かつ効果的な対策を樹立し、従業員に適時、適切な教育及び指導監督を行い、移送上の事故防止を図る義務を有している。

しかしながら、甲は、危険物の移送に関する教育を十分に実施することなく、また、積載危険物への細心の注意を払うような十分な指導監督も実施していなかった。特に首都高速道路でのスピードチェックによる安全移送の確認を不適切に行う等、上記事故を未然に防止するための法人の事業主としての管理監督義務を怠った。

乙は、移送基準を遵守し、○○カーブが急カーブであることから、少なくとも当該カーブでの指定制限速度である時速50キロメートル以下で走行するとともに、移動タンク貯蔵所を横転させないように積載危険物の保安に関し、細心の注意を払って移送する業務上の注意義務を有していた。

しかし、乙は、業務上の注意義務を怠り、○○カーブを時速約70キロメートルで走行し、移動タンク貯蔵所を横転させ、タンクに亀裂を生じさせ、大量のガソリン等を首都高速道路上に流出させた。

さらに、乙は、当該移動タンク貯蔵所から流出したガソリン等により、火災を生じさせ、また、耐火造７階建てのマンション屋上のウレタンシート、車両等を焼損させ、首都高速○号線が上下線とも長時間、通行止めになるなど著しい公共危険を発生させた。

６　告発者の意見

危険物の流出、これに起因した火災の発生は、直ちに人命危険を及ぼすなど一般住民等に与える不安は計り知れない、また、交通遮断など社会、経済等、都市機能に与える影響も多大なものがある。実際、本件災害では、首都の交通幹線である首都高速○号線を事故発生時から、上り線を約10時間30分、下り線を約19時間30分以上の長時間にわたり通行止めにするなど、社会的に大きな影響を及ぼしたものである。

乙は、平成○年○月○日、被けん引式移動タンク貯蔵所による危険物の移送を行うに際し、消防法を遵守し、当該危険物の保安を確保することについて、細心の注意を払って移送しなければならない業務上の義務を有するにもかかわらず、これを怠り、本件災害現場である○○カーブの指定制限速度の時速50キロメートルのところを時速約70キロメートルで走行させるなどの過失により、当該被けん引式移動タンク貯蔵所を横転、滑走させ消防法で定める危険物であるガソリン等を流出させて著しい公共危険を生じさせたものであり、その責任は到底容認できない。

甲は、昭和○○年○月に甲が管理する被けん引式移動タンク貯蔵所が東京都○○区○○○丁目○番○号先路上において、本件災害と同様の災害を発生させた経緯があり、再発防止に最大限努力する責任を有していたことから、一層、甲の移動タンク貯蔵所の乗務員らに対し、危険物の移送上の具体的な安全教育を実施し、危険物の移送に関し、安全確保に十分着眼した走行について、適時、適正な指導、監督をする義務があった。

にもかかわらず、甲は、前記昭和○○年○月の事故発生後３年間ぐらいは、車両メーカー主催の被けん引式移動タンク貯蔵所の運転操作教育を乗務員らに受講させてはいたものの、その後、これも形骸化し、計画的で有効な教育を実施していたとは言い難い。

加えて、甲は、昭和○○年○月の事故において、危険物の移送に係わる移動タンク貯蔵所の運行速度等に問題があったと認識するなど、貴重な経験を得ていたにもかかわらず、本件事故の事情聴取においても原因は死亡した乗務員乙にあるとし、また、被けん引式移動タンク貯蔵所の構造も影響したなどと供述し、消防法の許可を得た移動タンク貯蔵所を多数保有し、危険物の移送を業とする管理権原者としてその企業責任に対する認識を欠き、むしろ責任を回避するかごとき姿勢がうかがえる。

以上のとおり、甲は、乙に対し法人として移送基準の遵守等、移送に関する安全教育を十分に実施することなく、また、積載危険物への細心の注意を払い効果的な指導、監督を行わず、さらに、首都高速道路でのスピードチェックによる安全な移送について基本的事項の確認を怠り、乙の過失を未然に防止できなかった法人としての管理監督義務の著しい懈怠が認められる。

よって、本件違反事実については、甲を厳しく処罰していただきたい。

乙については前記のとおり、平成○年○月○日○時○○分頃、○○カーブを時速約70キロメートルという速度で漫然と走行し、積載していた危険物の保安に関し細心の注意を払わなかった過失によって、当該移動タンク貯蔵所を左側面から路上に横転、滑走させ、大量のガソリン等を流出させ、公共に火災の危険を及ぼしたその責任は決して免ぜられるものではないことから、甲とともに処罰するのが妥当であると思料される。

７　その他

甲に対する処分が起訴猶予になった理由等について、本件では、両罰規定による法人としての甲は嫌疑は肯定されたものの、行為者である乙個人の業務上の過失が大きく、結局は、事業主としての甲の従業員に対する安全教育指導等が不十分でその責任が認められるも、処罰するまでには至らないと判断され、起訴猶予処分になったものと推定される。

８　効果と教訓

本件告発事案については、災害発生場所の消防本部が、行為者が死亡しているなかで従業員に対する法人としての危険物の安全移送に係わる管理監督義務を怠った事実を実証して、本件事故を未然に防止出来なかった法人の過失責任を厳しく問うべき告発に踏み切ったものである。

結果として起訴猶予処分であったものの、危険物行政を担う消防機関としての毅然たる態度によって消防法違反による犯罪を立証し告発を行ったことは関係業界等に対し、再発防止上十分な警鐘を与えるものであったことから、今後とも従業員のみならず事業主に対する日頃からの指導の徹底も肝要である。

事例　３

危険物無許可貯蔵繰り返し違反事例

１　違反概要

平成○年○月○日、○○区○○町○丁目○番○号に所在するＡ株式会社（本社）の１階倉庫において、自社の製品で消防法に定める危険物第四類第１石油類に該当する物品（液状ガスケット他17品目）2,690リットル、同類第２石油類（ルーズニングオイル）28.8リットル、（合計で指定数量の13.48倍）を無許可で貯蔵したもの。

２　告発先、被告発人等

告発年月日、告発先	違反場所・名称
・平成○年○月○日 ・○○地方検察庁	・○○区○○町○丁目○番○号　Ａ株式会社

被告発人　甲（法人）	被告発人　乙
・事業所所在地：○○区○○町○丁目○番○号 ・法人名称：Ａ株式会社（代表取締役　Ｂ）	・本籍地：○○県○○市○○町○○番地 ・住　所：○○県○○市○○町○○番地の○○ ・職　業：会社役員（Ａ株式会社代表取締役） ・氏名等：Ｂ、昭和○年○月○日生（○○歳）

被告発人　丙
・本籍地：○○県○○市○○番地の

○
・住　所：○○区○丁目○○番○号
・職　業：会社役員
（Ａ株式会社　監査役兼業務部長）
・氏名等：C、昭和○年○月○日生
（○○歳）

３　適用法条（消防法違反）

甲に対して	乙に対して
・消防法第10条第１項	・消防法第10条第１項
・消防法第41条第１項第３号	・消防法第41条第１項
・消防法第45号	・消防法第39条の３第１項

丙に対して
・消防法第10条第１項
・消防法第41条第１項第３号

４　処分結果

○○区検察庁から○○簡易裁判所へ起訴（略式命令請求）され、被告発人３名に対して各々罰金20万円の判決が下された。（確定）

５　違反の事実

被告発人甲は、○○区○○町○丁目○番○号に本社を置き、液状ガスケット（液状パッキン剤）、接着剤及びその他の化学製品の製造並びに販売を業とするもの、被告発人乙は、甲の代表取締役として、甲の業務一切を統括するものであり、被告発人丙は、甲の業務部長として、甲の業務全般を管理しているものであるが、乙と丙は共謀の上、甲の業務に関し、平成○年○月○日、法定の除外事由がないのに、前記本社１階に従業員を介して、消防法に定める危険物第四類第１石油類に該当する「液状ガスケット」他17品目2,690.0リットル、同第２石油類に該当する「ルーズニングオイル」28.8リットル（合計で指定数量の13.48倍）を無許可で貯蔵したものである。

６　告発者の意見

被告発人甲は、危険物の製造販売を業とするものとして、関係法令を遵守し、その安全を確保するための管理、監督する義務を有しており、また乙及び丙は甲の監督的地位にある者として、自社の危険物に該当する製品の管理等について、関係法令を遵守しその安全を確保する具体的法令上の義務を有していたものであるが、平成○年○月○日、甲の本社１階倉庫において、消防法に違反することを承知で、甲の製品で危険物に該当するものを指定数量以上貯蔵していたことは、前記義務を果たしていないばかりか、大手メーカーとしての社会的責任を全く認識していない。

また、違反の動機は、専ら営利優先主義に基づくものであり、そのために敢えて法を無視するとともに、違反を消防当局から指摘されるまでの間、違反を繰り返していたことは、遵法精神が著しく欠如していることとしか言いようがない。

さらに、昭和○○年に消防当局から、本件違反と同様、本社１階倉庫においての危険物の無許可貯蔵を指摘され、改善に対する指導を厳しく受けながら、何ら抜本的対策をたてることなく、繰り返し同種違反が覚知されたことは、消防行政上断じて容認できない。

よって、被告発人甲、乙及び丙を厳しく処罰していただきたい。

事例　４

無資格移送違反（危険物の流出事故）事例

１　違反概要

平成○年○月○日、Ａ石油のアルバイト従業員Ｃ（運転手）は危険物取扱者の資格を有していないにもかかわらず、Ａ石油の経営者Ｂの命令で、灯油の引き売りを目的として危険物第四類第２石油類（灯油）約3,000リットルを△石油株式会社の一般取扱所から注入後、○○市○○町○○丁目付近に戻り、○○市○○町○丁目一帯にかけて灯油約10リットルを漏えいさせ、漏えいした危険物の排除で出場した消防隊により、危険物取扱者を同乗させることなく灯油を移送していた事実が現認されたもの。

２　告発先、被告発者等

告発年月日、告発先	違反場所等
・平成○年○月○日 ・○○地方検察庁	・○○市○○町○丁目○番先路上

被告発者　甲	被告発者　乙
・事業所所在地：○○市○○町○丁目○番○号 ・職　業：Ａ石油　経営者 ・氏名等：Ｂ 昭和○年○月○日生（○歳）	・住　所：○○県○○市○○町○丁目○番地 ・職　業：Ａ石油　アルバイト従業員 ・氏名等：Ｃ、昭和○年○月○日生（○歳）

３　罪名及び適用法条（消防法違反）

甲に対して	乙に対して
・消防法第16条の２第１項 ・消防法第43条第１項第３号 ・刑法第60条	・消防法第16条の２第１項 ・消防法第43条第１項第３号 ・刑法第60条

４　告発結果

被告発人甲は、検察庁から起訴され、同日に罰金20万円の判決（略式命令）が下された。（確定）

なお、実際に移送行為を行っていた運転手乙については、不起訴処分となっている。

５　違反の事実

被告発人乙は、Ａ石油のアルバイト従業員として平成○年○月に採用され、甲の助手として石油小売業に従事するものである。

甲及び乙は、業務に関し共謀の上、乙が危険物取扱者の資格を所持していないにもかかわらず、平成○年○月○日○時○分頃から○時○分頃までの間、危険物取扱者の同乗も無しに、移動タンク貯蔵所（設置許可：平成○年○月○日第○○号、車両番号：○○○○○―○○○○）の常置場所である○○市○○町○丁目○番○号から○○県○○市○○町○番地○に所在する△株式会社に行き、灯油約3,000リットルを注入後、同所から○○市○○町○○丁目付近に戻り、○○市○○町○丁目○番先まで、約20キロメートルを単独で消防法に定める危険物第四類第２石油類（灯油）を移送したものである。

６　告発者の意見

被告発人甲は、危険物を移送するに際して、関係法令を遵守し、その安全を確保するため注意義務を有しているにもかかわらず、平成○年○

月○日移動タンク貯蔵所による危険物の移送を危険物取扱の資格を取得していない被告発人乙に行わせたことは、危険物取扱業務に関する安全確保の重要性の認識を全く欠いたものといわざるをえない。

本件違反に関連して、漏えい事故のみに留まらず、更に何らかの火源により引火した場合は、一挙に火面が拡大し、社会公共に多大なる被害をもたらすことが予想されるものである。

よって、被告発人甲、同乙に対して、その社会的責任の重大さを認識させるとともに、この種の違反の根絶を図るため、厳しい処罰を願いたい。

事例　5

危険物取扱者免状返納命令事例

1　違反概要

過去３年以内に行ったすべての違反行為に係る違反点数の合計が、20点以上になった危険物取扱者に対する免状返納命令事例。

2　被処分者の概要等

Ａ（36歳）

Ｂ運送株式会社（ローリー部Ｃ事業所）ローリー運転手

3　返納免状の種類等

乙種第４類（○○知事交付）

4　処分年月日

平成○年○月○日

5　免状返納命令の原因となる違反事項

被処分者は、移動タンク貯蔵所で危険物を給油取扱所へ移送する運転手であり、また危険物の取扱い作業等に従事する危険物取扱者でありながら、次のような消防法令違反を行ったこと。

(1)　平成○年○月○日に交付した「違反事項通知書」の違反内容等

ア　危険物の貯蔵及び取扱い基準違反（法第10条第３項）

営業用給油取扱所の地下専用タンクに危険物第四類第１石油類（ガソリン）、同第２石油類（軽油）を移動タンク貯蔵所から荷卸し中、可燃性蒸気回収装置の蒸気回収口に結合金具のみを用いて故意に可燃性蒸気を放出させ、爆発火災を発生させたこと。

違反点数８点（基礎点数：４点、事故点数：程度「中」４点）

イ　危険物取扱者保安講習受講義務違反（法第13条の23）

昭和○年○月からＢ運送株式会社において継続して危険物の取扱いに従事しており保安講習の受講期限（平成○年○月○日）が経過したにもかかわらずただ漫然と放置し、保安講習受講義務違反を行っていたこと。

違反点数４点

(2)　平成○年○月○日に交付した「違反事項通知書」の違反内容等

ア　危険物の貯蔵及び取扱いの基準違反（法第10条第３項）

一般取扱所（Ｄ油槽所のローリー充填所）において、当該違反者は、危険物第四類第１石油類（１－ヘキセン）を移動タンク貯蔵所に荷積みする際に、バルブの操作を誤り、可燃性蒸気回収装置の回収配管の空気取入れ口から危険物を漏えいさせた。

その後、充填ホースを結合したまま移動タンク貯蔵所を移動したので、充填ホースが切断し、荷積み中の１－ヘキセンが漏えいし、その直下で作業中のフォークリフトのエンジンに飛散し、加熱により火災を発生させた。

なお、この火災により、当該油槽所の従業員１名が避難する際に軽傷を負った。

違反点数14点（基礎点数：４点、付加点数：10点※）

※：内訳（災害事故点数：程度「中」４点、人身事故点数：程度「軽傷」６点）

６　累積措置点数

12点＋14点＝26点≧20点

７　返納命令を行う理由

前頁の違反事実によって被処分者に係る措置点数（過去３年以内における違反点数の合計）が20点を超え、危険物取扱者免状の返納命令に関する運用基準に基づく免状返納命令に該当した。被処分者は措置後も違反行為を継続しており、また、度重なる管轄消防本部の指導等を無視していることから悪質であり、資格者として適格性を欠くものである。

８　返納命令を行う前の事前手続関係等

⑴　免状交付知事との協議及び決定事項

最新の違反事項通知が他県で行われた○○知事交付の免状であることから、消防本部の予防部長が被処分者に対する免状返納命令を行うこととした。

⑵　免状返納命令上申の手続

消防本部の内部規程に基づき、予防部長から消防長へ被処分者に係る「免状返納命令上申書」が提出された。

⑶　聴聞の手続等

・　聴聞通知書の通知

平成○年○月○日、行政手続法等に基づき「聴聞通知書」を被処分者へ通知した。

・　聴聞の開催

平成○年○月○日、消防本部本庁舎において聴聞主宰者による聴聞を実施した。

・　聴聞実施結果

聴聞実施に伴う結果について、聴聞主宰者から「聴聞報告書等」の報告がなされた。

９　処分（返納命令）の決定

前記「聴聞報告書等」における聴聞主宰者の意見は、不利益処分（免状返納）を留保すべき特段の事情等は認められないとしており、本意見等を十分に斟酌した上で、免状返納を決定したものである。

10　免状返納命令書等の交付

平成○年○月○日、被処分者に対し、「免状返納命令通知書」及び「免状返納命令書」を交付するとともに、乙種第四類及び丙種の危険物取扱者免状を返納させた。

11　返納後の事案処理

返納された危険物取扱者免状の処理は、消防本部の内部規程に基づき処理した。

（危険物施設違反処理標準マニュアルより）

INDEX 索引

●さ行

●た行

●な行

●は行

●ま行

●や行

●ら行

著者略歴　関《せき》　東《とう》一《いち》

茨城県日立市出身
中央大学法学科卒
元 消防大学校客員教授
元 茨城大学講師
日本公法学会（行政法部会）会員

＜主な著書及び執筆書＞

（著書）

「消防行政法要論」東京法令出版
「消防刑法入門」近代消防社
「消防措置命令の解説」東京法令出版
「消防法令解釈の基礎」東京法令出版
「消防法の研究」近代消防社
「消防基本法の要点（練習問題付）」研修館
「消防関係行政・刑事判例の解説」近代消防社
「防火管理責任の基礎」近代消防社
「消防活動の法律知識」近代消防社
「立入検査の法律知識」近代消防社
「やさしい行政法入門」近代消防社
「刑事訴訟法入門」近代消防社
「救急・救助業務の法律知識」近代消防社
「憲法入門」近代消防社
「火災調査の法律知識」近代消防社
「火災と法律責任」近代消防社
「ザ・消防」近代消防社

（執筆書）

「火災予防査便覧第１編・第５編」東京法令出版
「違反処理関係行政実例集」東京法令出版
「予防査察の要点」近代消防社
「査察執行要領第１編（理論編）」東京法令出版
「消防判例の要点」近代消防社
「消防作用法第５章～第７章」ぎょうせい

新訂第３版　火災予防
違反処理の基礎
改定危険物施設違反処理基準対応・違反是正に関する事例登載版

定価2,750円
（本体2,500円＋税10%）

著　者　関《せき》　東《とう》　一《いち》　ⓒ2021 Touichi Seki

発　行　平成12年９月１日（初　　版）
　　　　平成17年２月２日（新　訂　版）
　　　　平成26年９月９日（新訂第２版）
　　　　令和３年11月30日（新訂第３版）

発行者　近　代　消　防　社
　　　　三　井　栄　志

発行所

近　代　消　防　社

〒105－0001　東京都港区東新橋１丁目１番19号
（ヤクルト本社ビル内）
TEL　東京（03）5962－8831㈹
FAX　東京（03）5962－8835
URL　https://www.ff-inc.co.jp
E-mail　kinshou@ff-inc.co.jp
＜振替　00180－6－461　00180－5－1185＞

ISBN978-4-421-00961-3　C2030〈乱丁・落丁の場合はお取替え致します。〉